Reading

馆校协同
儿童阅读推广模式研究

孙蕊 / 著

北京联合出版公司
Beijing United Publishing Co.,Ltd.

图书在版编目（CIP）数据

馆校协同儿童阅读推广模式研究/孙蕊著.--北京：北京联合出版公司,2020.12
 ISBN 978-7-5596-4641-5

Ⅰ.①馆… Ⅱ.①孙… Ⅲ.①儿童—读书活动—研究—中国 Ⅳ.① G252.17

中国版本图书馆 CIP 数据核字（2020）第 203980 号

馆校协同儿童阅读推广模式研究

作　　者：孙　蕊
出 品 人：赵红仕
责任编辑：申　妙
书籍设计：万卷九州
出版发行：北京联合出版有限责任公司
　　　　　北京联合天畅文化传播有限公司
社　　址：北京市西城区德外大街 83 号楼 9 层
邮　　编：100088
电　　话：（010）64243832
印　　刷：北京建宏印刷有限公司
开　　本：787mm×1092mm　1/16
字　　数：190 千字
印　　张：15
版　　次：2020 年 12 月第 1 版
印　　次：2020 年 12 月第 1 次印刷
定　　价：68.00 元

文献分社出品
未经许可，不得以任何方式复制或抄袭本书部分或全部内容
版权所有，侵权必究

序

　　书籍是人类进步的阶梯。阅读与人类文明紧密相关,既是人类文明积累、传播和创造的重要途径,也是人类接受教育、发展智力、获取知识的根本途径。因此,开展少儿阅读推广、提高少儿阅读能力是关系到一个国家和民族未来的基础工程。

　　我国自古以来就是一个重视藏书、崇尚阅读的国家,鼓励少儿阅读是我们中华民族的优良传统。首先,从阅读实践的层面来说,在古代社会中便有"孟母三迁""凿壁偷光""囊萤映雪"等生动的阅读实践的记载。其次,从阅读理念方面来说,历朝历代对于阅读的推崇,达到了无以复加的地步,甚至有了"万般皆下品,惟有读书高"的说法。第三,从阅读材料来看,我国很早就有了专门面向少儿阅读的图书,大家熟悉的《三字经》《百家姓》《千字文》就属此类,这类图书在古代被称作"童蒙读物"或"蒙学读物"。

　　从世界范围来看,重视阅读也是人类发展的趋势之一。1972年,联合国教科文组织向全世界发出了"走向阅读社会"的号召,要求社会成员人人读书,让读书成为人们日常生活中不可或缺的部分。1995年联合国教科文组织确定每年的4月23日为"世界图书与版权日"(世界读书日),提出"让世界上每个角落的每一个人都能读到书"。1997年联合国教科文组织发出"全民阅读"的号召,要求社会成员人人读书,让读书成为人们日常生活中不可或缺的部分。

　　在这样的背景下,随着我国社会经济发展水平日益提高,重视全民阅读、重视少儿阅读推广也逐渐成为普遍的社会共识。一些专门面向少儿的图书馆、图书室纷纷成立并投入使用，少儿阅读推广活动逐年增多。2009年，中国图书馆学会青少年阅读推广专业委员会成立，成为图书馆界重视少儿阅读推广的重要标志。

但是，对于少儿阅读推广，我国目前的研究程度还十分欠缺，主要表现为除了在教育学领域有些少儿阅读的研究之外，在现有图书馆学研究成果中关于少儿阅读推广的理论研究还不多见。这种理论滞后于实践发展的客观形势，导致少儿阅读推广的不同主体各自为政，难以取得令人满意的阅读推广效果。这一矛盾在进入21世纪以来，显得尤为突出：

家庭是少儿接触阅读的第一场景。家庭阅读环境对于孩子的阅读能力有着极为关键的作用。当下少年儿童的父母，基本上都是80后、90后，他们大多自身受过良好的高等教育，有着较为先进的家庭阅读理念，但是由于专业领域和家庭藏书内容的局限，他们往往也会陷于"给孩子读什么"的迷茫之中。

学校（含幼儿园）是孩子接受教育的主要场所，自然也是孩子阅读的重要场所。但是受藏书量、专业阅读指导等综合阅读资源的限制，使得学校单独开展少儿阅读推广活动显得力不从心。

图书馆作为公共文化服务的保障与提供机构，对于推进全民阅读有着责无旁贷的责任。而且，在少儿阅读资源、阅读环境、推荐书目、阅读指导咨询等方面，图书馆也有着得天独厚的条件。近年来，我们可以看到全国各地不同类型的图书馆，都十分热衷于举办少儿阅读推广活动，这当然是好事情。但是，在活动结束，繁华褪去，我们冷静的思考，这些活动的效果如何？有没有切实提高儿童阅读率？有没有对儿童阅读习惯的养成起到促进作用？恐怕效果就很难说了。

少儿阅读作为一种客观存在的现实需求，随着人们生活条件的不断改善，必然日益提高。越来越多的绘本馆、亲子阅读馆等少儿阅读机构、少儿阅读推广人、少儿图书的作者、少儿教育工作者等也都对少儿阅读抱有极大的热情。如何将他们组织起来，发挥最大作用，成了摆在少儿阅读推广之路上亟待解决的瓶颈问题。

几年前，孙蕊同学考入我门下，攻读博士研究生。在着手博士学位论文选题的过程中，我们共同讨论了少儿阅读推广的上述困境，而彼时她所供职的国家图书馆正在承担国家科技支撑计划《以书为媒介的大众阅读互动平台研发与应用示范》（2014BAK15B01）项目，她恰好是课题组成员，承担着部分研究任务，对少儿阅读推广研究有着一定的研究基础。基于上述两方面原因，她最终决定以"馆校协同儿童阅读推广模式研究"作为其博士论文选题。

论文选题确定后，为了使研究建立在坚实的实证基础之上，孙蕊同学在广泛梳理中外少儿阅读推广理论、现有研究成果的基础上，同时还开展了大量的社会调查，从北京到山东、河北，从江苏到广东都曾留下她发放调查问卷、开展专家访谈的身影，这些社会调查为开展此项研究收集了大量真实有效的数据。

从学术研究的角度来看，构建一个多方协同有效的少儿阅读推广模式是这项研究的重点。因此，孙蕊在参考借鉴国外成熟的儿童阅读推广理论，吸取国内外教育学、心理学、管理学等领域研究成果的基础上，提出将协同理论引入儿童阅读推广研究，打破系统壁垒，探究公共图书馆与学校、家庭、阅读推广人、少儿阅读指导专家等多主体协同开展儿童阅读推广的新模式，为儿童阅读推广开辟了新的理论视角，有助于丰富图书馆学理论体系。其最直接的实践价值在于为全国范围提供一个可供参考、复制的少儿阅读推广模式，以更加高效地利用公共图书馆的儿童阅读资源，增强公共图书馆保障儿童群体文化权益的内在驱动力，帮助公共图书馆更好地履行儿童阅读服务的职能，最终实现切实提高儿童阅读能力的目标。应该说，这项关于儿童阅读推广模式的研究，适应了当前国家在少儿阅读推广领域的要求，具有重要的理论意义和现实意义。

博士毕业后，孙蕊仍持续关注少儿阅读推广发展动态，并对论文作出了一定的修改，最终形成了呈现给读者们的这一著作。纵观全书，内容涉及儿童阅读的研究现状、儿童阅读的理论基础、馆校协同儿童阅读推广的现状调研、馆校协同儿童阅读推广模式的构建以及验证，内容可谓系统全面。该书有三点值得肯定：一是目前中国虽然掀起了儿童阅读推广的热潮，推广主体也呈现多元化趋势，但是推广主体之间的合作仍然是一个较为新鲜的话题。本书突破系统之间的局限，提出建立馆校协同儿童阅读推广模式，对馆校协同整体框架中主要要素的协同关系进行分析，并采用案例分析法对该模式进行检验，并提出修正，对协同理论进一步拓展。二是本书在馆校协同儿童阅读推广模式的基础上，详细探讨了馆校协同的实现机制，对我国图书馆和学校协同推广儿童阅读的宏观政策保障、微观现实需求进行全面、系统梳理，以及后续合作机制的构建进行综合性研究，对现有馆校合作研究而言，是一个较好的补充。三是本书的研究成果进一步丰富了儿童教育理论和信息传播理论，所提出的馆校协同机制可供我国公共图书馆与学校等相关机构参考借鉴，具有广泛的应用价值并将产生显著的效用。

值此书出版之际，孙蕊同学请序于我。余乐见其成，略述数语，写了自己一些感想，在祝贺她的第一部学术著作出版的同时，也祝愿她能不负岁月，勇于开拓，精进不止，在学术和生活中都能取得新的收获。

郑建明
2020 年 10 月 8 日
于南京大学仙林校区和园寓所

目 录

前　言 \ 1

第一章　绪　论 \ 3
一、研究背景 \ 5
二、研究目的与研究价值 \ 16
三、研究范围 \ 17
四、研究内容与研究方法 \ 18
五、研究思路与技术路线 \ 21

第二章　国内外研究综述 \ 23
一、国外儿童阅读研究综述 \ 23
二、国内儿童阅读研究综述 \ 35
三、国内外研究述评 \ 46

第三章　理论基础 \ 49
一、基本概念 \ 49
二、图书馆儿童阅读推广理论 \ 55
三、传播学理论 \ 61
四、协同理论 \ 64

第四章　馆校合作儿童阅读推广的现状调研 \ 70
一、调研设计 \ 70

二、数据处理与调研结果分析 \ 77

三、馆校合作存在的问题 \ 102

第五章 馆校协同儿童阅读推广模式的构建 \ 116

一、馆校协同儿童阅读推广模式的机理分析 \ 116

二、馆校协同儿童阅读推广模式的整体架构 \ 125

三、馆校协同儿童阅读推广模式的构成要素 \ 129

四、馆校协同的形成过程 \ 137

五、馆校协同儿童阅读推广模式的运行机制 \ 141

第六章 馆校协同儿童阅读推广模式的验证 \ 154

一、案例研究对象的选取 \ 154

二、深圳"常青藤"案例 \ 155

三、佛山市禅城区联合图书馆儿童阅读推广案例 \ 169

第七章 研究结论与展望 \ 180

一、研究结论 \ 180

二、研究创新点 \ 181

三、研究不足与展望 \ 181

参考文献 \ 183

附 录 \ 210

附录A：馆校合作儿童阅读推广调查问卷（家长卷）\ 210

附录B：馆校合作儿童阅读推广调查问卷（学生卷）\ 214

附录C：馆校合作儿童阅读推广调查问卷（教师卷）\ 218

附录D：馆校合作公共图书馆管理人员访谈提纲 \ 223

附录E：馆校合作公共图书馆儿童阅读推广负责人访谈提纲 \ 225

附录F：馆校合作教师访谈提纲 \ 228

图目录

图 1-1　2010—2016 年全国独立建制少儿馆事业发展主要数据对比 \12

图 1-2　本书技术路线示意图 \22

图 2-1　2000—2018 年儿童阅读相关论文的发表情况 \36

图 3-1　"5W"信息传播理论 \62

图 3-2　儿童阅读推广中的"5W 模式"\62

图 3-3　馆校协同儿童阅读推广系统序参量的作用机理 \68

图 4-1　馆校合作儿童阅读推广频率图 \97

图 4-2　馆校合作儿童阅读推广活动时段分布图 \98

图 4-3　馆校合作儿童阅读推广模式比例图 \100

图 5-1　馆校协同儿童阅读推广模式的整体架构 \130

图 5-2　馆校之间自组织协同模式 \131

图 6-1　深圳"常青藤"馆校协同主体 \157

图 6-2　"常青藤"组织结构 \163

图 6-3　禅城区联合图书馆体系图 \170

图 6-4　禅城区联合图书馆组织结构图 \174

图 6-5　禅城区联合图书馆儿童阅读推广情况统计 \176

图 6-6　2013—2018 年禅城区总分馆新增办证学生人数统计 \176

表目录

表 1-1　2011—2018 年中图学会年会与儿童阅读推广相关的主题统计表 \ 13

表 4-1　正式调查问卷发放及回收情况表（家长卷）\ 73

表 4-2　正式调查问卷发放及回收情况表（学生卷）\ 74

表 4-3　正式调查问卷发放及回收情况表（教师卷）\ 74

表 4-4　访谈对象编码代号 \ 75

表 4-5　教师对馆校合作儿童阅读推广的认同度 \ 93

表 4-6 家长对馆校合作儿童阅读推广的认同度 \ 94

表 4-7 学生对馆校合作儿童阅读推广的认同度 \ 94

表 4-8 馆校合作儿童阅读推广形式统计 \ 99

表 4-9 2006—2018 年有关全民阅读的重要通知 \ 103

表 4-10 家长对待学生课外阅读的态度 \ 106

表 4-11 教师对待学生课外阅读的态度 \ 107

表 4-12 全国东中西部图书馆儿童阅读推广比较 \ 109

表 5-1 2015—2016 年全国独立建制少儿馆主要统计数据 \ 121

表 5-2 协同要素一览 \ 127

表 5-3 各协同要素描述性统计一览 \ 128

表 5-4 馆校协同形成过程的四个阶段 \ 138

表 6-1 2015—2018 年深圳"常青藤"加盟学校数量 \ 165

表 6-2 深圳少儿馆 2014—2018 年办理读者卡数量表 \ 166

表 6-3 禅城区联合图书馆考评指标（学校馆）\ 174

表 6-4 2018 年禅城区联合图书馆分布表 \ 177

表 6-5 2015—2018 年禅城区汽车图书馆儿童阅读服务情况统计表 \ 178

前　言

儿童关乎民族的发展，祖国的未来。儿童阅读被形象地称为"花的事业""根的工程"，是一个人终身学习的基础，也是民族文化和人类文化传承的重要渠道。在国际儿童阅读推广的大背景下，伴随着国家对儿童阅读推广的重视，以及新课程改革运动，儿童阅读推广理念逐渐深入人心，全国的儿童阅读推广逐渐形成氛围，各地的儿童阅读推广活动蓬勃发展。公共图书馆作为公益性的知识殿堂和教育机构，是儿童阅读推广的重要阵地与核心力量，多年来一直致力于儿童阅读推广。并且，我国开始出现公共图书馆与学校合作进行儿童阅读推广的初步尝试。基于此，本书借鉴国内外生理学、心理学、社会学、教育学、图书馆学领域有关儿童阅读及儿童阅读推广的研究成果与实践经验，以我国馆校合作儿童阅读推广的现状为线索，通过文献研究、问卷调查、深度访谈等研究方法，对我国馆校合作儿童阅读推广状况进行整体考察，构建馆校协同儿童阅读推广模式，进而阐述该模式的实现机制、运行机制和评估机制，最后通过深圳市"常青藤计划"及禅城区联合图书馆儿童阅读推广案例对馆校协同儿童阅读推广模式进行验证并提出修正意见。

全书包括四大部分，主要内容如下：

第一部分，对儿童阅读推广的研究背景、研究目的、研究价值、研究范围进行概要说明，在此基础上，明确本书的研究内容、研究方法，构架本书的研究思路与技术路线，梳理国内外儿童阅读相关的研究成果。

第二部分，理论基础分析和现状调研。从图书馆儿童阅读推广理论、传播学理论、协同理论来阐述馆校协同的理论基础，并且对传播学理论、协同理论在本书中的适用性进行分析。本书采用问卷调查法和深度访谈法，通过事实性描述，客观呈现馆校合作儿童阅读推广的现状，并对不同利益相关者对馆校合作的认同度、参与度进行详细分析。调查结果认为：一、图书馆、教师、学生、家长对馆校合作持积极认可的态度；二、馆校合作的参与度不足，主要体现在参与频率低，参与时段受限，图书馆承担主要的责任主体与行为主体，学校在儿童阅读推广实践中缺乏主动性。三、馆校合作存在的问题有公共图书馆事业发展不平衡、儿童阅读需求与到馆时间之间的矛盾冲突、图书馆阅读推广辐射范围受限、缺乏顶层制度设计、阅读推广主体协同性差、馆校合作层次较低、儿童阅读推广效果有待提高等。四、问题存在的原因主要有观念差异、公共图书馆知晓度低、馆校合作动力不足、管理体制不健全以及运行机制不畅。

第三部分，在理论基础分析和馆校合作儿童阅读推广现状进行全面考察的基础上，构建馆校协同儿童阅读推广模式。首先，对馆校协同儿童阅读推广模式进行机理分析，指出协同推广模式构建的原则，详细分解馆校协同的四大要素：主体协同、观念协同、资源协同和技术协同。构建包括保障机制、评估机制在内的馆校协同运行机制。

第四部分，通过对深圳教育系统与文化系统合作的"常青藤计划"案例及禅城区联合图书馆儿童阅读推广案例分析验证馆校协同儿童阅读推广模式并提出修正意见。最后，本书对研究结论与不足进行总结，并对后续研究进行展望。

第一章 绪 论

儿童阅读被称为"根的工程，花的事业"，是全民阅读的基础和突破口。因此，多数发达国家都非常重视儿童阅读习惯的培养，并将儿童阅读上升到国家战略的高度，专门制定一系列推动儿童阅读的政策和制度，通过举办形式多样、覆盖面广、持续不断的儿童阅读推广活动来提高儿童阅读率。就儿童阅读推广主体而言，国外发达国家大多已经形成了从政府到社会组织，从图书馆界到出版界，从各级学校等教育机构到各种文化团体的全方位的综合阅读推广体系。其中，公共图书馆与学校协同（以下简称"馆校协同"）致力于儿童阅读推广逐渐成为常态，公共图书馆与学校之间已经建立了天然而且密切的联系，有的还设置了专门的协调机构、配备了专业人员。

我国的儿童阅读现状不容乐观，2011年中图学会未成年人图书馆服务专业委员会组织的《全国少年儿童阅读调查》显示，95.1%的儿童喜欢阅读。[①]但是随着年龄的增长，阅读量却呈现下降的趋势。2017年初发布的《儿童与家庭阅读报告》调查显示，6~8岁年龄段经常阅读者的比例是47%，9~11岁年龄段经常阅读者的比例下降为39%，而到了15~17岁则降为17%。[②]范并思在其文章中提到"儿童随着年龄的增长，对阅读的兴趣逐渐减小，7

---

① 杨柳.全国少年儿童阅读调查报告［M］.海口：海南出版社，2011：59.
② Scholastic&Yougov：2017年儿童与家庭阅读报告［EB/OL］.［2018-1-15］. http://www.useit.com.cn/thread-15761-1-1.html.

岁以上到馆儿童越来越少。"① 儿童阅读面临着前所未有的大环境，社会各界对儿童阅读推广的关注度越来越高，但儿童的阅读兴趣却没有因此而浓厚。究其原因，在我国应试教育的大环境下，随着孩子年龄的增长，课业压力越来越大，课外阅读时间越来越少，在这样"苛刻"的环境下，孩子们没有时间去图书馆阅读，儿童的阅读欲望与到馆阅读之间的矛盾随着年龄的增加越来越突出。

公共图书馆作为向儿童提供阅读服务的主要阵地，每年都组织主办大量儿童阅读推广活动。但与成人不同，图书馆面向儿童读者进行阅读推广时，受服务时间、服务地点的限制，经常出现图书馆周末、节假日"人满为患""一位难求"，图书资源供不应求，图书馆人手不足的局面，与图书馆平时门庭稀落、资源严重闲置形成鲜明的对比。如国家图书馆少年儿童图书馆（以下简称"国图少儿馆"）暑期共接待读者136333人次，平均每天接待读者的数量超过3000人次，是平时的数十倍。② 另外，图书馆现有的儿童阅读推广活动大部分在图书馆馆舍内举办，由于场地、服务人员等条件的限制，很多少儿馆在周末和节假日不得不限制参加人数以保证活动的正常有序开展。如2018年6月1日国图少儿馆面向6~15岁儿童举办"传统手工艺系列体验活动"，报名人数上限为12人。③ 每周五面向3~6岁的小朋友举办"低幼悦读会"，每场活动限20名小读者参加。这些到馆读者中，大多局限于国图少儿馆附近的各幼儿园、中小学生，大大影响了活动的辐射范围。

随着我国经济、文化等社会各方面的迅速发展，社会主要矛盾已经转化为人民日益增长的美好生活需要和不平衡不充分的发展之间的矛盾。④ 反应在儿童阅读推广事业中，则表现为全国儿童

---

① 范并思. 拓展图书馆未成年人阅读服务［J］. 图书与情报2013（2）：2-5.
② 暑期国图少儿馆日均接待3000人次［N］. 北京晚报，2018-9-4（3）.
③ 活动招募：传承技艺 体验匠心—传统手工艺系列体验活动之手工剪纸［EB/OL］.［2018-6-20］. http://www.sohu.com/a/235536503_740023.
④ 习近平在中国共产党第十九次全国代表大会上的报告［EB/OL］.［2018-5-5］. http://cpc.people.com.cn/n1/2017/1028/c64094-29613660-2.html.

日益增长的阅读需求和不同地区之间、同一地区城乡之间阅读资源不平衡不充分的矛盾。在儿童阅读的重要性已经从政府到图书馆界、文化界等社会各界达成基本共识的条件下，如何进一步强化和优化顶层设计，发挥政府的主导作用，激发图书馆、学校等各种阅读推广主体参与和创造的积极性，建立馆校协同儿童阅读推广框架体系已经成为儿童阅读事业发展的重要课题。

一、研究背景

（一）国外儿童阅读推广的热潮

20世纪中期，随着第二次世界大战的结束，相对稳定的世界格局确立，社会经济也进入了快速发展阶段。随着社会经济发展水平的不断提高，世界主要发达国家纷纷启动了教育改革，且不约而同地把儿童阅读作为国家教育改革的重点。从六、七十年代开始，美国就开始了儿童阅读推广的一些探索工作，儿童阅读专家吉姆·崔利斯（Jim Trelease）将这一时期从事儿童阅读推广活动的实践和理论总结为《朗读手册》(*The Read—Aloud Handbook*)。1983年，美国教育部组织"教育质量委员会"调查中小学教育现状，发表了著名的《国家在危险中：教育改革势在必行》(*A National at Risk: The Imperative for Educational Reform*)的调查报告，提出教育改革的重点为"阅读、计算、写作"[1]，这份调查报告对美国甚至全世界的儿童阅读推广活动都产生了深远的影响。1985年，美国教育部成立的"阅读委员会"（Commission on Reading）发布了名为《成为阅读大国》(*Becoming a Nation of Readers*)的报告，提出"阅读是唯一且最重要的活动"[2]，确立

---

[1] 杨丹丹.日英美儿童阅读推广举措及对我国的启示[J].出版发行研究，2013（11）：83-85.

[2] Becoming a National of Readers [EB/OL]. [2018-2-15].http://www.riggsinst.org/BNR.aspx.

了阅读的重要地位。1997年，美国政府发起"阅读挑战运动"（America Reads Challenge），号召全体公民帮助儿童在三年级结束前能够独立、有效阅读。1998年，克林顿总统签署了《阅读卓越法案》（Reading Excellence Act），该法案批准美国政府1999年、2000年每年拨款2.6亿美元用于图书馆建设、师资培训、阅读资源购置、阅读指导课程建设等，以提高学龄前儿童和中小学生的阅读能力。2002年，美国政府颁布了《阅读优先法案》（Reading First Program），每年资助10亿美元给各州政府用于探索有益的阅读教学方法。之后，布什总统多次提议加强儿童阅读推广项目的实施，教育部网站也持续不断地追踪报道项目实施过程中的各项统计数据，足见美国政府对儿童阅读推广的重视程度。

  作为世界上国民阅读率最高的国家，英国政府对儿童阅读推广更是极为重视。英国教育部90年代制定了"阅读起跑线"（Bookstart）计划，该计划最初由图书信托基金会（Book Trust）、伯明翰图书服务部（Birmingham Library Service）和基层医护服务信托基金会（Primary Care Trust）联合发起。[①] 在该计划框架下，组织方免费为每个儿童提供市值60英镑的阅读资料，并分装在不同款式的帆布包里，按照儿童成长的实际需要和年龄分别发放。这项活动在英国产生了广泛而深远的影响，并迅速在全世界范围内推广，由此揭开了世界范围内儿童阅读推广的序幕。目前日本、韩国、意大利、美国等25个国家纷纷加入了该计划。除了阅读起跑线计划，英国政府还将1998年至1999年确定为"全国阅读年"。从1998年9月的新学期开始，为了培养儿童的阅读习惯，提升在校儿童的读写能力，全国各学校增加1小时的读写课程，并投入可观的经费与人力资源用于儿童阅读的分级鉴定，改进学校的教学方法。为了支持儿童阅读推广事业发展，英国政府

---

① 陈永娴.阅读，从娃娃抓起：英国阅读起跑线计划（Bookstart）计划[J].图书馆理论与实践，2008（1）：101-104.

还专门拨款1900万英镑用于小学教师在引导儿童识字、阅读能力及写作能力等方面的培训，鼓励学校与媒体、企业、民间组织等其他致力于儿童阅读推广的社会力量合作进行儿童阅读推广，并额外出资80万英镑用于赞助86个民间组织提出的阅读推广计划。

二战结束至今日本政府对儿童阅读推广非常重视，制订了多件相关法律。1997年，日本专门制订了促进儿童阅读的《学校图书馆法》，规定班级规模达到一定数量，学校均应设置专职图书馆员。为培养婴幼儿阅读习惯，日本从英国移植了"阅读起跑线"计划，鼓励新生代父母讲故事给婴幼儿。日本文部省将2000年设为"儿童阅读年"，政府不但专门拨款充实学校图书馆的阅读资源，还对民间社会团体举办的儿童阅读推广活动予以资助。2000年之后，日本全国掀起了儿童阅读推广的热潮，日本政府几乎每年都推出儿童阅读推广的新举措，以法律或法令的形式对这些举措给予支持。2002年，日本文部科学省发布《儿童阅读推广基本计划》（即"第一次基本计划"），将每年的4月23日定为"儿童阅读日"。2008年、2013年文部科学省分别发布了儿童阅读推广的第二次计划、第三次计划，从家庭、社区、学校、社会团体和宣传五个方面详细部署儿童阅读推广的具体措施。

法国于2009年开始针对0~3岁儿童开展"初识读书"活动，向家长提供阅读指南与阅读建议，并对家长提供专业的阅读培训，以保证婴儿阅读的时间和质量；同时针对青少年开展"快乐时光""读与伴读"等活动，培养孩子们的阅读兴趣和阅读习惯。[①]

综上所述，国外的儿童阅读推广首先得到国家政府的支持，是政府教育工作的重头戏与不折不扣的"国家工程"。多数发达国家通过立法的形式，从国家战略的高度来推动儿童阅读，法律的强制性特点使儿童阅读推广的实施有了最强有力的保障。一些发

---

① 黄娇.全民阅读的基础和未来：关注儿童阅读一体化建设[J].图书馆学研究，2017（9）：73-76.

达国家已经形成上自政府下至社会团体，从出版界到图书馆界，从教育界到文化界，全方位的儿童阅读推广体系。"他山之石，可以攻玉"，这些实践经验为我国儿童阅读推广提供了有益的参考与借鉴。

（二）全民阅读日益受到国家重视

儿童阅读既是全民阅读的起点与基础，也是全民阅读的重要组成部分。国家对全民阅读的重视以及全国浓郁的阅读气氛对于提升儿童阅读推广效果起着巨大的推动作用。为了切实推广全民阅读，构建书香社会，我国党和政府不但出台了一系列专门针对全民阅读推广的政策、法规，还多次通过不同部委联合发起全民阅读活动的倡议或通知，积极引导全国开展形式多样、内容丰富的全民阅读推广活动。1982年，国家教育委员会（1998年后更名为教育部）、文化部、团中央和新闻出版署四部委联合发起"红领巾读书读报奖章活动"，迄今已举办35年。1997年，中宣部、文化部、新闻出版总署等9部委联合签发《关于在全国组织实施"知识工程"的通知》，该《通知》将"围绕培养有理想、有道德、有文化、有纪律的社会主义公民的根本任务，把知识送往基层、送到农村、送进家庭，让全社会每一个人都能走进图书馆、利用图书馆"确定为"知识工程"的指导思想。[①] 自此，我国开启了引导全民阅读的征程。进入21世纪后，党和政府对全民阅读的关注尤为凸显。2006年，中宣部、团中央等11个部委联合发出《开展全民阅读活动的倡议书》，提出全国各地区、各部门、各团体要积极开展全民阅读活动；营造良好的全民阅读环境；鼓励社会公

---

① 中央宣传部、文化部、国家教委、国家科委等部门关于在全国组织实施"知识工程"的通知［EB/OL］.［2017-11-07］. http://law.lawtime.cn/d484783489877_1_p1.html.

众多读书、好读书、读好书。①自此,国家开始持续推动全民阅读,这标志着政府推动全民阅读步入常态化发展阶段。2007年,中宣部、中央文明办、文化部、新闻出版总署等17个部门联合发出通知,要求要充分利用好公共图书馆、学校图书馆、社区阅览室、职工之家、农家书屋等场所,为社会公众阅读提供便利条件。②2014年3月,国务院政府工作报告提出,"要培育和践行社会主义核心价值观,加强公民道德和精神文明建设,促进基本公共文化服务标准化均等化,促进全民阅读"。③2015年3月,国务院政府工作报告提出"要让人民群众享有更多文化发展成果,倡导全民阅读,建设书香社会"。④2016年3月,国务院政府工作报告提出"要倡导全民阅读,普及科学知识,提高国民素质和社会文明程度"⑤;2017年3月,国务院政府工作报告提出"大力推动全民阅读,加强科学普及"。⑥2018年3月,国务院政府工作报告提出"倡导全民阅读,建设学习型社会"。⑦2019年3月,国务院

---

① 中宣部等11个部门联合倡议开展全民阅读活动[EB/OL].[2018-11-07].http://politics.people.com.cn/GB/1027/4309672.html.

② 中宣部、中央文明办、新闻出版总署等17部门联合发出通知倡导全民阅读[EB/OL].[2017-11-06].http://www.npc.gov.cn/npc/xinwen/fztd/yfxz/2007-04/24/content_364516.htm.

③ 政府工作报告—2014年3月5日在第十二届全国人民代表大会第二次会议上[EB/OL].[2018-5-5].http://www.gov.cn/guowuyuan/2014-03/14/content_2638989.htm.

④ 政府工作报告—2015年3月5日在第十二届全国人民代表大会第三次会议上[EB/OL].[2018-5-5].http://www.gov.cn/guowuyuan/2015-03/16/content_2835101.htm.

⑤ 政府工作报告—2016年3月5日在第十二届全国人民代表大会第四次会议上[EB/OL].[2018-5-5].http://www.gov.cn/premier/2016-03/17/content_5054901.htm.

⑥ 政府工作报告—2017年3月5日在第十二届全国人民代表大会第五次会议上[EB/OL].[2018-5-5].http://www.gov.cn/premier/2017-03/16/content_5177940.htm.

⑦ 政府工作报告—2018年3月5日在第十三届全国人民代表大会第一次会议上[EB/OL].[2018-5-5].http://www.gov.cn/premier/2018-03/22/content_5276608.htm.

政府工作报告提出"倡导全民阅读,推进学习型社会建设"。①自2014年起,"全民阅读"已经连续六年被写入政府工作报告,全民阅读的内涵不断得到丰富,这说明全民阅读从个人层面已经上升到国家宏观战略,不仅彰显了党和政府对于持续推进全民阅读的高度重视,也为全民阅读扎实、深入、有效地开展奠定了坚实基础。

国家层面对儿童阅读的积极倡导与重视,不仅仅体现在历年的政府工作报告和党的政策、文件中,还体现在儿童阅读的立法进程中。2016年12月颁布的《中华人民共和国公共文化服务保障法》将儿童作为公共文化服务的重点保障对象,提出各级政府要根据未成年人的特点与需求,提供相应的公共文化服务,鼓励和支持公共文化服务与学校教育相结合,充分发挥公共文化服务的社会教育功能,提高青少年思想道德和科学文化素质。②2017年3月,国务院法制办公室公布《全民阅读促进条例(征求意见稿)》,面向社会各界征求意见。未成年人阅读被写入第三章"重点群体阅读保障",该章共8条,其中有5条分别论述了未成年人阅读保障的内容,鼓励家长、幼儿园、学校、公共图书馆分别开展相适应的儿童阅读推广活动。虽然关于儿童阅读立法工作迄今仍未提上议事日程,但是在《全民阅读促进条例(征求意见稿)》中明确将其作为"重点群体"予以阐述,体现了党和政府对儿童阅读的重视程度有所增加,对儿童阅读要逐步走向法制化、制度化的导向进一步明确。2017年11月十二届全国人大常委会第三十次会议表决通过了《中华人民共和国公共图书馆法》。作为我国图书馆领域的第一部国家立法,将儿童阅读服务纳入到了公共图

---

① 政府工作报告—2019年3月5日在第十三届全国人民代表大会第二次会议上[EB/OL].[2019-3-19].http://www.gov.cn/zhuanti/2019qglh/2019lhzfgzbg/index.htm.
② 中华人民共和国公共文化服务保障法[EB/OL].[2018-5-5].http://www.gov.cn/xinwen/2016-12/26/content_5152772.htm

书馆所承担的服务职能中来。至此，公共图书馆在儿童阅读推广中所承担的历史使命、应采取的措施均有了明确的法律规定。[1]

（三）儿童阅读成为图书馆界的关注焦点之一

儿童是国家的未来，只有在儿童时期养成阅读习惯，成人社会才有可能成为全民阅读的社会。从这个角度而言，儿童阅读推广是全民阅读推广的基础。在国家政策的引领下，儿童阅读推广在图书馆界也日益受到关注和重视，各级各类图书馆正在积极参与其中，主要体现在：

1. 少年儿童图书馆事业的快速发展

随着我国社会经济的迅猛发展，党和国家对儿童阅读事业的重视程度不断加强，少年儿童图书馆（以下简称"少儿馆"）建设也进入快速发展时期。1980年，《图书馆工作汇报提纲》提出"中等以上的城市和大城市都要设立少年儿童图书馆，县（区）、市图书馆要设少年儿童阅览室"[2]的要求，之后文化部也多次发文要求加强少儿馆的建设。1998年，文化部将"大城市有无独立建制的少儿馆"纳入对少儿馆的评估标准。为响应国家法律、政策，全国各大中城市纷纷新建了少儿馆。根据《中国图书馆年鉴》统计，1999年，我国独立建制的少儿馆已达80所，其中省级少儿馆5个，市、副省级城市少儿馆8个，地级少儿馆43个，县级少儿馆24个。馆舍建筑总面积达10.5万平方米，儿童阅读文献总藏书量近800万册，儿童图书馆员1300多人。[3]到2016年，我国共有独立建制的少儿馆122所，从业人员2510人，总藏书4230.94万册；阅览室坐席数36125个，其中少儿阅览室坐席数

---

[1] 中华人民共和国公共图书馆法［M］.北京：中国法制出版社，2017：10.
[2] 姜宏.独立建制少年儿童图书馆的意义探析［J］.辽宁师专学报（社会哲学版）2013（6）：132-133.
[3] 中国图书馆年鉴.2000［M］.北京：国家图书馆出版社,2001：358-359.

26567个。[①] 从2010年—2016年全国独立建制少儿馆事业发展主要数据对比（见图1-1）可以得出，无论从少儿图书馆数量，还是从少儿图书馆总藏量上，我国的少儿馆建设已经初具规模，少儿馆事业呈现快速发展趋势。在此基础上，少儿馆（室）不断开拓服务内容和服务领域，通过讲座、展览、建立图书流通站、举办丰富多彩的少年儿童活动等多种服务形式将儿童阅读推广逐步引向深入，少儿图书馆总流通人数总体呈现上涨的趋势。

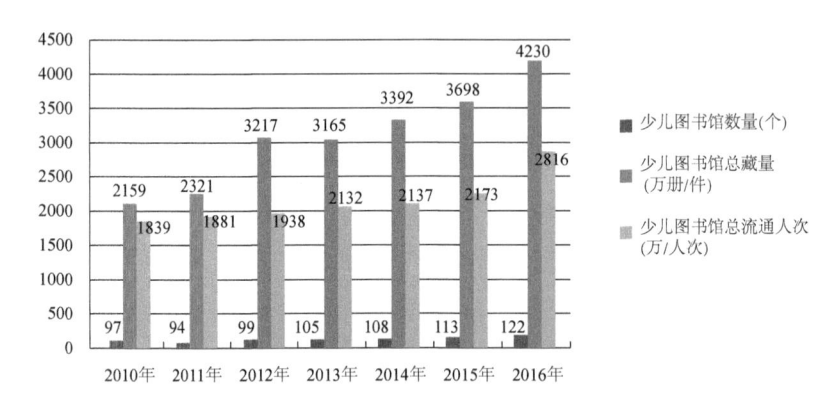

图1-1　2010—2016年全国独立建制少儿馆事业发展主要数据对比

2. 儿童阅读推广活动的积极举办

中国图书馆学会（以下简称"中图学会"）作为我国图书馆界的行业代表，在阅读推广的工作中一直发挥着"领头羊"的积极作用。2003年，中图学会首次将推进全民阅读提上议事日程并列入年度计划，从2004年起，中图学会带动全行业积极投身全民阅读的宣传与实践，每年举办规模宏大的全民阅读推广活动。2009年，中图学会成立"儿童与青少年阅读推广专业委员会"，这是我国图书馆儿童阅读推广事业史上的一座里程碑，也是图书馆界重视儿童阅读推广的一个重要标志。同年"全国少年儿童阅读年"活动开始启动，之后中图学会每年都发布儿童阅读相关的主题，

---

① 中国图书馆年鉴.2017［M］.北京：国家图书馆出版社,2018：452-461.

制订年度工作计划，与全国各地的公共图书馆、少儿馆和中小学图书馆共同合作组织开展一系列主题鲜明、内容丰富的儿童阅读推广活动（具体见表1-1）。这些活动较好的整合了儿童阅读资源，形成了全国动员、广泛参与的组织形式，已成为全民阅读工作的重要组成部分和服务品牌。除了全国少年儿童阅读年活动和每届的中图学会年会，中图学会还积极联合各界力量，利用"世界读书日""图书馆服务宣传周""儿童节""科技周"等专题及热点事件，集中开展各种形式的主题阅读活动，如主题征文、摄影比赛、举办儿童阅读研讨会、创办儿童阅读相关刊物、申报儿童阅读相关课题，组织相关调研和展览等形式多样、各具特色的儿童阅读推广活动，使得该项工作在短短几年内遍地开花、硕果累累，初步形成了行业联动、社会互动、立体推荐的良好局面，也使得图书馆界儿童阅读推广工作提升到一个新的高度。

表1-1　2011—2018年中图学会年会与儿童阅读推广相关的主题统计表

年份	年会主题	儿童阅读推广相关主题
2011年	公益·创新·发展："十二五"时期的图书馆事业	少儿图书馆的服务创新与可持续发展
2012年	融合·创新·超越—共谋数字图书馆发展	儿童优先与公共图书馆服务
		播撒阅读种子 守望少儿幸福
2013年	书香中国—阅读引领未来	阅读点亮生活—社区与乡村阅读案例推介会
		书香伴我成长—关爱流动、留守儿童
2014年	馆员的力量：改革、发展、进步	图书馆如何推进家庭阅读
		阅读的起点—儿童与图画书
		阅读滋润童心
		"爱绘本·爱阅读"亲子读书会开展策略
		读书会阅读活动的策划

续表

年份	年会主题	儿童阅读推广相关主题
2015 年	图书馆：社会进步的力量	彩云之旅阅读推广与图书馆服务多样性
		阅读推广与阅读推广人的培育
		关联与创新—校园阅读文化与阅读推广
		脑力激荡—少儿阅读推广中若干问题的是与非
		中国原创图画书的未来
2016 年	推动实践创新 提升服务水平	童书同享 铜陵同行
		"图书馆+"环境下少儿阅读推广的创新与变革
2017—2018 年	图书馆与社会：共享 效能 法治	新时代 新机遇—公共图书馆少儿阅读推广的新征程
		新时代，新作为—共创儿童阅读新气象
		公共图书馆低幼阅读礼包的设计及效果测评

中图学会除了在行业内推动儿童阅读实践，在儿童阅读理论研究方面也做出了很大贡献。2014年，中图学会阅读推广委员会组织编写了《阅读推广丛书》，包括《亲子阅读》《数字阅读》《绘本阅读》《共享阅读》《悦读宝贝》，这套丛书为家长、教师指导儿童阅读提供了很好的借鉴。2015年，中图学会在"阅读推广人计划"框架下组织编写了"阅读推广人系列教材"——《图书馆阅读推广基础工作》《图书馆阅读推广基础理论》《图书馆经典阅读推广》《图书馆时尚阅读推广》《图书馆数字阅读推广》《图书馆儿童阅读推广》。这些著作也必将对儿童阅读推广研究起到积极的推动作用。2018年，阅读推广理论研究专业委员会联合儿童与青少年阅读推广专业委员会，从理论研究的基本特征和发展阶段两个角度，对未成年人的阅读推广理论研究进展进行了系统总结和全面梳理，并发布了《新世纪未成年人阅读推广理论研究进展》。

3. 儿童阅读理论研究的不断深入

随着儿童阅读推广日益受到社会关注，儿童阅读推广的研究队伍也不断扩大，一些知名的图书馆学专家和学者纷纷将目光投注到儿童阅读推广的理论研究中，如王余光、范并思、王波、李超平等，他们的加入为儿童阅读推广的理论研究注入了新的活力。他们陆续发表了较有影响力的期刊论文，出版了相关专著，使得儿童阅读推广的研究体系日益完整。随着这些专家、学者成果的增多，很多学术期刊专门策划了"阅读推广"专栏，如2007年《高校图书馆工作》第2期新设了《阅读理论与实践》专栏，共刊发6篇文章，与儿童阅读推广相关的有李雅发表的《民国时期商务印书馆儿童读物的出版与阅读》。2014年《国家图书馆学刊》第6期开辟了"阅读推广研究"专题，共刊发了5篇文章，与儿童阅读推广相关的有曹桂平发表的《亲子阅读活动中绘本运用形式与策略》；2016年《国家图书馆学刊》第4期新设了"图书馆阅读推广研究"专题，共刊发了3篇文章，与儿童阅读推广相关的有隋鑫、王念祖发表的《我国台湾地区公共图书馆"阅读起步走"运动研究》。这些研究专题的出现，表明儿童阅读推广已经引起图书馆学术界的关注，并形成了一定的研究规模，为儿童阅读推广理论研究和实践活动的开展指引了方向。

（四）儿童阅读成为教育改革的重要内容

语文教学改革一直是我国教育界的重要课题，20世纪末语文教学大讨论后，为全面实施素质教育，我国政府开始了新中国成立以来的第八次基础教育课程改革。2011年，教育部颁布了新的《语文课程标准》，全面提高学生的"语文素养"成为贯穿新课程标准的基本理念。为了切实提高语文素养，新课程标准加大了课外阅读的要求，将义务教育分为四个学段，并对每个学段的学生课外阅读的总量和各年级段的分量进行了规定，要求"九年课外阅读总量应在400万字以上"。① 在对阅读量进行明确规定的同时，

---

① 义务教育语文课程标准（2011年版）第二部分课程目标与内容［EB/OL］.［2018-5-10］.http://old.pep.com.cn/xiaoyu/jiaoshi/tbjx/kbjd/kb2011/201202/t20120206_1099044.htm.

还对每个学段的阅读能力和阅读习惯也作出了具体要求。新课程标准重点强调了儿童阅读的重要性，反映了我国语文课程改革中提倡阅读的导向。为落实语文教学改革的新理念，各地中小学校普遍加强了学生的课外阅读指导，积极开展"书香童年""书香校园"等校园系列活动，这对儿童阅读推广是一个巨大的推动。同时，儿童阅读推广对学校课程建设、教材编写、教学方法的跟进、教师培训等语文教学也产生了很大的影响，有些学校已经开始了"改革课堂教学""儿童阅读课程化"的尝试，这无疑为图书馆与学校协同开展儿童阅读推广提供了新的契机。

二、研究目的与研究价值

（一）研究目的

本书试图通过理论分析和实践调查，解决以下问题：

1. 通过全面调查我国馆校合作儿童阅读推广现状，以儿童阅读需求为中心，构建馆校协同儿童阅读推广模式，优化配置公共图书馆的阅读资源，进而提高公共图书馆阅读资源的流通率和利用率，扩大公共图书馆儿童阅读服务的辐射范围，更好地发挥公共图书馆的社会教育职能。

2. 通过构建馆校协同儿童阅读推广模式，缩小地区阅读资源差距，解决儿童实际的阅读需求与到馆时间的矛盾，实现阅读资源的全面覆盖，为儿童阅读开辟新的空间，让越来越多的儿童能够真正爱上阅读，养成良好的阅读习惯，提升其阅读能力和素养，最终能通过阅读获得精神的享受和幸福感，为他们将来的学习、发展，乃至促进社会进步奠定良好基础。

3. 合理构建包含形成机制、保障机制、评估机制在内的馆校协同运行机制，规范我国馆校合作行为，为我国公共图书馆与学校等相关机构提供可参考的行动指南。

（二）研究价值

本书以儿童阅读推广作为研究对象，构建馆校协同儿童阅读推广模式，对这种新模式的探究具有一定的理论价值和实践价值。

1. 有助于丰富图书馆学理论体系。现阶段的儿童阅读研究呈现出多学科的研究旨趣，但是各个学科之间虽有交叉，却依然囿于以单一学科的研究为主；在儿童阅读推广实践层面，更是由于行政隶属关系不同，使得不同推广主体之间各自为政。因此，本书在吸取国内外教育学、心理学、管理学等领域的研究成果与研究方法的同时，将协同理论引入儿童阅读推广研究，打破系统壁垒，探究公共图书馆与学校协同开展儿童阅读推广的新模式，为儿童阅读推广研究开辟新的理论视角，有助于丰富图书馆学理论体系。

2. 促进公共图书馆更好的履行阅读指导和社会教育职能。馆校协同开展儿童阅读推广，最直接的实践价值在于提高公共图书馆的儿童阅读资源利用率，增强公共图书馆保障儿童群体文化权益的内在驱动力，帮助公共图书馆更好地履行儿童阅读服务的职能。

3. 推动我国素质教育改革走向深入。馆校协同开展儿童阅读推广，打破文化系统与教育系统的行政区划，突破儿童在校学习与到馆阅读的时空限制，在帮助学校丰富阅读资源、改善阅读环境的同时，有利于切实提高儿童阅读率，从而推动素质教育改革向纵深方向发展。

三、研究范围

本书所指的公共图书馆的范畴包括公共图书馆的儿童阅读推广部门、独立建制的少儿馆、未设立儿童服务部门的基层图书馆。从公共图书馆的服务对象看，公共图书馆服务门槛呈现逐渐降低的趋势，例如深圳少儿馆将服务对象定为0~99岁。但是，由于儿童服务的特殊性，并非图书馆大门一开，宣布对所有年龄开放就可以满足各年龄段儿童的阅读需求。0~3岁婴幼儿，国外称为"婴儿和学步儿童"（Babies and Toddlers），他们不具备独立行为能力和阅读能力，即使现在的公共图书馆不再排斥这一群体，但由于既没有积极的服务设计，也没有合适的资源（文献资源、硬件设施、服务人员），公共图书馆实际上无法真正吸引这一人群。所以，虽然这一年龄阶段也属于儿童，但不在本书的研究范围之内。

本书所指的学校范畴是指我国基础教育阶段的普通学校，包括幼儿园阶段、小学阶段和初中阶段。如此限定原因有三：第一，儿童阅读习惯的培养具有敏感期。朱永新认为，人的很多习惯和能力的养成是有关键时期的，中小学是形成精神饥饿期的关键阶段。[1] 第二，考虑到我国的教育现状，学生到了高中阶段学习时间较为紧张，课程内、外的内容主要围绕着课堂教学与升学考试进行。课外阅读在这个阶段几乎成为"奢侈品"，更谈不上占用学习时间参加图书馆或学校的阅读活动，对于此年龄段的学生而言，研究价值大打折扣。第三，结合我国新世纪以来开展的阅读竞赛、图书漂流、读书会、作家进校园等各种类型的儿童阅读推广活动，主要是指在校中小学生的课外阅读活动。[2]

四、研究内容与研究方法

（一）研究内容

本书以儿童阅读推广为研究对象，围绕公共图书馆、学校、民间阅读机构的儿童阅读推广情况，总结归纳其儿童阅读推广模

---

[1] 朱永新.一个没有阅读的学校永远不可能有真正的教育[N].人民日报，2012-01-06（5）.
[2] 王泉根.新世纪十年"儿童阅读运动"综论[J].学术界，2011（6）：223-237.

式，发现其问题所在，将图书馆儿童阅读推广理论、传播学理论、协同学理论与儿童阅读推广实践相结合，构建馆校协同儿童阅读推广模式，阐述其形成机制、保障机制及评估机制。本书的章节安排如下：

第一章，绪论。对本书的研究背景、选题缘由、研究目的、研究价值等进行介绍，阐述本书的研究思路，概述本书的整体研究框架。

第二章，国内外研究现状。搜集国内外相关文献，并进行归纳梳理，总结国内外学者对儿童阅读及儿童阅读推广的研究成果，发现相关研究的不足，确立本书的研究主题，提出本书的研究视角。

第三章，理论基础。首先，对儿童、阅读、儿童阅读推广的概念进行界定。其次，概述了馆校协同儿童阅读推广分析的理论基础，包括图书馆儿童阅读推广理论、传播学理论及协同理论。

第四章，馆校合作儿童阅读推广的现状调研。按照儿童阅读推广主体的不同，将我国现有主流的儿童阅读推广模式归纳为公共图书馆推广模式、教育界推广模式、民间阅读机构推广模式，指出现有模式下儿童阅读推广已取得的成就与现存问题。通过问卷调查和深度访谈，整体考察我国馆校合作儿童阅读推广的现状，分析家长、图书馆员、教师等相关人员对馆校合作的认同度、参与度，提出我国馆校合作儿童阅读推广目前存在的问题，并进行深层次的原因分析。

第五章，馆校协同儿童阅读推广模式的构建。在前文理论分析与实践调研的基础上，进行馆校协同儿童阅读推广模式的机理分析，阐述协同模式的构建原则、组成要素及各要素之间的关系。在此基础上，分析馆校协同模式的运作形式，结合西方已有的实践经验，深入探讨馆校协同儿童阅读推广模式的形成机制、实现机制及评估机制。

第六章，馆校协同儿童阅读推广模式的验证。采用案例分析的方法，通过对深圳"常青藤计划"及禅城区联合图书馆儿童阅读推广案例的深入分析，验证本书构建的馆校协同儿童阅读推广模式，并提出修正意见。

第七章，研究结论与展望。提炼本书的主要结论性发现，指出本书研究内容的局限与不足，提出未来的研究方向，为未来的儿童阅读推广理论发展与实践应用提供思考与建议。

（二）研究方法

1.文献调研法。通过中外文数据库、国外电子文献下载网站和图书馆等途径，大量搜集儿童阅读相关的期刊、学位论文和专著等资料，并对其梳理、综合归纳、分析和整体把握。跟踪该领域的研究进展和动向，了解国内外专家对儿童阅读的研究，全面把握该领域的研究动态，为本书研究思路及框架的确立作铺垫。

2.问卷调查法。根据调查需要分别设计了家长问卷、学生问卷和教师问卷，在小范围内进行试验调查并修正测试问卷，然后利用网络平台进行大范围的问卷调查。

3.深度访谈法。通过与图书馆管理者、图书馆儿童阅读推广负责人、学校管理者、教师深度访谈，对馆校合作的具体情况进一步调查。访谈地点根据访谈对象确定，时间在半个小时至一个小时左右。征得受访者的同意后，使用录音设备全程记录访谈内容，访谈结束后，研究者对访谈内容进行分类整理。访谈的内容主要包括馆校合作儿童阅读推广的现状，公共图书馆、学校、家长对馆校合作的认同度、参与度以及馆校合作的影响因素等。

4.专家咨询法。就调查问卷、访谈大纲的设计、馆校协同儿童阅读推广模式的构建等研究内容，走访领域内的专家，听取意见与建议。

5.案例分析法。儿童阅读推广实践中存在很多优秀的案例，通过调查问卷与深度访谈，本书有针对性的选择深圳市"常青藤计划"及禅城区联合图书馆儿童阅读推广案例作为代表性案例，收集相关资料,对其协同要素、保障机制、评价效果等方面深入调查,并对案例资料进行全方位具体剖析,验证馆校协同儿童阅读推广模式并提出修正意见。

五、研究思路与技术路线

(一)研究思路

本书以图书馆儿童阅读推广理论、传播学理论、协同理论为理论基础,总结归纳现有主流的儿童阅读推广模式,并结合馆校合作儿童阅读推广的实践调查,分析儿童阅读需求与图书馆儿童阅读推广服务存在的矛盾,探索馆校协同儿童阅读推广模式,并对该模式的形成机制、保障机制、评估机制进行深入探讨。整个研究具体分为3个阶段展开:

第一阶段,提出问题。分类梳理、综述国内外儿童阅读及阅读推广研究现状,并对其进行述评,发现研究的不足,确立本书的研究主题,初步形成研究思路;阐述图书馆儿童阅读推广理论、传播学理论与协同理论,为本书的后续研究提供理论依据。

第二阶段,分析问题。采用问卷调查法与访谈法分析调研馆校合作儿童阅读推广情况,总结现有的儿童阅读推广模式,指出现有模式下儿童阅读推广已取得的成就与不足,考察馆校合作的认同度、参与度以及影响因素。在理论分析与实践调研的基础上,构建馆校协同儿童阅读推广模式。

第三阶段,解决问题。在馆校协同儿童阅读推广模式的基础上,阐述该模式的运行机制,确立运行机制的构成、相互之间的逻辑关系,并选取案例对该模式进行验证,提出修正意见。

（二）技术路线

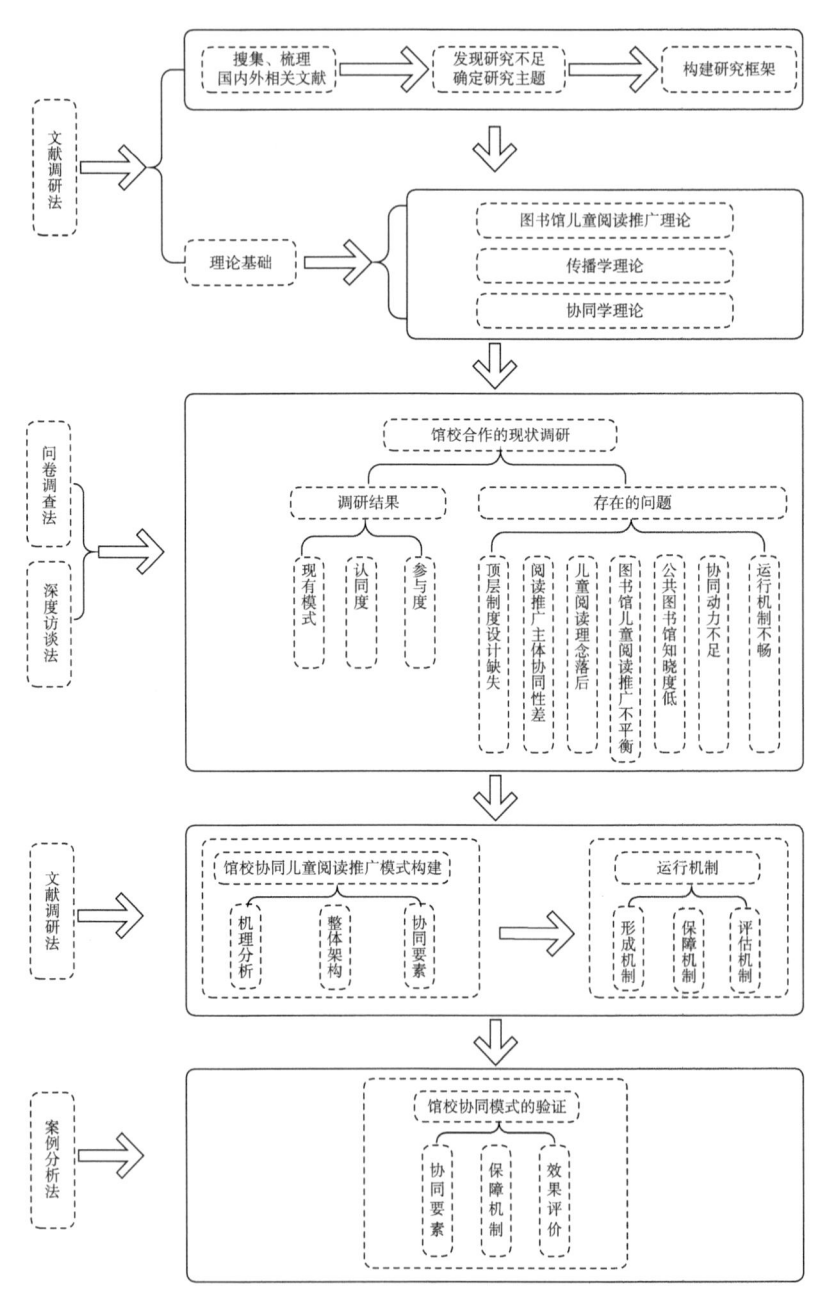

图1-2 本书技术路线示意图

第二章 国内外研究综述

一、国外儿童阅读研究综述

国外有些国家公共图书馆事业比较发达，在儿童阅读推广方面的研究较为深入，研究视角也比较宽泛。本书主要采用"children""child""baby""toddler""pupil"等关键词与"reading""reading promotion"组配进行资料收集，不进行时间范围的限定，在 Jstor、ERIC、EBSCO、Taylor & Francis、Medline、Emerald、Proquest 等常用数据库中进行检索，共检索出 103 条相关文献。据研究的主题内容对文献进行整理分类，大致可分为生理学、心理学、社会学、教育学、图书馆学 5 个相关领域，获得的文献跨度主要从 20 世纪 80 年代至今。

（一）生理学视野下的儿童阅读研究

儿童阅读生理研究是建立在生理学之上的儿童发育生理学研究，其研究方法具有明显的实验性、比较性，主要运用儿童发育生理学的概念和技术；研究内容包括对相同年龄阶段不同性别的儿童阅读对象偏好性以及不同年龄阶段儿童的阅读行为、阅读能力等。

1. 儿童生理特点对阅读的影响研究

儿童的性别、年龄、身体缺陷以及儿童阅读能力个体之间的差异均可对阅读造成不同程度的影响。C. A. Mellon 通过研究发现，

4~12岁儿童最喜欢阅读动物故事、神话、冒险故事、恐怖故事、笑话等主题。男孩与女孩在阅读兴趣方面的表现具有明显差异，男孩比女孩的阅读兴趣更加多变。两岁左右的男孩和女孩在选择童话时表现出不同的喜好，男孩喜欢恐怖和暴力故事，而女孩喜欢浪漫故事。[1]由于女孩在整个社会中常常遭受到不公正的待遇，在对阅读行为差异的研究中，最早受到关注的是女孩，此类研究大多集中在唤醒社会保护女孩的阅读权力。随着现代社会的发展，女孩在几乎所有的阅读能力指标中都有明显改善，而男孩在阅读和写作技能方面已经落后于女孩。[2]很多研究具体揭示了男孩在阅读能力上比女孩差的现状，如 M. Sullvian 的研究表明有阅读障碍的男孩是女孩的两到三倍。[3]美国精神病协会指出，被诊断出患有注意力障碍和多动症的儿童中，六分之五是男孩。[4]

2. 儿童阅读理解能力研究

不同年龄阶段儿童阅读理解能力的研究是儿童阅读研究的基本范畴。R. M. Best 等学者对比分析了儿童阅读理解叙事性文章和说明性文章所需的不同能力。研究者通过实验法测试儿童对两篇文章的阅读理解，结果表明：儿童理解叙事性文章的水平好于理解说明性文章，文章体裁的不同是影响儿童理解能力的主要因素。儿童对叙事性文章的理解主要受到字词解码技能的影响，而说明性文章主要受到儿童认知水平的影响。[5] A. H. Paris 通过实证方法

---

[1] Mellon C A. It is the best thing in the world：rural children talk about reading[J]. School library journal, 1992, 38（8）：39-40.
[2] Ross C S, Mckechnie L, Rothbauer P M. Reading matters: what the research reverals about reading, libraries and community [M].westport:Library Unlimite,2005:78.
[3] Sullvian M.Connecting boys with books:what libraries can do[M]. Chicago:American Library Association,2003:109.
[4] American Psychiatric Association.Diagnostic and atatistical of mental disorders [M].Washington,D.C.: American Psychiatric Association,1994:52.
[5] Best R M,Floyd R G,Mcnamarad S. Differential competencies contributing to children's comprehension of narrative and expositorytexts[J]. Reading psychology, 2008,29（2）：137-164.

对158名5~8岁儿童对故事的理解能力进行考察,结果表明:随着年龄增长,儿童对书中事件行动、角色理解的水平明显提高,不同年龄的儿童对故事要素的理解水平有明显差距,如能说出角色、问题、解决方法和结局等要素的人数比例较低;能说出背景和引发事件的人数比例较高。[1]

(二)心理学视野下儿童阅读研究

儿童阅读心理研究是用心理学的概念和技术研究儿童的阅读行为及其结果,主要是建立在生理学和神经心理学之上的认知心理学研究。其研究方法具有明显的实验性和量化性,主要研究内容包括不同阅读材料对阅读效果的影响、儿童阅读障碍及干预研究等。

1. 不同阅读材料对阅读效果的影响研究

不同内容、不同质地的阅读材料在儿童阅读活动中所起到的作用差别迥异,引起了国外学者的广泛关注。图画书在儿童早期阅读和儿童阅读能力培养中具有重要作用,主要集中在图画书在儿童早期阅读和儿童阅读能力培养中作用的研究。M. A. Evans等学者从教育心理学角度研究了亲子共读图画书的作用,强调图画书对儿童的元语言、元认知能力的培养意义重大。[2] E. Sulzby认为,图画故事书是亲子阅读的重要阅读材料,这一阅读方式可以促进幼儿口头语言和书面语言的发展。[3] 此外,还有一些研究者运用眼动法探索儿童阅读图画书的过程。L. M. Justic等以4名52~68个月的儿童为研究对象,考察了在成人伴读情境下儿童阅读不同图

---

[1] Paris A H.Assessing narrative comprehension inyoung children [J].Reading research quarterly,2003,38(1):36-76.

[2] Evans MA, Barraball L, Eberle T. Parental responses to miscues during child-to-parentbook reading [J].Journal of applied developmental psychology, 1998,19(1):67-84.

[3] Sulzby E. Children's emergent reading of favorite storybooks: A developmental study [J].Reading research quarterly, 1985,20(4):458-481.

画书的眼动特征。他们分别使用了文字凸显和文字不凸显的两本区别明显的图画故事书，结果发现：在听故事的过程中，儿童对文字基本不予关注，即使图画书中的文字比较凸显，儿童对文字的注视时间也只有画面总注视时间的 5.6%。[1]

2. 儿童阅读障碍及干预研究

由于阅读障碍严重影响儿童的学习和生活，因此得到了世界各国政府和研究者的普遍重视。英、美等发达国家政府还专门成立了针对阅读障碍患者的服务机构，主要为阅读障碍患者提供预防、诊断、干预及特殊教育等全方位服务。自 1917 年 J. Hinshelwood 以字词盲（wordblindness）提出阅读障碍的概念以来，有关阅读障碍的研究经历了近百年的历程，研究主题已经涵盖到医学、心理学、语言学、神经影像学和教育学等多个领域，研究内容主要围绕视觉障碍、听觉障碍、语言障碍、认知障碍等进行，研究方法主要以实证研究为主。R. Pintner 等使用《伍德沃斯和威尔斯测验表》对 14~16 岁的听觉障碍学生进行评量，研究结果发现，他们在阅读理解方面的平均分数，只相当于 7 岁健听儿童的水平。[2]

1998 年，美国国家科学院发布《预防幼儿阅读障碍》（*Preventing Reading Difficulties in Young Children*），研究结果指出：大多数成人的阅读问题源自童年，源于他们的生活环境和所受教育，而且这些问题大都可以在幼年时期避免或解决。因此，阅读障碍预防研究也显得尤为重要。J. M. Mason 通过实证研究指出，分享阅读有助于阅读困难儿童的词汇量扩大与阅读技能的提

---

[1] Justice LM, Lankford C. Preschool children's visualattentionto printduringstorybookreading: pilot findings [J]. Commutations disorders quarterly, 2002, 24（1）:11-21.

[2] Pintner R, Paterson D G. A measurement of the language ability of deaf children [J]. Psychological review, 1916, 23（6）:413-436.

高。[1]A. C. Hargrave 等人采用亲子阅读中的一种干预方案—对话式阅读，对 36 名词汇缺乏、表达能力落后的儿童进行了阅读干预研究，该项研究鼓励儿童积极参与，父母积极反馈，并能根据儿童不断增长的语言能力采取不同的阅读方式，结果表明：被干预组的儿童获得的词汇更多，进步也更显著。[2]

（三）社会学视野下儿童阅读研究

社会学学者将儿童阅读行为作为一种社会现象放在整个社会系统中去考察，分析它与社会其他系统结构要素之间的关系以及在整个社会系统结构变化中的地位，从整体上认知儿童阅读行为。社会学从性质上分为解释性研究、描述性研究和探索性研究，其学科性质决定了其研究方法，具体包括普查法、抽样法等调查研究和实地研究。社会学视野下的儿童阅读研究内容较为广泛，几乎涉及到阅读活动的所有社会因素。

1. 儿童早期阅读价值研究

阅读能力是影响国民学习能力的一个主要因素，而早期阅读对一个人的阅读习惯的培养与阅读能力的提高至关重要，为此，需要通过有效的措施对儿童的早期阅读进行干预。[3] 这一研究结果成为很多国家从政府到全社会关注儿童阅读的一个基本理念。国外儿童早期阅读研究始于 20 世纪 20 年代，当时的研究成果主要围绕儿童早期阅读的重要性以及价值的发现。关于早期阅读重要性的研究，很多学者试图从儿童早期阅读与未来学习能力之间的相关性中寻求答案。D. S. Strickland 和 L. M. Morrow 研究发现，幼

---

[1] Mason J M,Kerr B M,Sinha S. Shared book reading in anearly start program for at-risk children［J］.National readingconference yearbook,1990,39（1）:189-198.

[2] Hargrave A C, Senechal M.A bookreading intervention with preschool children who havelimited vocabularies: the benefits of regular reading anddialogic reading［J］. Early childhood research quarterly ,2000,15（1）: 75-90.

[3] Snow C E,Burns M S, Griffin P,Preventing reading difficulties in young children ［M］. Silver Spring, Md.:National Academies Press,1998.

儿的早期阅读可以加快大脑的发育与成熟，促进幼儿思维的发展，有利于提高口语表达能力，与他们进入小学后的学业成绩呈正相关关系。[①]C. G. Wells 研究发现，儿童早期读写能力能够预测儿童今后在学校的阅读能力、写作能力和数学成绩。[②]

2. 儿童阅读影响因素研究

国外学者通过研究发现，影响儿童阅读行为的因素主要包括家庭、学校等。家庭是儿童最早接触阅读的场所，家庭环境对儿童读写的认知发展有直接的影响。关于家庭环境对儿童阅读能力的影响是国外学者对儿童阅读影响因素研究中最为重要的主题之一。S. B. Neuman 研究发现父母的言行举止及阅读态度对孩子有潜移默化地正相关的影响。[③]A. D. Johnson 则通过其研究发现家庭环境中母亲的阅读能力关系着幼儿早期阅读的技巧。[④]O. Camilo 强调父亲在亲子阅读中承担重要的角色，父亲的一些引导阅读的技巧，将有助于激发孩子的阅读兴趣、扩充词汇量、提高语言表达能力。[⑤]多位学者研究发现，在家庭环境中，父母的受教育程度与良好的儿童阅读习惯呈正相关关系。A. K. Andel 在其学位论文中对本地图书馆暑期阅读活动进行了效果检测，认为家长的受教育水平及其阅读行为等与家庭藏书、家长对阅读兴趣水平和儿童

[①] Strickland D S, Morrow L M. Emergent literacy: young children learn to read and write[M]. Newark：International Reading Association, 1989:25.

[②] Wells C G. Language, learning and education [M]. Bristol : University ofBristol, 1982: 72.

[③] Neuman S B. The home and fifth-grade students' leisure reading [J]. The elementary school journal, 1986, 86（3）: 335-343.

[④] Johnson A D, Martin. order in the house!Associations among household chaos, the home literacy environment, maternal reading ability, and children's early reading [J].Merrill palmer quarterly,2008,54（4）: 445-472.

[⑤] Camil O O,Rebecca M S,David H A.Parental influence on child interest in shared picturebook reading[J].Early childhood research quarterly,2001,16(2):263-281.

阅读行为等指标之间存在显著相关。[1]L. M. Morrow通过研究发现，父母的学历高低是影响儿童阅读兴趣的重要因素之一，较喜欢阅读的儿童其父母大都具有大学以上的学历[2]；C. Williams的研究同样发现家长的学历以及阅读习惯是影响孩子阅读的重要因素，高学历家长比低学历家长更会鼓励孩子阅读，而且经常阅读的父母更容易带动孩子阅读。[3]

3. 儿童阅读状况研究

社会学关注的儿童阅读状况主要集中于儿童阅读能力测试、阅读量以及父母参与儿童阅读几个方面。全球著名的Scholastic公司自2006年连续发布了5期《儿童与家庭阅读报告》，结果显示：儿童普遍重视阅读，喜欢阅读，父母的引导和以身作则对儿童习惯的培养非常重要，近一半的家长表示在为儿童推荐书目时感到力不从心。[4]A. Tella调查了博茨瓦纳几所小学儿童阅读习惯及书籍的拥有量，研究指出图书数量不足、缺乏有趣的儿童读物以及看电视都是构成发展儿童阅读习惯的障碍。[5]

（四）教育学视野下儿童阅读研究

随着人们对阅读能力在一个人学习和成长过程中重要性认识的不断提高和对阅读教育的普遍重视，教育工作者结合教学实践

---

[1] Andel A K. Summer library reading programs and literacy: an assessment of children's reading progress after having participated in a summer library reading program［D］. Waterloo: Wilfrid Laurier University, 2011.

[2] Morrow L M.Home and school correlates of early interest in literature［J］.Journal of educational research ,1983,76（4）:221-230.

[3] Williams C.A Study of the reading interests,habit,and attitudes of third,fourth and fifth grades:a class action research project［EB/OL］.［2016-1-25］. http://eric.ed.gov/id=ED3126121989.

[4] Harrison Group. 2014kids &family reading report ［EB/OL］.［2015-03-22］. http://anatomiteca.com/wp-content/uploads/2011/05/2010_KFRR.pdf.

[5] Tella A. Children reading habits and availability of books in botswana primary schools: implications for achieving quality education［J］. TheReading Matrix,2007,7（2）: 117-142.

开展的阅读教育研究也逐渐成为儿童阅读研究中的一个重要方面。阅读教学是通过教学活动学习和掌握语言技能与阅读技巧，提高阅读能力的过程，因此教育学视野中的儿童阅读研究主要集中于阅读技能及策略、儿童阅读环境、阅读品种等问题。

1. 儿童阅读方法及阅读策略的研究

P. T. Muncy 长期从事阅读教学的专门研究，她根据自己 16 年的中小学教龄设计了 160 种让孩子爱上阅读的活动和设计方案，并总结出吸引学生热爱图书和阅读的两种方法，一是为学生大声朗读，二是让学生持续默读（SSR, sunstained silent reading），并倡导将 SSR 应用到学校课程中去。[①]20 世纪 60 年代佛蒙特大学的 Hunter 提出持续默读的阅读方法，后来由 R. A. Mccrachen 和 M. J. Mccrachen 两位阅读专家发扬光大。Mccrachen 夫妇研究了各种阅读技巧并经学校实验验证后，提出了 SSR 教学计划，主要内容包括：（1）教室内阅读时间通常限定为 10 分钟或 15 分钟；（2）每个学生应自行挑选读物，阅读期间不得变换；（3）教师或家长要陪同阅读，以身作则；（4）不要求学生写读书报告，也不作任何分数记录。[②]美国 S. D. Krashen 教授在其专著《阅读的力量》(the power of reading) 中通过大量的研究资料，得出结论：直接教学对提高学生的语文能力没有功效。大部分教师花费很多精力在课堂上教字词句、语文规则、语文知识、阅读方法，远不如让孩子自由阅读成绩更突出。考虑到儿童的大部分时间在学校度过，C. M. Gettys 等人提出学校营造良好的阅读环境将会提升学生的阅读动

---

① Muncypt.Hooked on books:activities and projects that make kisd love to read [M]. Englewood Cliffs, N.J. West Nyack, N.Y:Center for Applied Research in Education, Career & Personal Development, 1995.
② Mccracken R A, Mccracken M J. Modeling is the key to sustained silent reading [J]. The reading teacher,1978,31（4）:406-408.

机，改变学生的阅读态度。[①]S. Sonnenschein 指出学校推动的阅读推广计划对孩子阅读的发展是有很大帮助的。[②]T. G. Gunning 提出在教学过程中，教师组织讨论书本内容的活动，将更能刺激学生的阅读动机，使其爱上阅读；阅读推广活动的成效，教师起着关键的作用。[③]

2. 儿童阅读环境研究

L. M. Morrow 与 C. S. Weinstein 研究认为在教室内精心布置读书角，孩子在自由活动时间内选择阅读的机率会增加，同时，当图书角的书籍是置放在孩子容易接触的范围内，并且教师准许孩子将图书角的书带回家时，孩子的阅读量也会增加。[④]M. Gaver 通过实证的研究方法得出：孩子能取得的图书量与阅读量之间有很强的关联性，相关系数 r=0.72。学校图书馆的馆藏越多，开放时间越长，以及经常有计划地组织孩子参观图书馆，会提高图书的借阅率。[⑤]

3. 儿童阅读品种研究

漫画在成人的眼中一向被认为是"垃圾读物"。美国 S. D. Krashen 教授对孩子阅读漫画读物进行了研究，通过广泛的分析调查得出结论：大量阅读漫画读物对于孩子的阅读没有害处，相比较其他读物，漫画其通俗易懂更容易提升孩子阅读兴趣，从而扩

---

① Gettys C M, FowlerF. The relationship of academic and recreational reading attitudes school wide: abeginning study.［EB/OL］.［2015-06-20］.http://files.eric.ed.gov/fulltext/ED402568.pdf.

② Sonnenschein S, Schmidt D. Fostering home and community connections to support children's reading［C］. BakerL , Dreher M J , Guthrie JT. Engaging young readers: promoting achievement and motivation, 2000:264-284.

③ Gunning T G.Creating literacy instruction for all children.（3rded）［M］. Boston:Allyn and Bacon,1999.

④ Morrow L M.Weinstein C S, Increasing children's use of literature through program and physical design changes［J］.Elementary school journal,1982,83（2）: 131-137.

⑤ Gaver M .Effectiveness of centralizedlibrary service in elementary schools［M］. Chicago :The University of Chicago Press,1964:28.

大词汇量，而且还可能引向深层次的阅读。[①]A. Chambers认为孩子阅读"垃圾读物"是一种正常的成长现象，家长应该主动承担责任，把获取乐趣的方法教给孩子。[②]D. P. Hayes与M. G. Ahrens的研究指出，漫画书图文并茂，能够激发孩子的想象力和创新能力，帮助培养孩子的写作能力和阅读能力。[③]

（五）图书馆学视野下儿童阅读研究

1949年联合国教科文组织发布的《公共图书馆宣言》明确规定了公共图书馆的12项使命，第1项使命就是"从小培养和加强儿童的阅读习惯"。图书馆因其使命在促进儿童阅读中占据着独一无二的地位。在这一纲领性文件的指导下，各国研究者对儿童阅读围绕图书馆与儿童阅读关系、儿童图书馆员素养、图书馆儿童阅读促进模式、图书馆儿童阅读推广策略做了大量的研究。

1. 图书馆与儿童阅读关系研究

面对儿童阅读、儿童阅读推广的热潮以及儿童阅读相关研究成果的取得，图书馆也在重新审视、不断调整其在儿童阅读服务中的角色和作用。C. R. Mcclure提出要培养孩子的阅读习惯，首先要让父母意识到阅读的重要性。因此，图书馆除了要直接为儿童提供阅读服务之外，还要重视对其父母或照看者进行相关的培训，帮助他们树立构建家庭读写环境的良好意识，通过开展相应的引导活动帮助他们将儿童阅读活动延伸到家庭日常生活中，做到阅读常态化。[④]B. F. Immroth认为早期读写是儿童做好入学准备

---

① Krashens D. The power of reading : insights from the research［M］. Westport: Libraries Unlimited,2004:76–79.
② Chambers A. Introducing books to children［M］. London : Heinemann Educational Books, 1983:41–45.
③ Hayes D P,Ahrens M G. Vocabulary simplication for children: a specialcase of "motherese"？［J］.Journal of child language,1988,15（2）:395–410.
④ Mcclure C R.Planning and role setting for public libraries［M］.Chicago: American Library Association,1987:61.

的核心，早期阅读对未来阅读能力和学业成就具有奠基作用。图书馆儿童阅读促进的目标是使儿童将阅读和写作视为生活中必不可缺、充满乐趣和意义的一部分。而要实现这个目标，图书馆的角色不仅仅是设置和开展具体的读写课程，更重要的是帮助儿童创建良好的阅读环境，使儿童感受到阅读的力量与乐趣。[①]

2. 儿童图书馆员素养研究

图书馆员作为连接儿童与图书馆藏的桥梁，是决定儿童图书馆服务质量的关键因素，因此，不少学者对儿童图书馆员应具备的品质进行了相关研究。1999年，美国儿童图书馆服务协会发表了《公共图书馆儿童服务馆员资格》，对公共图书馆儿童图书馆员的专业资格提出7项条件，包括了解服务对象能力；经营及管理能力；沟通能力；资料及馆藏发展能力；活动规划能力；建立公共关系的能力；专业素养及发展潜能。1999年，E. Judith指出图书馆员除了具备讲故事、培训儿童阅读的执行能力，还要具备一定的文化素养，具有较强的主动性、创造性、沟通能力和策划能力。[②] J. B. Todaro对1960—1981年的相关文献进行综述，发现儿童图书馆员最常具备的特质有45种，大致分为行政、馆藏资料、活动规划、儿童服务、社区、机构及专业能力7项主题。[③]

3. 儿童阅读促进模式研究

美国公共图书馆策划儿童阅读促进活动并不是单打独斗，而是集中整体规划，在分散至各公共图书馆执行，由全州性活动逐渐扩展为全国性活动。这种模式最早起源于1976年美国伊利诺州儿童图书馆，由伊利诺州图书馆协会的儿童图书馆服务部门

---

① Immroth B F, Geisler V A. Achieving school readiness-public libraries and national education goal NO. 1 [M].Chicago: American Library Association,1995:48.
② Judith E. Information programs to support reading and libraries in developing countries [J].New review of children's literature and Librarianship,1999（5）:55-84.
③ Todaro J B,Competencies of Childrens Librarians:An attitudinal Assessment [D].Columbia:Columbia University,1984:76.

先后编制一系列暑期活动资料，供该州及其他州儿童图书馆员参考使用，且自 1982 年开始每年暑假设计一个阅读主题，并与 Demco 公司合作，大量编制活动手册及海报等阅读促进资料。[①]E. Marcoux、D. Loertscher 认为学校图书馆应发挥学生素质教育的作用，联合学校、教师、家长及学生各方力量来共同推进学生阅读能力的提高。[②]1993 年，S. Delvecchil 发表《图书馆与学校合作计划》一文，认为图书馆与学校应加强合作，并提出了具体的做法：图书馆员应主动到学校宣传如何利用图书馆，鼓励学生参观图书馆，加强对图书馆阅读促进的宣传；图书馆应配合学校教学活动，提供相关的馆藏资源；实施"家长与图书馆"计划，让家长了解图书馆的功能，进而促进家庭阅读活动的开展。[③]S. Thebrige 认为出版社、图书经销商与图书馆的出发点虽然不同，但是却有着共同的目标——阅读促进，因此三者应该建立互惠互利的伙伴关系。[④]

4. 图书馆儿童阅读推广策略研究

图书馆开展儿童阅读推广的形式各种各样，种类繁多，归纳起来主要包括讲故事、读书会、阅读讲座、暑假阅读、书谈活动、书展及书目推荐等。B. Heyn 提出儿童图书馆举办的暑期活动是对儿童最具影响的活动，图书馆从儿童阅读图书的数量、时间、或利用图书馆的行为等方面指导儿童在暑假做系统的阅读，能提高他们开学后参加字体测验的成绩。[⑤]A. Wright 认为儿童朗读、讲故事或者参加故事讨论，有助于调动其阅读兴趣，培养想象力。[⑥]L.

---

① Payne M.In the Good Old Summertime［J］. Illinois Library ,1985,67（1）:50–52.
② Marcoux E, Loertscher D. The role of a school library in a school's readingprogram［J］. Teacher Librarian, 2009,37（1）:8–14.
③ Delvecchil S,Connecting Libraries and Schools With CLASP［J］. New York Public Library,1993,68（1）:38–40.
④ Thebrige S.Promoting reading:Using partnerships,a ten-year literature overview［J］.New library world,2002,1175（103）:131–140.
⑤ Heyn B.Summer learning and the effects of schooling［M］. New York:Academic press,1978:35–38.
⑥ Wright A. Storytelling With Children［M］. Oxford :Oxford University,1995:22–24.

Locke认为暑期阅读活动能够让儿童在轻松、愉快的气氛下阅读，鼓励家长支持并引导孩子阅读。[①]S. Michael长期致力于男孩阅读研究，提出图书馆员应该采取措施激发男孩的阅读兴趣，比如轮流讲故事，围棋游戏等活动有利于激发男孩拓展相关领域的阅读范围。[②]A. Church指出图书馆要推广阅读，建议图书馆在网页上提供馆藏目录、作家网页链接、电子书、线上游戏、阅读书单、阅读测验、书评、公告活动的资讯、订阅服务等。[③]C. D. Mclean列出50种促进儿童阅读的具体方法，包括用颜色标识难易不同的读物、邀请儿童撰写书评、把推荐的读物置放于显眼的地方、用食物引诱儿童进入图书馆、让儿童参与选书等。[④]

二、国内儿童阅读研究综述

我国对儿童阅读的相关研究始于20世纪20年代，1922年刘衡如发表《儿童图书馆和儿童文学》，提出儿童图书馆的两大功能，一是"培养儿童阅读习惯"，二是"陶冶儿童性情"。[⑤]1934年陆静山出版专著《儿童图书馆》对"儿童阅读指导"进行了专章讨论[⑥]，详细介绍了儿童阅读的方法，并指出了儿童阅读指导中出现的问题。新中国成立之后，随着我国政治、经济和科学文化教育事业的发展，儿童阅读和阅读能力的发展愈来愈受到全社会的关注，并取得了丰硕的研究成果。

---

① Locke J L.The effective of summer reading programs in public libraries in the United States［D］. Pittsburgh: University of Pittsburgh,1998:49.
② Michael S. Giving them what they want in small public libraries［J］. Public library association,2000,39（3）:148-155.
③ Church A.Your library goes virtual:promoting reading and supporting research［J］. Library media connection,2006,25（3）:10-13.
④ Mclean C D.Fifty ways to promote teen reading in your school library［J］.Young adult library services ,2007,6（1）: 8-10.
⑤ 刘衡如.儿童图书馆和儿童文学［J］.中华教育界,1922,11（6）:14-16.
⑥ 陆静山.儿童图书馆［M］.上海：上海书局总店，1935:24.

作者于 2019 年 1 月在中国期刊网全文数据库和中国科技期刊数据库中利用"公共图书馆""少儿图书馆""少年儿童图书馆""儿童图书馆"及"绘本阅读""亲子阅读""婴幼儿阅读""少儿阅读""小学生阅读""中学生阅读""儿童阅读""青少年阅读"等作为主题词检索字段，运用"精确"匹配，进行"与"的布尔逻辑检索，不进行时间范围的限定，剔除报道类、征文通知类文章以及其他与主题联系不紧密的文章，共得到 1101 篇相关论文。

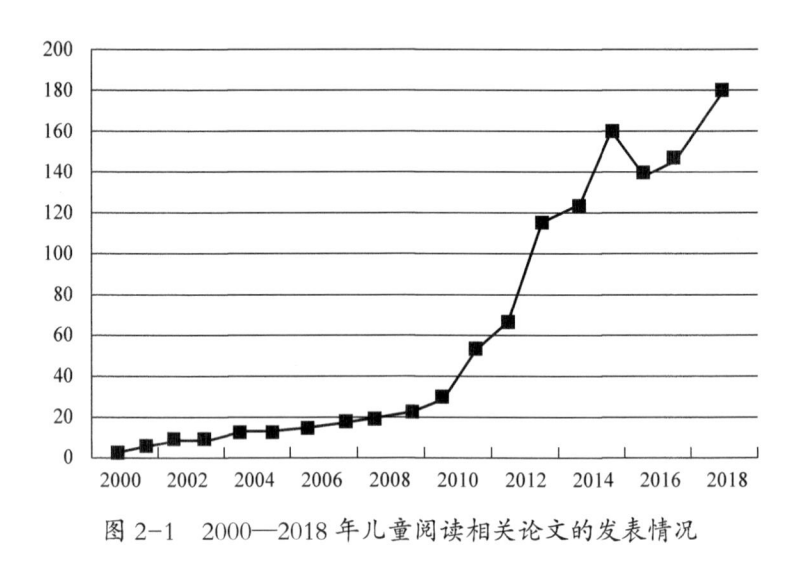

图 2-1　2000—2018 年儿童阅读相关论文的发表情况

从文献分布时间来看（见图 2-1），通过年代统计分析 1999 以前的发文量仅为 20 篇，研究成果数量较少，研究内容比较零散。2000 年以后儿童阅读逐渐进入研究者的研究视野，关于儿童阅读的研究成果数量总体来说呈增长趋势，2009 年以后儿童阅读研究成果呈现大幅上升趋势。2009 年—2018 年发表的论文数量依次为 20、26、51、69、116、122、160、137、146、178 篇。2015 年达到峰值 160 篇，是 2009 年发表论文数量的 8 倍。这主要得益于中图学会在儿童阅读推广中所作出的呼吁与努力。2009 年，儿童与青少年阅读推广专业委员会成立，该委员会专门致力于儿童阅读推广的理论研究与实践。自此，儿童阅读作为全民阅读的起点和基础，已经引起图书馆学界的充分关注，成为图书馆领域的研究热点之一。依据研究主题对检索结果进行分类可以发现，图书馆领域有关儿童阅读的研究内容主要集中在儿童阅读现状、儿童网络阅读、儿童阅读推广方面。

（一）儿童阅读现状研究

自20世纪20年代儿童阅读进入学者的研究视野以来，迄今已有近百年的历史。对当下儿童阅读现状的把握，是相关学者一直以来关注的问题之一。为了有针对性地提出开展儿童阅读推广服务的对策，多位学者通过问卷、访谈等方式对儿童的阅读现状、存在问题、阅读需求、阅读条件等情况进行了调查。井继龙在对微山县城驻地小学生进行问卷调查的基础上，分析了儿童的阅读愿望、阅读结构、亲子阅读互动状况和父母对儿童读物的期望等问题。[1] 李雯从儿童的阅读取向和阅读心理出发，探讨了儿童阅读的特点，并以广州儿童图书馆2007年文献利用统计表为例，分析了家庭、学校、图书出版这三种因素对儿童阅读产生的影响。[2] 杨柳通过参与全国少年儿童阅读调查，揭示了儿童的阅读时间、阅读数量、阅读困难和对图书馆的认知度[3]，这些数据无疑对我国儿童图书馆的服务和儿童读物的出版具有很大帮助。王锰、郑建明对江苏省的儿童阅读服务进行了介绍，并从政策、环境、阅读推广活动、兼顾弱势群体等方面提出了具体的对策。[4] 傅巧琼调查了浙江省儿童纸质阅读和数字阅读的状况，揭示出现阶段儿童课外阅读的真实状态及阅读方式的变化，并提出在采取纸本阅读与数字阅读相结合的阅读方式下，提升家长阅读素养、推进阅读与教

---

[1] 井继龙.儿童阅读状况调查与分析[J].图书情报论坛,2009（4）：37-41.
[2] 李雯.少年儿童阅读探析[J].图书馆论坛,2009,29（1）：39-41.
[3] 杨柳.对少年儿童阅读调查及测评工作的研究与探讨[J].图书馆工作与研究,2011（3）：106-109.
[4] 王锰,郑建明.图书馆少年儿童阅读服务的实践研究—以江苏省儿童阅读服务为例[J].图书馆工作与研究,2013（4）：117-120.

学相结合、建立图书分级阅读指导系统、实现资源共享等推广策略。[1]杨翠萍对广东粤西地区和青海柴达木地区两个欠发达地区的12所城乡小学学生进行了阅读现状调研,在对上述两个地区儿童阅读现状进行比较分析的基础上,提出图书馆、学校、出版社合作开展阅读推广活动的建议,并呼吁社会关注区域平衡发展,关注弱势群体。[2]2012年,全国少年儿童阅读调查组在湖南省内长沙、株洲、湘潭等9个城区和乡镇对少年儿童进行问卷调查,共发放问卷36000多份,调查显示:城乡儿童对阅读的喜爱程度基本一致,但是乡镇儿童阅读动机更为功利,阅读时间更少,阅读数量有限;且由于经济原因乡镇儿童家庭藏书少,阅读条件有限,这些因素阻碍儿童养成阅读习惯。[3]2017年,广州市少儿馆与中山大学图书馆成立联合项目组,采用问卷调查、访谈调查与实地调查相结合的方法,从阅读态度、阅读行为、阅读资源、数字阅读等方面对广州市儿童的阅读状况开展了调查,并发布了《广州市未成年人阅读年度报告》。

(二)儿童网络阅读研究

随着网络技术的发展,数字阅读设备逐渐普及,数字阅读趋于大众化,并日渐成为阅读发展的未来趋势。关于儿童网络阅读,已经引起相关学者的注意,并对此发表了不同的观点。部分专家认为"无纸化社会"即将到来,未来阅读必将走向数字化,但是更多专家从儿童身心发育角度考虑,认为网络阅读不适宜在儿童中推广提倡。阅读专家朱永新指出,推崇书籍阅读不等同于提倡网络阅读,认为网络上更容易吸引眼球的是信息、广告和娱乐的内

---

[1] 傅巧琼.浙江省儿童阅读状况调查及推广策略[J].图书馆研究与工作,2017(2):60-64.
[2] 杨翠萍.我国欠发达地区少年儿童阅读现状分析—以广东粤西和青海西部柴达木地区城乡小学生为例[J].图书馆论坛,2012,32(2):135-139.
[3] 薛天.关于城乡少年儿童阅读状况的比较与思考—基于湖南省少年儿童阅读调查报告[J].图书馆工作与研究,2013,1(1):118-121.

容，人类理性的洞察力通过网络难以获得，唯有通过书籍阅读，人类的智慧才能通往精神的"金字塔"之巅。[1]王余光认为纸本阅读将在儿童阅读领域长期存在，培养儿童的阅读习惯，应该从纸本阅读开始。[2]李颖然认为网络阅读是一把双刃剑，对青少年的成长既有积极作用，也有消极作用，图书馆应为儿童提供安全的网络环境，积极开展网络道德教育与青少年网上心理咨询服务。[3]刘婧在其博士论文中调查了我国儿童对网络阅读信息资源的使用行为现状，重点分析了影响儿童网络阅读行为的主要因素，并从儿童网络阅读资源建设和社会各界关注的角度提出了思考和建议。[4]吴建中认为儿童数字化阅读要引起重视，儿童阅读的主要问题不在于阅读载体，而在于阅读内容。[5]

（三）儿童阅读推广研究

1. 图书馆儿童阅读环境创设与利用研究

适宜的阅读环境可以让儿童拥有一个没有压力的、身心放松的阅读空间，提高儿童的阅读兴趣。郁海平将儿童心理学应用于图书馆阅读空间设计中，根据儿童的阅读行为和阅读心理，对儿童阅读空间的室内环境从色彩、装饰、家具陈设、标识系统等几个要素进行分析，体现了儿童阅读空间的色彩性、游戏性和趣味性。[6]张时岑把图书馆儿童阅读环境的影响因素分为外部因素和内部因素，外部因素包括资金因素、图书出版市场因素、信息技术因素等；内部因素包括成人参与因素、馆藏因素、阅读场所因素。

---

[1] 朱永新.改变—从阅读开始［N］.人民日报，2012-1-6（5）.
[2] 王余光.儿童阅读应从纸本开始［N］.光明日报，2013-2-26（9）.
[3] 李颖然.儿童图书馆与青少年网络阅读［J］.图书馆论坛，2007,27（5）：58-60.
[4] 刘婧.儿童网络阅读行为的影响因素研究［D］.南京：南京大学，2013:125.
[5] 吴建中：图书馆事业进入高质量发展的时代.［EB/OL］.［2018-12-19］. http://blog.sina.com.cn/s/blog_53586b810102y900.html.
[6] 郁海平.图书馆儿童阅读空间设计研究［D］.苏州：苏州大学，2013.

她认为图书馆应从图书的购置、场地的选择等方面建设儿童阅读环境。① 邵博云介绍了美国纽约、加州、伊利诺州等公共图书馆儿童专区的空间特色,并提出创造完美的儿童图书馆专区需要建筑师、设计师、馆员、董事会以及社会的共同努力。② 莫丹萍从生理、心理、社会需求三大方面分析了儿童阅读的多元化需求,并根据这些需求特点对公共图书馆儿童空间功能设计提出了一些设想。③ 万宇认为公共图书馆在儿童阅读环境的设计中应该为儿童阅读构建安全、有趣、科学、有吸引力的阅读空间,给儿童以美好的阅读体验。

2. 国内外图书馆儿童阅读推广案例分析

国外发达国家儿童阅读推广起步较早,积累了丰富的推广案例,并形成了系统的理论成果。因此,国内学者最初研究儿童阅读推广经验时,往往将视角投向发达国家。华薇娜对美国儿童阅读的发展进行了梳理,分析了美国政府、图书馆领域、教育领域、出版领域为儿童阅读所做出的努力。④ 张慧丽对美国的"出生即阅读"(Born to Read)项目、"图书馆－启智计划合作"项目(Library-Head Start Cooperation)、"图书馆里每个孩子都做好了阅读准备"(Every child is ready to read @ your library)项目进行了详细的介绍和探讨。这些项目是由美国图书馆协会(ALA)或者美国国会图书馆图书中心(CBLC)主要发动并参与、专门面向学前儿童开展的大型早期阅读促进活动,对我国开展早期阅读促进有较强的借鉴意义。⑤ 聂卫红专门对美国图书馆开展的暑期阅读活动

---

① 张时岑.影响图书馆儿童阅读环境因素及对策——以六盘水市图书馆为例[J].六盘水师范高等专科学校学报,2007(4):87-88.
② 邵博云.美国公共图书馆儿童专区的空间特色及设计要求[J].图书馆学研究,2011(5):92-94.
③ 莫丹萍.多元化需求下公共图书馆儿童阅读空间功能设计探索[J].图书馆工作与研究,2018(09):124-128.
④ 华薇娜.美国儿童阅读扫描[J].山东图书馆季刊,2008(2):29-31.
⑤ 张慧丽.美国图书馆界儿童早期阅读推广项目管窥[J].图书馆工作与研究,2012(11):113-116.

进行了介绍和详细分析。[1] 王琳等对英国"阅读起跑线"（Bookstart）计划的发展历程、服务内容和社会价值进行了详细剖析。该计划是世界上第一个全球范围内专门为婴幼儿提供阅读指导服务的计划，其先进的理念和成功的运作方式值得我国学习和借鉴。[2] 王静美、孙姝慧分别撰文对俄罗斯的家庭阅读模式进行了介绍，图书馆通过制定家庭阅读大纲、开展形式多样的家庭阅读活动指导家庭阅读，深化了传统的家庭阅读模式。[3][4][5] 李慧敏分别介绍了英、法、德三国的"阅读起步走"（Bookstart）计划、"出生即阅读（Born to Read）"计划和"阅读测量尺"活动。[6] 权丽桃详细介绍了澳大利亚 Read 4 Life 项目概况及项目实施情况，总结归纳出该项目的运作模式、营销模式及阅读关怀模式，提出我国应借鉴该项目的成功之处，坚持儿童阅读推广的公益性，加强各组织机构间的合作，开设相关的培训课程，注重项目评估环节，关注国外相关研究成果。[7] 孙蕊对奥地利的儿童阅读推广进行了详细剖析，指出奥地利儿童阅读推广具有主体多元化、阅读读物以图书为主并兼具报纸等其他读物、推广模式多样等特点，图书馆应加强与

---

[1] 聂卫红. 美国公共图书馆暑期阅读研究及启示［J］. 图书馆学研究, 2009（11）: 85-87, 49.

[2] 王琳等. 基于英国 Bookstart 案例研究的婴幼儿阅读推广策略［J］. 图书馆学研究, 2013（4）: 69-73.

[3] 王静美, 朱明德. 俄罗斯图书馆的家庭阅读新模式研究［J］. 图书馆工作与研究, 2005（1）: 18-20.

[4] 孙慧姝. 俄罗斯家庭年儿童阅读活动及启示［J］. 图书馆建设, 2012（4）: 55-56.

[5] 孙慧姝. 俄罗斯少数民族图书馆的阅读活动及启示—以俄罗斯家庭年俄罗斯布里亚特共和国民族图书馆系列阅读活动为例［J］. 图书馆理论与实践, 2012（6）: 82-84.

[6] 李慧敏. 婴幼儿童（0~6岁）阅读推广案例特色研究［J］. 图书馆工作与研究, 2011（8）: 109-112.

[7] 权丽桃. 澳大利亚 Read4Life 项目对我国儿童阅读推广的启示［J］. 图书馆工作与研究, 2015, 1（6）: 99-101.

社会力量的合作，加强对家庭亲子阅读的推进和指导。①

为了吸引更多的儿童喜欢阅读，我国公共图书馆十余年来不断探索新的方法，在儿童阅读推广方面也形成了各具特色的模式，积累了很多可供业内其他图书馆学习的成功经验。温州市少儿图书馆采用"无压力阅读"模式，绘本快乐阅读、读书旅行结合、趣味游园读书等活动宣传了"快乐阅读"的阅读推广理念，引导孩子成为自觉的阅读者。②深圳少儿馆利用"阅读积分制"既规范了读者行为，又能激发小读者的阅读积极性。③沧州市图书馆与中小学合作，在学校设立经典图书荐读示范点，开展"名师与经典"阅读活动活动，致力于把公共图书馆打造成儿童经典阅读的服务和交流中心。④广州少儿馆从孩子的阅读兴趣出发，以亲子阅读为切入点，采用"真人图书馆"的阅读模式，以真人图书和读者提问相结合，深得家长和儿童喜爱。⑤

3. 图书馆儿童阅读推广对策研究

有关儿童阅读推广策略的研究，既有学者专门发文进行对策性研究，也有学者在论文结束部分简单提出几点具体的改进措施。王余光认为图书馆业界与图书馆学界要相互合作，深入开展儿童读物、儿童阅读行为、儿童阅读推广活动相关研究，为儿童阅读推广提供理论支撑。⑥许欢倡导儿童阅读传统经典，提出图书馆应为儿童建立专门的"经典阅览室"或"经典书架"，并根据儿童年

---

① 孙蕊.奥地利儿童阅读推广分析与启示［J］.图书情报工作，2015（20）:100-104.
② 张海翎.推崇少儿"无压力阅读"的尝试与思考—以温州市少年儿童图书馆为例［J］.图书馆，2012（3）:113-114.
③ 周倩芬.谈阅读积分制在少年儿童图书馆中的运用—以深圳少年儿童图书馆为例［J］.图书馆工作与研究，2012（7）:111-114.
④ 杨培颖.引领少年儿童阅读经典的实践与思考—以沧州市图书馆为例［J］.图书馆工作与研究，2012（1）:106-109.
⑤ 杨彦嫄.真人图书亲子共读在少儿图书馆的实践与探索—以广州少儿图书馆为例［J］.四川图书馆学报，2015（1）:34-37.
⑥ 王余光.图书馆与儿童阅读推广［J］.图书馆理论与实践，2010（8）:1-3.

龄对经典书籍进行分排和推荐,同时还要举办儿童经典阅读讲座,结合本馆或者地域特色开展多样性经典阅读活动。[①]张丽重点探讨了公共图书馆在儿童阅读推广中的发展路径与推进方向,指出公共图书馆要借助民间阅读推广力量,以图画书推广为推手,走儿童阅读推广的常态化之路。[②]叶丹认为家庭的阅读气氛对一个人阅读习惯的养成至关重要,因此家庭阅读应成为公共图书馆推动儿童阅读的突破口,及时向家长推广正确的儿童阅读理念,帮助家长掌握科学的阅读指导技巧,有利于提高家庭阅读推广的成效。[③]陈蔚在硕士论文中阐述了绘本对儿童成长的重要意义,提出了图书馆应以儿童绘本作为切入点引导儿童阅读,尝试构建了图书馆开展绘本阅读推广的基本实践模式。[④]

近年来,对于儿童阅读推广的策略,一些学者零星提出"馆校合作"的思想。吕梅认为图书馆与社会合作的过程就是就是唤起社会不同行业、不同层面对儿童阅读关注和重视的过程,也是儿童阅读的推广过程,儿童阅读推广效果的提高依赖于图书馆与社会合作的系数。[⑤]林佩玲分析了馆校协同促进中小学生课外阅读的必要性,总结了现有的馆校协同内容主要有签订合作协议、制订年度工作计划、提升中小学图书馆服务能力、开展各类阅读活动、组织中小学生参与公共图书馆活动、搭建课外阅读交流平台、建立课外阅读奖励机制。[⑥]张毅红、陈彦旭、顾丹华合作发表两篇

---

① 许欢.儿童传统经典阅读推广研究[J].图书与情报,2011(2):7-10.
② 张丽.公共图书馆与儿童阅读推广:发展路径与推进方向[J].国家图书馆学刊,2015(5):105-109.
③ 叶丹.家庭阅读:公共图书馆推动儿童阅读的突破口[J].公共图书馆,2015(2):68-72.
④ 陈蔚.基于绘本的公共图书馆儿童阅读推广研究[D].南京:南京大学,2012:52.
⑤ 吕梅.馆社合作 共促阅读—图书馆与社会合作推动青少年阅读推广[J].图书与情报,2011(01):91-94.
⑥ 林佩玲.馆校协同:促进中小学生课外阅读的新模式—以宁波大学园区图书馆为例[J].图书馆研究,2015(1):58-61.

论文，提出构建"馆、校、家"三方联动机制和社会力量等多主体协同开展馆校合作是有效促进儿童阅读推广长效发展的重要途径。[1][2] 刘爽借鉴美国公共图书馆与学校合作的基本历程，指出我国馆校合作缺乏顶层设计机制，公共图书馆应该建立以素养教育为核心的服务支持机制、以共建共享为核心的馆校联盟机制、以特色资源为核心的课外教育。[3] 唐方圆撰写的硕士论文《基于馆校合作的我国公共图书馆阅读推广研究》以高校大学生的阅读推广为研究对象，从馆内推广模式、馆外推广模式、网络推广模式三个方面提出我国公共图书馆阅读推广的建议。[4]

4. 少儿图书馆员专业素养研究

随着儿童阅读渐趋受到重视，研究成果也呈现多样化趋势，从少儿图书馆员的角度出发来研究儿童阅读也开始成为学者们研究的热点。蔡楚舒从美国《公共图书馆儿童服务馆员资格》中得到启发，认为我国的少儿图书馆员应该具备爱心、耐心和热忱，具有丰富的常识，爱好儿童文学，熟悉儿童读物，了解儿童心理及儿童智能发展，人际关系沟通和公关交际能力，策划活动、指导阅读的能力以及自觉学习的能力八个方面的基本素质。[5] 范并思认为我国许多图书馆经常组织开展竞赛类活动，这类活动使得学校教育的落伍者一无所获，甚至再次受到打击，可能违背了图书

---

[1] 张毅红,陈彦旭,顾丹华.公共图书馆阅读推广馆校合作研究—基于少儿阅读推广合作的探析与启示[J].新世纪图书馆,2016(4):26-30.

[2] 张毅红,陈彦旭,顾丹华.公共图书馆阅读推广之馆校合作研究—基于小学低年级的"阅读起步"策略[J].图书馆研究,2016,46(1):65-69.

[3] 刘爽.公共图书馆开展馆校合作路径与策略[J].图书馆界,2017(03):59-61;69.

[4] 唐方圆.基于馆校合作的我国公共图书馆阅读推广研究[D].黑龙江：黑龙江大学,2018:74.

[5] 蔡楚舒.我们需要什么样的儿童图书馆员[J].中小学图书情报世界,2006(8):62-63.

馆公平服务的宗旨和人文关怀的传统。①梁新春认为少儿图书馆的服务内容必须以情感服务为中心，少儿图书馆员应顺应孩子的天性，关注孩子的情感，为孩子提供"妈妈""教师"般的关怀，做孩子的情感专家，给予生活上的照顾，同时还要运用自身过硬的专业素质和能力以及人格的巨大魅力指导孩子阅读，为儿童提供全方位、高质量、科学、系统的人性化服务。②戴艳清、郑燃采用实证的研究方法调查分析了我国少儿图书馆员在有关用户群的知识、沟通技巧、策划及组织活动的能力以及专业素养与发展潜能4个方面的阅读指导知识储备现状，并得出结论，认为我国少儿图书馆员在阅读指导知识储备方面较为缺失，对儿童心理学知识尤为欠缺，针对这种情况，作者提出我国应建立少儿图书馆员职业准入制度，并设置专业课程培养专业的少儿图书馆员，以提高少儿图书馆员的整体素质。③

另外，还有一些学者撰文介绍了国外少儿图书馆员的教育培训情况以及专业能力要求。例如，周世江介绍了挪威、美国、日本少儿图书馆员的教育情况，认为少儿图书馆员除了要具备图书馆学知识外，还要掌握儿童教育学和儿童教育心理学的有关知识。④李农、张慧丽介绍了美国公共图书馆对儿童服务人员的专业要求。⑤⑥

---

① 范并思.图书馆服务中儿童权利原则研究［J］.中国图书馆学报,2012（11）:38-46.
② 梁新春.浅谈少年儿童图书馆的情感服务［J］.图书馆工作与研究,2012（3）:112-114.
③ 戴艳清,郑燃.儿童图书馆员阅读指导知识储备调查及提升策略研究［J］.图书馆,2012（3）:52-55.
④ 周世江.国外儿童图书馆员教育简介［J］.中小学图书情报世界,2004（6）:58-59.
⑤ 李农.美国公共图书馆对儿童服务部人员的专业能力要求［J］.中小学图书情报世界,2003（3）:49-50.
⑥ 张慧丽.公共图书馆儿童早期阅读服务研究［D］.北京:北京大学,2011:104.

三、国内外研究述评

（一）国外研究述评

纵观国外儿童阅读的研究成果，各学科在研究对象、研究内容、研究方法等方面显示出明显的学科分野和学科交融的特点。

1. 学科分野

从研究对象上，各学科一般选取某个年龄段的儿童作为研究对象。阅读心理和生理分别按照心理机能和生理机能的不同选取研究对象；社会学一般按照地域、机构的不同；教育学一般按照教育水平的不同；图书馆学一般按照服务地域的不同、图书馆利用状况选取研究对象。

从研究内容上，生理学主要研究儿童阅读障碍的原因、生理机制及早期干预；心理学侧重于儿童阅读的心理机制，探索与揭示阅读这一复杂过程的发生机理和发展规律，如阅读材料、阅读方式对儿童阅读理解能力的影响，儿童在阅读过程中的视觉认知；社会学主要聚焦于儿童阅读的社会价值、儿童阅读行为分析及影响因素；图书馆学侧重于研究儿童的阅读需求、儿童的阅读环境与条件保障、儿童阅读兴趣的培养方法和阅读推广策略；教育学偏向儿童阅读的教育规律，将人的阅读能力视为学习能力的重要部分，研究阅读在学习过程中的作用以及如何通过阅读促进学习，在此基础上探讨儿童阅读的具体方法及阅读能力的研究，侧重实践性及应用性。

从研究方法上，生理学和心理学侧重自然科学的研究方法，如实证法和实验控制法，社会学和图书馆学则大多采用访谈法、问卷法，教育学大多采用观察法。

这些跨学科的研究成果从不同的角度对阅读过程中的各种现象进行了解释，深化了儿童发展理论、阅读推广理论等多学科理论，为儿童阅读促进活动的开展提供了坚实的理论支撑。

2. 学科交融

学科之间的交融首先表现在理论基础的渗透。儿童在不同的发展时期表现出不同的心理和生理特征，图书馆开展儿童阅读推广服务的过程中，要以儿童成长发展阶段理论、皮亚杰的认知心理发展理论为基础，这同时也是社会学、教育学领域无法绕开的重要理论基础。心理学的研究结论为教育学的开展提供了充实的立论依据，比如家庭的参与对儿童阅读带来的正面影响。其次，研究主题的交叠。根据国际阅读协会（IRA）每年出版的《有关阅读的调查研究年度摘要（1993—1994）》中列出的阅读生理学、阅读心理学、阅读教学、阅读社会学研究内容可以看出，各学科之间的研究主题很难严格区分，存在明显的交叠。比如儿童阅读心理和儿童阅读教育研究内容有交叉之处。前者属于原理性研究，后者属于应用性研究。儿童阅读的心理机制和发展规律一直是教育学和心理学的研究热点，如儿童早期阅读发展中的家庭文化背景因素、儿童早期识字规律、儿童阅读障碍、儿童阅读习惯。

（二）国内研究述评

随着世界各国对儿童阅读的普遍重视，无论是在理论研究层面还是在实践层面，我国的教育学、心理学、及图书馆学等领域对儿童阅读的研究也逐渐升温，近年来，相关的学术专著、研究报告和学术论文层出不穷。儿童阅读根据自身的跨学科性和实践性，其研究成果可归纳为两种类型：一是纯粹学理层面的学术专著和论文，二是普及层面的应用性研究著作和文章。总体上说，这些现有的研究成果为推进该问题的理论研究及实践起到了积极的促进作用。首先，研究中充分利用实验、调查等实证方法开展了儿童阅读的心理学、社会学等研究，全面细致地分析了儿童的阅读价值、阅读现状、阅读行为影响因素等关键性问题，这些跨学科的研究成果一定程度上推进了图书馆儿童阅读理论的发展。依据教育学和心理学对儿童成长发展阶段性特征的研究，公共图书馆将儿童阅读推广活动划分为0~3岁婴幼儿阶段、3~6岁关键发展期阶段和6~12岁学龄儿童阶段。其次，不同学科的阅读研究使用不同的研究方法，除了心理学的实验法外，还有社会学的访谈法、问卷法、观察法，以及融合多学科方法的阅读效果评价测试等。另外，公共图书馆界已经意识到儿童阅读服务的社会责任，提出了促进儿童阅读的规划和策略，在一定程度上对儿童阅读推广实践起到了指导作用。

虽然我国学术界在儿童阅读研究上不断地取得新进展，但从现有的研究成果来看，在理论探索和实践推进中尚存在许多亟需解决的问题：

1. 儿童阅读推广是一项系统工程，现有的研究成果主要从教育学、图书馆学、社会学视角研究儿童阅读推广，鲜有文章从协同论的角度研究儿童阅读推广，大多数推广主体认识到了合作的重要性，但多数文章还停留在对馆校合作经验的简单介绍上，缺乏对馆校协同的内涵、特征、要素等理论问题的研究，尚不能对政策和实践中存在的问题进行有效的指导。另外，对馆校协同开展儿童阅读推广的相关模式、机制尚不多见，有待深入、系统的研究。

2. 对国内外的研究现状分析不足，现有的研究成果中不乏对国内外儿童阅读推广经典案例的介绍与分析，但缺乏对国外馆校合作案例的关注。另外，相关实证研究较少，缺乏对我国馆校合作儿童阅读推广现状的调研，不利于馆校协同问题的深入研究和实践推进。

国内外现有研究的不足构成了本书的重要切入点，本书引入协同理论，从协同论的视角探讨儿童阅读推广模式及运行机制，并结合国内典型案例的分析，进行深层次的应用研究。

第三章 理论基础

一、基本概念

对基本概念内涵与外延的明确界定是开展理论研究的基础和前提条件，本书相关的概念有儿童、阅读、阅读推广及儿童阅读推广。

（一）儿童

对于"儿童"这一概念所包含的年龄范围，世界范围内尚未形成统一、明确的界定。1989年11月20日第44界联合国大会通过的《儿童权利公约》对儿童所界定的范围是："18岁以下的任何人。"[1] 国际图书馆协会联盟（IFLA）在《图书馆儿童服务指南》(*Guidelines for Children's Library Services*)中将儿童界定为婴儿、学步儿童、学前儿童及13岁前的学龄儿童[2]；《图书馆青少年服务指南》(*Guidelines for youngsters' Library Services*)将青少年界定为13~18周岁之间。另外，指南还指出，由于文化背景、国情

---

[1] UNICEF.Convention on the rights of the child [EB/OL]. [2017-08-13]. http://www2.ohchr.org/English/law/crc.htm.
[2] Guidelines for Children's Library Services [EB/OL]. [2017-08-13]. http://www.ifla.org/files/libraries-for-children-and-ya/publications/guidelines-for-childrens-libraries-services-zh.pdf.

等差异，图书馆可以灵活界定儿童与青少年的年龄界限。[1]

不同的国家对儿童概念的界定也不尽同，对于儿童年龄段的划分可以从各国已经颁布的部分儿童服务标准中窥见一斑。1969 年，美国图书馆协会颁布的《公共图书馆儿童服务标准》(*Standards for Children's Services in Public Library*)将儿童的年龄段界定为 0~13 岁。[2]2006 年出台的《马萨诸塞州公共图书馆儿童服务标准》(*Massachusetts Library Association Standards for Public Library to Children in Massachusetts*)中将其服务对象定义为"婴儿到 12 岁以下的儿童"。[3]1997 年，英国出版的《儿童和青少年：图书馆协会发布的公共图书馆服务指南》中儿童和青少年指的是 0~16 岁年龄段的孩子，其中 12 岁以下为儿童，12~16 岁为青少年。[4]日本的《儿童阅读推进法》中将儿童年龄界定在 18 岁以下。[5]

不同的学科对于儿童的界定也各不相同。人口科学将儿童界定为"0~14 岁（15 岁以下）的未成年人"[6]；法学中儿童一般用"未成年人"这一概念，《未成年人保护法》和《预防未成年人犯罪法》将未满 18 周岁的群体统称为"未成年人"。"人格发展阶

---

[1] Guidelines for Library Services for Young Adults［EB/OL］.［2018-08-13］. http://www.ifla.org/publications/ guidelines-for-library-services-for-young-adults-revised.

[2] American Library Association. Subcommittee on standards for children's services in public libraries.Standards for children's services in public libraries: fifthedition［M］.United States: American Library Association,1969.

[3] Massachusetts Library Association Standards for Public Library to Children in Massachusetts.［EB/OL］.［2018-10-21］.http://www.masslib.org/yss/YSSStandardsforChildren.pdf.

[4] Youth Libraries Committee of the Library Association.Children and young people: library association guidelines for public library services［M］.London：Library Association Publishing，1997.

[5] 吴玲芳."日本儿童阅读推进法"简介［J］.中小学图书情报世界，2004（10）：60.

[6] 向洪，张文贤，李开兴.人口科学大辞典［M］.成都：成都科技大学出版社，1994:738.

段论"提出者、儿童心理学家埃里克森认为0~13岁属于儿童期，13~19岁为青少年期。发展心理学家皮亚杰是著名的"认知发展阶段理论"提出者，他以15岁为划分阶段，将儿童界定为0~15岁。医学界大多以0~14岁的儿童为儿科的研究对象。教育学家依据不同年龄段儿童表现出不同的特点，进行了不同的划分。儿童教育专家朱智贤先生将儿童时期分为乳儿期（出生~1岁）、婴儿期（1~3岁）、学前期（3~6岁）、学龄初期（6~12岁）、少年期（12~15岁）和青年期（15~18岁）。[1] 陶西平在《教育评价词典》中对儿童也做了同样的划分。[2] 孟绂从儿童阅读规律的角度将整个儿童时期划分为初级阅读期（2~10岁）、中级阅读期（10~15岁）、高级阅读期（15岁以上）三个时期。[3] 国内习惯上将处于小学阶段和初中阶段称为少年儿童。在实际操作中，以国家图书馆少儿馆为例，接待的儿童年龄限定范围为0~15周岁。

综上所述，无论从国际还是国内，无论从理论、法令还是实际运作方面，"儿童"所指的范围缺乏统一的界定。本书参考联合国《儿童权利公约》，将儿童定为0~18岁之间的群体。我国关于儿童的称谓有很多种，如"少年儿童""青少年""未成年人"等，本书均为"儿童"统一称谓。

（二）阅读

明确阅读的含义是研究阅读及阅读推广的前提。随着网络环境的发展和社会生活的丰富使得阅读的概念越来越宽泛，不同学科之间对于阅读的内涵和外延界定也不尽相同，如心理学、教育学、文学等领域的学者对阅读的概念均做出了不同的理解和阐释。这些研究成果总体上沿着两条基本的脉络发展：第一条是阅读作

---

[1] 朱智贤.朱智贤全集（卷四）：儿童发展心理学［M］.北京：北京师范大学出版社，2002:61.
[2] 陶西平.教育评价词典［M］.北京：北京师范大学出版社，1998:321.
[3] 孟绂.少年儿童阅读规律研究.图书馆工作与研究［J］.2003（05）:65-70.

为学习手段、教学手段的形态；第二条是阅读作为教育活动的形态。

西方心理学家将阅读界定为一项复杂的认知过程，但是侧重有所不同。第一种观点认为阅读是一种译码过程，即从视觉到听觉表达的转换。① 第二种观点从阅读结果这一角度来界定阅读的含义，侧重于意义的获取，认为阅读是由读者把视觉信号转变为意义，是对书面符号意义的获取。第三种观点是对以上两种概念的全面综合，把阅读理解为既是译码又有获得意义和结果的阅读过程。如伯恩斯（Burns）提出阅读过程是整个许多复杂环节所拼成，主要包括对于书写符号以及声音的视觉、听觉与触觉等的感知（Sensory）、诠释所感知的理解（Perceptual）过程，文字连贯与逻辑能力（Sequential）、体验与经验（Experiential）和认知活动（Cognitive）、学习能力（Learning）、联想（Association）、喜好（Affective）、建构（Construction）等程序。② 还有学者认为阅读过程不仅包括以上内容，还应该纳入语言（Linguistic）和文化（Cultural）等元素。③ 这是对阅读活动进一步发展的定义，这种阅读观包括了"译码—意义获得—意义整合"的过程。

教育学领域的阅读强调读者个体对书面文字的理解和领会。朱绍禹认为阅读是人们学习的一项基本技能，是透过书面语言领会其意义，从中获取思想和学习语言的活动程序。④ 显然，教育学领域将阅读与教育相结合，更侧重于从读者与文本互动的视角界定阅读的概念。

---

① 张必隐.阅读心理学［M］.北京：北京师范大学出版，2004：2.
② P.C.Burns, B.D.Roe, E.P.Ross, Teaching Reading in Todays Elementary Schools［M］.Boston：Houghton Mifflin, 1996.
③ E.H.Cheek, Jr.,R.F.Flippo, J.D.Lindsey, Reading for Success in Elementary Schools［M］.Madison, WI：Brown&Benchmark, 1997.
④ 朱绍禹,中学语文教育概说［M］.呼和浩特：内蒙古人民出版社，1983:23.

（三）阅读推广

国际图联（IFLA）发布的《公共图书馆服务发展指南》中，阅读推广翻译为"reading promotion"，属于宣传的范围，推广的基本词义是扩大范围，即推而广之。本人查阅了国外期刊论文、研究报告、维基百科等相关文献，没有查阅到对"reading promotion"的学术定义。国内学者从教育学、传播学、社会职能等不同的角度对阅读推广进行了阐释。魏硕从教育学的角度，认为阅读推广是一个教育辅导活动，具体内容包括知识普及、识字教育、读书指导、升学指导等。[①] 谢蓉从传播学的角度认为阅读推广活动本质上是一种传播活动[②]。方俊琦认为阅读推介是一种阅读文化的传播。[③] 赵俊玲也从传播学的视角认为阅读推广包含阅读推广的主体、客体、对象、方式四个方面。[④] 刘开琼认为阅读推广是将阅读的认知过程进行广范围的传播，目的是使更多的人参与阅读活动。[⑤] 还有学者对阅读推广进行了整体概括，认为阅读推广是以"阅读"为中心开展的以促进目标群体阅读为目标的活动总和。[⑥]

图书馆阅读推广因为与图书馆的日常活动如图书馆宣传、图书馆展览、图书馆书目推荐等活动交错在一起，其概念难以界定。基于理论构建的历史使命感与责任感，依据图书馆界从事阅读推广的经验特征，我国图书馆界专家开始尝试性定义"图书馆阅读推广"。范并思是近十年中非常关注阅读领域的专家，他在《阅读推广的理论自觉》《阅读推广与图书馆学：基础理论问题分析》等

---

① 魏硕.民国时期图书馆阅读推广活动研究［D］.长春：东北师范大学，2014.
② 谢蓉.数字时代图书馆阅读推广模式研究［J］.图书馆论坛，2012（3）：23-27.
③ 方俊琦.阅读文化传播：高校图书馆阅读推介创意探究［J］.图书馆杂志，2012（3）：110-112.
④ 赵俊玲，郭腊梅，杨绍志.阅读推广理念方法案例［M］.北京：国家图书馆出版社，2013：3.
⑤ 刘开琼.高校图书馆阅读推广模式研究［J］.图书馆研究，2013（2）:64-67.
⑥ 张怀涛.阅读推广的概念与实施［J］.河南图书馆学刊，2015（1）：2-3.

文章中对阅读推广的基础理论包括阅读推广的概念、理论特点、阅读推广与图书馆服务、图书馆核心价值的关系等进行了详细的阐述。他认为阅读推广是一种新型的图书馆服务，与以往图书馆服务宁静、私密的特点不同，阅读推广呈现活动化、碎片化的特征。[①][②] 可以看出，范并思指出了图书馆阅读推广的特征，并未给出准确的定义。于良芝等认为图书馆阅读推广主要指以培养一般阅读习惯或特定阅读兴趣为目标而开展的图书宣传推介或读者活动。图书馆阅读推广涉及以下几个要素：推广或促进活动、被宣传或推介的图书、公众及其阅读活动。[③]

（四）儿童阅读推广

在阅读推广概念的基础上，很多学者尝试定义了儿童阅读推广，朱淑华指出儿童阅读推广是秉持正确的儿童阅读推广理念，改善儿童阅读环境，通过各种途径向儿童、成人介绍优秀阅读资源、阅读指导方法和阅读理念，引导儿童爱上阅读，帮助儿童成为终身阅读者的过程。[④] 陆晓红认为儿童阅读推广是推广主体为儿童及阅读活动相关人提供阅读资源、创造阅读环境、推介阅读服务、传播阅读理念、开展阅读指导、鼓励阅读交流等一切活动和工作的总和。[⑤]

借鉴以上学者对儿童阅读推广的定义，本书认为儿童阅读推广是指图书馆等推广主体带动教师、学生、家长走进阅读世界的所有活动，比如图书馆图书推荐、讲故事活动、班级读书会、阅

---

① 范并思.阅读推广的理论自觉［J］.国家图书馆学刊，2014，23（6）:3-8.
② 范并思.阅读推广与图书馆学：基础理论问题分析［J］.中国图书馆学报，2014，40（5）:4-13.
③ 于良芝，于斌斌.图书馆阅读推广——循证图书馆学（EBL）的典型领域［J］.国家图书馆学刊，2014（6）：9-15.
④ 朱淑华.儿童阅读推广研究［J］.新世纪图书馆，2012（3）：88-90.
⑤ 陆晓红.我国公共图书馆儿童阅读推广模式研究［D］.天津：南开大学，2014：11.

读讲座等。需要强调两点：首先，这些活动必须要以图书馆的馆藏为核心载体。尽管如今有"大阅读"的概念流行，让阅读不仅局限于图书，"阅读推广"也是基于"大阅读"的基础上建立起来的，但是如果某一项由图书馆举办的阅读推广活动中，没有真正的图书角色的参与，那么这就不算真正意义上的"阅读推广"。其次，阅读推广的对象不单单局限于儿童，一定程度上他的外延得到很大的延伸，比如与儿童阅读密切相关的教师、家长都可以成为阅读推广的对象。

二、图书馆儿童阅读推广理论

图书馆儿童阅读推广理论主要包括两个方面：一是应用理论研究，主要指从儿童阅读推广实际工作中总结、归纳出相关的经验和规律，并且举一反三推而广之，进而指导儿童阅读推广工作；二是基础理论研究，重点阐释什么是儿童阅读推广、为什么要推广儿童阅读以及如何推广儿童阅读等问题，涉及儿童阅读推广的概念、属性、范围、体系、性质和模式等。本章试图梳理儿童阅读推广的相关基础理论，对公共图书馆开展儿童阅读推广的科学性与合理性进行学术论证，为图书馆开展的儿童阅读推广活动提供理论支撑。

（一）公共图书馆与儿童阅读的关系

儿童阅读的重要性目前已经得到了普遍认同，阅读无论是对儿童自身，还是对国家和社会都起着至关重要的作用，其研究成果较为丰富，本书不再展开论述。鉴于儿童阅读的重要性，各机构纷纷加入推广的热潮，但是儿童阅读推广并非公共图书馆的独家专利，学校、出版社、民间阅读组织、媒体等其他各类机构组织也会利用其自身的特点和优势开展儿童阅读推广活动。那么，公共图书馆组织的儿童阅读推广活动与他们有什么区别和联系？

公共图书馆在儿童阅读推广中承担什么角色？

1. 儿童阅读推广是公共图书馆的使命

儿童是公共图书馆服务的重点对象，儿童阅读推广是公共图书馆面对时代挑战而选择的一种新的服务形式。IFLA 大都市图书馆委员会提出影响图书馆未来发展有四项新指标，第一项就是"推广活动"。1994 年，联合国教科文组织（UNESCO）发布的《公共图书馆宣言》指出"从小培养和加强儿童的阅读习惯，激发儿童的想象力和创造力是公共图书馆的使命。"[①] 可见，对世界范围的公共图书馆有着普遍指导意义的《公共图书馆宣言》，其相关条款明确了公共图书馆有向儿童提供平等服务的义务，公共图书馆应尽量满足社区的需求，不论其年龄、身心状况、经济和社会环境有何差异，尤其应满足儿童的需求。2001 年，国际图联（IFLA）和联合国教科文组织（UNESCO）联合颁布的《公共图书馆服务发展指南》指出："公共图书馆负有帮助儿童学会阅读、为他们推荐书目和其他形式载体阅读资源的义务。"[②] 近年来，为了能更为充分地践行公共图书馆的使命和任务，国际图联还专门成立了青少年和儿童图书馆服务委员会，其分别于 1991 年、1996 年、2007 年先后拟定并发布了《儿童图书馆服务指南》[③]《青少年图书馆服务指南》[④] 和《婴幼儿图书馆服务指南》[⑤] 三大工作指南。2006

[①] 联合国教科文组织和 IFLA. 公共图书馆宣言（中文版）[EB/OL].［2017-11-7］. http://archive.ifla.org/VII/s8/unesco/manif.htm

[②] 菲利普·吉尔（Philip Gill）主持的工作小组代表公共图书馆专业委员会编写：林祖藻译.［M］. 公共图书馆发展指南：中文版，上海：上海科学技术文献出版社，2002.

[③] 国际图联青少年和儿童图书馆委员会. 国际图联儿童图书馆服务发展指南［EB/OL］.［2017-11-12］. http://www.ifla.org/files/assets/libraries-for-children-and-ya/publications/guidelines-for-childrens-libraries-services-zh.pdf

[④] 国际图联青少年和儿童图书馆委员会. 国际图联青少年图书馆服务指南［EB/OL］.［2017-11-12］. http://archive.ifla.org/VII/s10/#GuidelinesYA

[⑤] 婴幼儿图书馆服务指南［EB/OL］.［2017-11-20］. http://www.chinalibs.net/ArticleInfo.aspx?id=240387

年,《青少年图书馆服务指南》修订版增加了实践部分,《儿童图书馆服务指南》于2003年、2018年经过两次修订,旨在帮助世界各国的公共图书馆在数字时代开展高质量的儿童图书馆服务,并让公共图书馆认识到在现代社会应转变角色。[1]这些专业报告都是以《公共图书馆宣言》相关原则为基础,制定目的是为保障不同文化背景下的儿童享受高质量的图书馆服务。2008年,中图学会发布《中国图书馆服务宣言》,该宣言虽然没有直接提及儿童服务,但其基本服务原则和具体条款有助于指导我国公共图书馆儿童阅读服务。

国内很多学者围绕公共图书馆推广儿童阅读的使命与必然性开展研究。吕梅认为少儿馆应根据儿童的心理、生理特点,采取立体式的教育模式开展阅读推广活动,担负起少年儿童素质教育的责任。[2]邓少滨、间光霞认为少儿馆在健全少年儿童心智,培养儿童全面发展上有独特的社会教育优势,应通过有效的方式使之成为儿童心智教育基地。[3]刘晓英认为少儿馆与青少年阅读的互动关系影响到青少年未来学习能力和智力发展。[4]陈卫认为新形势对儿童思想道德建设提出了新的挑战和机遇,少儿图书馆肩负着培养儿童德育的任务,应利用自身优势,通过组织和引导广大儿童多读书、读好书,培养儿童良好的行为习惯,陶冶儿童美好的情操。[5]范并思对公共图书馆儿童服务的基本理论——儿童权利理论进

---

[1] 国际图联0-18岁儿童图书馆服务发展指南(2018年修订版)[EB/OL].[2018-12-20]. http://www.nlc.cn/newtsgj/yjdt/2018n/12y/201812/t20181214_174484.htm

[2] 吕梅.素质教育与少年儿童图书馆[J].图书馆工作与研究,2001(3):65-66.

[3] 邓少滨,间光霞.儿童图书馆应成为儿童心智教育基地[J].图书馆工作与研究,2004(4):88-89.

[4] 刘晓英.少年儿童图书馆与青少年阅读[J].图书馆工作与研究,2005(4):94-96.

[5] 陈卫.未成年人思想道德建设与儿童图书馆的职能作用探析[J].图书馆工作与研究,2006(5):111-112.

行了解读，提炼出儿童平等权利、儿童优先原则、对所有儿童平等服务三个主题。[①]

因此，从各级公共图书馆角度讲，为儿童服务是其规定的责任和义务，公共图书馆儿童阅读推广是其履行社会教育职能和承担自身使命的一种体现。公共图书馆作为社会教育机构，与全民阅读、书香社会、和谐社会、公民素养、终身学习紧密相连，而全民阅读氛围的形成、书香社会的建设、和谐社会的实现、公民素养的提高、终身学习习惯的培养都离不开儿童阅读这个根基。因此公共图书馆必须重视并完全肩负起这方面的责任和使命，作为公共图书馆系统一部分的少儿图书馆更应做好针对这一特定年龄群体的专业性工作。

2. 儿童阅读推广是公共图书馆历史发展的趋势

吴建中认为改革开放40年来，我国图书馆事业的最大亮点是创新和转型，图书馆的体制、机制、服务方式、服务内容的创新经历了从量变到质变的飞跃，图书馆进入了与社会高质量发展同步的时代。[②] 目前，全国大部分公共图书馆基本实现了无障碍、零门槛进入，正在迈向全社会主动推送公共图书馆服务的新阶段。公共图书馆服务越来越倾向于"活动化"，阅读推广在公共图书馆的业务活动中占据着越来越重要的地位，很多图书馆的业务活动已经融文献借阅与读者活动于一体，承载了宣传推广与阅读促进双重任务的读者活动不再隶属于某一特定部门。另外，在互联网、移动终端、自动化设备等新技术的冲击下，图书馆服务面临转型，阅读推广逐渐成为公共图书馆新的业务增长点，并受到普遍重视。而儿童又是公共图书馆服务的重要对象，所以本书有理由认为，儿童阅读推广会逐渐成为图书馆界的创新型业务，并逐渐成为主

---

① 范并思.图书馆服务中儿童权利原则研究［J］.中国图书馆学报，2012（11）：38-46.
② 吴建中：图书馆事业进入高质量发展的时代［EB/OL］.［2018-12-17］. http://blog.sina.com.cn/s/blog_53586b810102y900.html.

流业务。

3. 阅读是儿童权利和儿童优先原则的要求

《儿童权利公约》是一部对保障儿童权利具有法律约束力的国际性约定，于1990年9月2日正式生效，目前已获得193个国家批准，已经成为世界范围内广为接受的公约之一。1991年12月，我国政府正式加入该公约。2001年，国务院印发《中国儿童发展纲要（2001—2010年）》，正式提出"儿童优先"原则，在策略措施部分提出"国家制定相关法律法规和政策时要体现'儿童优先'原则，有利于儿童发展。"[1]2016年，国家新闻出版广电总局发布的《全民阅读"十三五"时期发展规划》提出："少儿阅读是全民阅读的基础。必须将保障和促进少年儿童阅读作为全民阅读工作的重点，从小培育阅读兴趣、阅读习惯、阅读能力。"儿童优先原则是儿童权利的重要体现，依据我国的相关法律和政策纲要，公共图书馆提供的公共服务中应该充分体现该原则。在儿童阅读推广实践中，公共图书应充分考虑儿童接受公共图书馆服务时的困难，在图书馆建筑设备和装饰、馆藏文献资源建设、人员配备、规章制度及图书馆服务理念等各个方面全方位落实儿童优先原则。

（二）公共图书馆儿童阅读推广理念

作为服务行业，服务永远是公共图书馆的主旋律，好的服务必然受益于良好的职业理念。在服务理念的选择时，最常见的分歧是关于馆藏资源建设的"中立之争"，尤其当公共图书馆面向儿童服务时，这种观点的对峙就更加激烈。事实上，国内外关于儿童阅读自由的争论从未停止过，大致主要有两个观点：一是主张公共图书馆价值中立；二是反对公共图书馆价值中立。主张价值

---

[1]《中国儿童发展纲要（2001-2020年）》[EB/OL].[2018-12-17]. http://www.scio.gov.cn/ztk/xwfb/46/11/Document/978177/978177_1.htm.

中立的观点认为：人有好恶，书无好坏。① 图书馆是文化的守护者，而不是真理的判断者。在图书馆馆藏原则上，兼收并蓄才是与时俱进的原则性观念。兼收并蓄的馆藏原则，不追求成为"最好"的原则，但却能够成为"更好"的原则。② 吴晞认为，读者有阅读自由，图书馆员有责任进行专业性的引导，但这并不意味着馆员高出读者一等。③ 詹福瑞认为自由与好奇是儿童的天性，图书馆应顺从其天性，尊重他们作为读者的阅读权利，通过各种形式激发他们的好奇探索心理，鼓励参与阅读的主动性，而不是效仿学校教育模式，把图书馆办成所谓的"第二课堂"。④

本书认为，在儿童阅读推广中，图书馆员应该倡导"读好书"，但是什么是"好书"，仁者见仁智者见智。从专业化分工的角度看，图书馆员没有判断"好坏"的能力，不应该成为儿童阅读内容的判断者，更不能对儿童阅读行为直接干预，将自己所选定、所喜好的阅读内容与阅读形式强加给儿童。但是，考虑到服务群体的特殊性，儿童的价值观尚未形成，图书馆员应该充当"引导者""领路人"的角色，尊重儿童阅读的自由，包括选择阅读内容与阅读载体的自由，凭借自身的专业知识引领儿童热爱阅读，帮助儿童形成阅读意愿和阅读能力，找到阅读的乐趣。

---

① 程焕文博客.人有好恶书无好坏［EB/OL］.［2017-11-12］.http://blog.sina.com.cn/s/blog_4978019f0102e2dy.html
② 李超平.书有好坏、自由阅读、好书推荐［J］.图书馆建设，2013（9）：7；10.
③ 吴晞.图书馆阅读推广的若干热点问题［J］.图书馆，2015（12）：31-33
④ 詹福瑞.顺从天性激发好奇—关于儿童阅读的一个观点［J］.图书馆杂志，2013（10）：4-12；19.

三、传播学理论

（一）传播学的基本原理

最早的传播学理论形成于20世纪初期的美国，其形成受到传播媒介、商业竞争等因素的影响。19世纪末20世纪初，传播学的方法与理论借鉴了其他学科的内容，如政治学、社会学、心理学、新闻学、语言学等。20世纪80年代后，传播学的研究领域扩展到政治、经济、文化、教育、科技等各个领域。

1948年，美国著名的社会学家、心理学家和传播学者哈罗德·拉斯韦尔在《传播在社会中的机构与功能》(The Structure and Function of Com-munication in Society)一文中提出了构成传播过程的五种基本要素，并按照一定结构顺序将他们排列，形成了后来人们称之"5W模式"或"拉斯韦尔模式"的传播过程模式[1]（如图3-1）。这5W分别是英语中五个疑问代词的首字母，即Who（谁）、Says What（说什么）、In Which Channel（通过什么渠道）、To Whom（向谁说）、With What Effect（取得了什么效果）。"5W模式"明确了传播学研究的基本范畴和内容，从内部结构上分析了传播过程的构成要素：传播者、讯息、媒介、接受者、效果，从外部功能上概括了传播活动的三大作用：监督环境、协调社会关系和传承文化。"5W模式"在传播学史上具有重要的意义，成为很多传播学模式的基础。

除了哈罗德.拉斯韦尔（Harold Dwight Lasswell）的5W模式理论，传播学理论具有代表性的还有香农（Claude Elwood Shannon）- 韦弗（Warren Weaver）的"数学模式"、威尔伯·施拉姆（Wilbur Lang Schramm）的传播模式和霍夫兰（Carl Iver Hovland）的个人差异论。本书借鉴拉斯韦尔的5W模式对馆校协

---

[1] 姜利华.基于5W传播学理论的图书馆阅读推广研究［J］.图书馆学刊，2014（11）：60-62.

同儿童阅读推广进行解析。

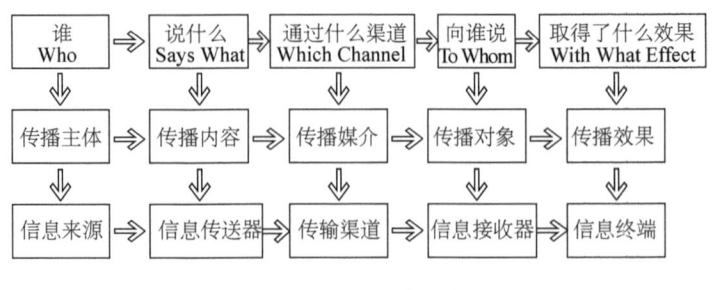

图 3-1 "5W"信息传播理论

（二）传播学理论在儿童阅读推广模式中的适用性

儿童阅读推广活动就本质而言，是一种传播活动。运用传播学"5W 模式"理论对儿童阅读推广活动进行解析，根据传播过程的基本构成要素，儿童阅读推广从推广主体（Who）、推广内容（What）、推广媒介（in Which Channel）、推广对象（to Whom）、推广效果（with What Effects）这五大要素切入（见图 3-2），解析各要素的具体内容，规定各要素的执行方向。

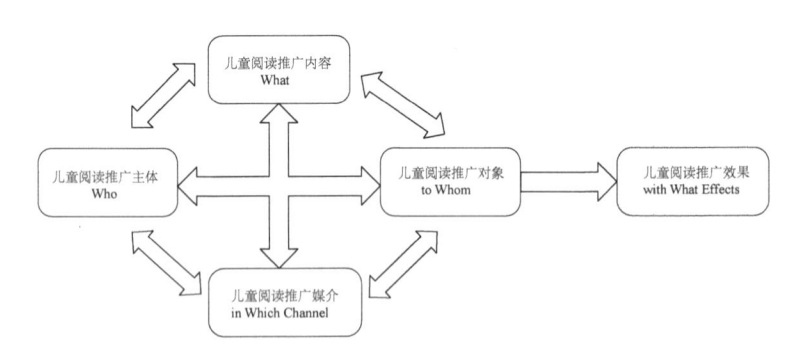

图 3-2 儿童阅读推广中的"5W 模式"

1. 推广主体（Who）。根据传播学理论，传播主体是传播过程中的的起点，具体负责传播内容的组织与发送，在传播过程中扮演着尤为关键的角色。传播主体可以是组织，也可以是个人。从儿童阅读推广主体看，随着国家对儿童阅读的重视，儿童阅读推广主体已经呈现多元化格局。政府层面，有文化部门、教育部门、国家新闻出版总署等，他们是儿童阅读推广的政策支持者、资金提供者；公共组织层面，有图书馆系统、教育系统，他们是儿童阅读推广项目的策划者和具体执行者；商业机构层面，有儿童读物的创作人、出版商、媒体，他们是保障项目质量、降低推广成本的重要合作伙伴，其他能够提供资金支持的基金会和商业组织也是阅读推广的合作伙伴。个人层面的儿童阅读推广主体有图书馆员、教师、家长、儿童阅读推广人等。

2. 推广内容（What）。根据传播学理论，传播内容是传播过程中有相互关联的多种符号结合在一起进而表达特定完整含义的结合体。传播内容是传播活动的重要组成元素，任何一次传播活动都会相应产生出传播内容。在日常生活的传播中，信息符号包括语言、文字、声音、图像等。具体到儿童阅读推广，推广内容也就是向目标群体推广什么。儿童阅读推广的内容要根据儿童的阅读需求来定，如英国 Bookstart 计划的推广对象是 0~3 岁婴幼儿，在发放阅读包时该项目组又将 0~3 岁婴幼儿进行细分，分别设计了 0~12 个月龄的婴儿包（Bookstart Baby Pack）、1~2 岁学步儿童的高级包（Bookstart Plus Pack）和 3~4 岁学前儿童的百宝箱（Bookstart Treasure Pack），每个年龄段的阅读包内容不同，如婴儿包里装有硬纸板书、童谣；高级包里装有图画书、数字卡片；百宝箱里装有图画书、彩色铅笔、书签、读书指南。

3. 推广媒介（in Which Channel）。根据传播学理论，传播媒介是信息传递的渠道、工具或者技术手段，儿童阅读推广传播媒介指的是采用那种方式、策略向目标群体进行阅读推广，目前的推广渠道主要分为两类，一类是以阅读读物为中心，如新书推荐；另一类以读者发展为中心，比如讲故事、朗诵比赛等阅读推广活动。网络的许多手段都可以成为传播的渠道，如官方网站（论坛、共享资源、基本资料等）、官方微博、官方微信公众平台。与传统媒介相比，网络媒介的传播具有大众化、高速化、圈群化、不受时空限制的特征，能够满足家长、儿童、作家等互动与交流的需求。另外，网络中形成的群体也越来越多地在线下进行交流，线上与线下的结合日渐成为儿童阅读推广的重要渠道。

4. 推广对象（to Whom）。根据传播学理论，传播对象是指传播受众，即传播信息的接受者与反馈者。对于儿童阅读推广来说，推广对象指的是阅读推广活动的目标群体，儿童阅读推广的对象主要包括儿童及家长。家庭是儿童阅读推广中最小的单位，也是儿童阅读推广中最活跃的一份子。

5. 推广效果（with What Effects）。根据传播学理论，传播效果是指传播学的传播行为对受众或者整个社会所造成的态度的改变或综合性的影响。① 受众态度一般包括三个因素：认知因素，即对于客体的认知和信念；情感因素，即对于客体的喜好或感觉；行为因素，即对于客体的行动。显然，行为因素是建立在认知因素和情感因素的基础上的。社会影响是指传播活动对受众和社会所产生的一切影响和结果的总体。② 从传播过程来看，传播主体、传播内容、传播媒介和传播对象四个环节不同程度地影响着传播效果的好坏。具体到儿童阅读推广，传播效果指的是儿童阅读推广活动对儿童以及社会整体造成的改变或综合性影响。传播内容对传播效果的影响，主要通过传播技巧来实现。

四、协同理论

（一）协同理论的基本原理

协同学是20世纪60年代末、70年代初发展起来的一门交叉科学，按照字面意思，"协同学"可理解为"协调合作之学"，"协

---

① 周鸿铎编著．[M]．新传播学教程。北京：中国国际广播出版社，2018：130.
② 周鸿铎编著．[M]．新传播学教程。北京：中国国际广播出版社，2018：130.

同"翻译于古希腊词汇"Synergetics"。协同论源于现代物理学,以信息论、控制论和突变论为基础,同时采用普适性很强的统计学和动力学考察相结合的方法,通过类比发现完全不同的系统之间具有深刻的相似性,这就是各种多元系统的元素或子系统之间存在着相互作用,而且在一定的条件下,可以使系统形成具有一定功能的自组织结构,在宏观上产生时间、空间或时间结构上的新的有序状态。协同论侧重强调双方或几方在同一时空里具有相互的地位、不可替代的作用和同心合力、相互依存、相互配合的关系。哈肯（Hermann Haken）主编的《协同学》丛书中指出"协同学是一门在普遍规律支配下的有序的、自组织的集体行为的科学,其目标是在千差万别的各科学领域中确定系统自组织赖以进行的自然规律。[1] 协同理论主要包括三大核心原理：

1. 伺服原理。伺服原理又称役使原理、支配原理。伺服原理认为系统的自组织过程是由系统内部稳定因素和不稳定因素竞争与合作而产生的,事物的特性由许多因素共同作用决定,但是各个参量对系统的影响力是有差异的,起支配作用的因素只有一个或极少数几个,慢参量在系统中处于核心支配地位,它驱使快参量运动,通过伺服原理决定各个子系统的行为,通过它们就可以描述系统的演化。伺服原理的适用标志着系统走向更加的有序。哈肯认为支配原理是协同学的基本原理,对一切系统都是适用的。

2. 自组织原理。自组织结构是一种稳定有序的结构,它有很强的抗干扰能力,这种能力称作自组织能力。自组织结构是指在远离平衡条件下,借助外界的物质流、能量流、信息流维持的一种时间、空间、功能有序结构。当系统出现自组织时,其子系统表现出有序的集体运动,描写系统宏观有序度的参数叫做序参量。当系统处于完全无规则的混沌状态时,序参量为零,随着外界条

---

[1] ［德］赫尔曼·哈肯.协同学：大自然构成的奥秘[M].上海：上海译文出版社,1995:10.

件的变化,序参量也在逐渐变化,当接近临界点时,序参量增大很快,在临界区域,序参量发生突变,序参量达到最大值。序参量的突变,意味着宏观有序结构的建立。新的有序状态具有丰富的时间结构、空间结构或功能结构,如呈现出周期变化或空间模式变化等。这种状态具有一定的稳定性,即并不因外界条件的微小改变而消失。

3. 协同效应。协同论认为在一个与外界有着充分物质、能量交换的开放系统中,他们从无序到有序的演化都遵循着共同的规律,即在一定条件下,由于构成系统的大量子系统之间相互作用,当外界控制参量达到一定的域值时,系统从无规则混乱状态形成一个新的宏观有序的状态。在一个复杂的系统中,各要素之间存在着各种非线性的相互作用,当系统外界控制参量尚未达到一定的临界值之前,子系统之间关系模糊,系统表现出无序的状态,占主导地位的是彼此间的独立运动。当外界控制参量达到一定的域值时,各要素之间的相互联系或相互关联代替其原来的相对独立和相互竞争而占据主导地位,从而整个系统表现出协调和合作的协同效应,其整体效应增强,系统从无序状态走向有序状态。协同的目标是实现协同效应,其本质是系统内的各要素、各子系统之间按照一定的方式相互作用、协调配合和同步,产生主宰系统发展的序变量,支配系统向有序、稳定的方向发展,进而使系统整体功能发生倍增或放大,即实现1+1>2的协同效应。因此,对协同效应的理解也可以是系统产生功能倍增或者放大效应。

(二)协同理论在儿童阅读推广模式中的适用性

协同理论源自哈肯教授的物理学研究,进而被应用于化学、生物学、社会学、心理学、语言学、管理学、教育学等领域。协同理论是一门研究和探讨不同学科之间存在的共同本质特征为主的系统理论,对不同的学科具有普适性。而儿童阅读推广系统是由不同推广主体、推广要素组成的复杂开放系统,与教育、经济、政策等其他系统有着密不可分的联系。同时，儿童阅读推广系统又是一个相对独立的系统，是主体、观念、资源、技术等多个子系统的有机融合，其整体运作机理符合协同学的一般原理。因此，协同理论成为研究馆校协同儿童阅读推广的指导性理论。馆校协同反应了儿童阅读推广主体为了共同的目标，在集体运作过程中相互配合、相互支持而形成的良性循环状态。在该状态下，各推广主体、要素的运作能够产生超越各自独立作用的整体效果，实现"1+1>2"的效应，从而形成整个系统的统一性和有序性。

1. 馆校协同儿童阅读推广系统的序参量识别

序参量是系统演化进程中影响着系统状态转换和结果的主导参量，序参量具有四大特征：（1）序参量是描述系统整体运动状态的度量，是宏观参量；（2）序参量是系统内部各要素之间相互竞争、合作的产物，是自组织演化的结果；（3）序参量形成后对系统的结构和功能起着决定作用，是命令参量；（4）序参量具有相对稳定性。[①] 在馆校协同儿童阅读推广系统中，协同效应的产生不是馆校协同系统中各要素简单的叠加，而是协同要素之间自组织演化的过程，只有人员、资源、观念、技术等要素之间相互协调、相互合作，并都达到可能发生合作关系的临界状态时，才能形成协调统一的运作，在馆校内部形成协同效应。由此可见，序参量的确立对馆校协同儿童阅读推广效应的形成起着关键的作用。馆校协同是一个复杂的开放系统，馆校协同效果的因素可归纳为外部环境因素和内在因素。从外部环境来看，馆校协同系统的运行环境是协同效应产生的外在条件；从内部机理来看，协同要素之间的相互作用是形成效应的关键。根据内外部因素的共同影响，本书认为馆校协同儿童阅读推广系统的序参量是馆校协同要素，具体有主体要素、观念要素、资源要素及技术要素。馆校协同儿

---

① 张敏. 东北地区制造业产业自主创新动力系统协同机理与动力模式演化研究 [D]. 哈尔滨：哈尔滨工程大学，2011：75.

童阅读推广系统中序参量的作用机理如图 3-3 所示，馆校之间的协同能力引导各要素围绕协同目标采取相应的决策，各要素之间相互配合、相互作用，推动整个儿童阅读推广系统从无序向有序状态转变。

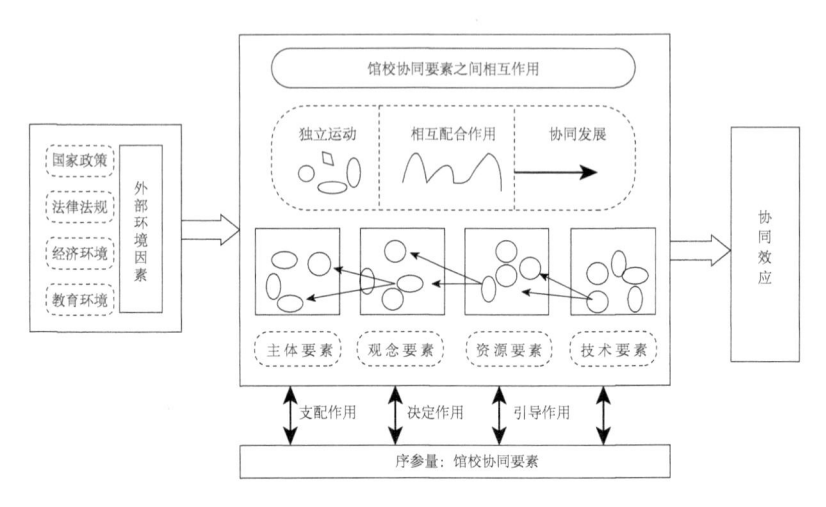

图 3-3 馆校协同儿童阅读推广系统序参量的作用机理

2. 馆校协同儿童阅读推广模式符合伺服原理

馆校协同的影响因素有很多，如观念、安全、时间、资金、学校文化和领导意识，这些因素分为客观因素与主观因素、主要因素与次要因素，根据协同理论，这些因素可以分为快参量和慢参量两类。目前的馆校合作呈现出临时性、偶然性、合作层次低的问题，并且合作频率低、持续性不强，即所谓的"快参量"。两者通过寻找能够产生协同效应的机会，清晰地认识到协同的必要性与可能性，进而围绕馆校协同儿童阅读推广模式，通过主体、观念、资源、技术四个子系统的不断演化，使子系统从原来的无序状态向有序状态转变。

3. 馆校协同儿童阅读推广模式符合自组织规律

儿童阅读推广是一个社会系统工程，涉及面广，馆校协同儿童阅读推广模式试图通过打破教育系统、文化系统之间的系统界限以及传统的理念界限、地域界限等束缚，鼓励和推动各要素积极参与，引导和协调各要素间形成紧密配合，要确保要素功能得到最大发挥。从自组织理论的角度看，馆校协同系统完全具备自组织规律的四个条件：开放性、环境性、非线性及涨落性。儿童阅读推广作为公共文化服务体系的重要组成部分，与其他各系统之间存在物质、能量和信息等要素的交换。儿童阅读推广的开展首先需要图书馆与学校相互配合，并与政府、家长、民间阅读机构等紧密联系。主体协同系统、观念协同、资源协同、技术协同四个子系统之间，不断探索新的位置、运动形式、反应形式，达到从无序到有序的状态。

4. 馆校协同儿童阅读推广模式与协同效应

馆校协同效应的产生可以从两个层面进行阐释：（1）从宏观层面而言，全民阅读已经被提升为国家战略，馆校协同的实现需要国家政策法规、法律、科技、经济、教育环境的支持，通过全国儿童阅读推广率的提高，从而实现国家建设书香社会的目标。（2）从微观层面而言，馆校协同的出发点是图书馆与学校之间的资源共享，但具备了这个条件，不一定能产生协同效应。馆校协同包括主体协同、观念协同、资源协同、技术协同四个子系统，各子系统会不断探索新的位置、运动形式、反应形式。馆校协同就是各推广主体从共同的目标出发，达成统一的战略思想，按照"优势互补"的原则形成特定的合作组织，在相互配合、相互支持的模式下实现推广主体、资源、技术、观念之间的整体协同效应，以此提高儿童阅读推广的资源投入—产出效益。

第四章 馆校合作儿童阅读推广的现状调研

馆校合作儿童阅读推广具有较强的实践性，实施过程中涉及图书馆管理者、图书馆员、学校领导、教师、家长、儿童等各个参与主体，他们都是影响合作效果的关键因素。本章围绕馆校合作现状进行调查分析，目的有二：一是通过对调查样本的分析，基本掌握我国儿童阅读推广事业的整体现状，把握目前环境下馆校合作的基本情况，分析其存在的问题及内在的原因，二是考察图书馆、学校、家长、学生对合作推广的认知度、参与度以及影响因素，解决"为什么要协同""协同主体是什么""协同要素有哪些""如何有效协同"的问题，为构建我国馆校协同儿童阅读推广模式提供科学依据。

需要说明的是，目前环境下图书馆与学校之间开展的儿童阅读推广，无论是二者开展活动的配合程度，还是开展的阅读推广活动内容来看，均称不上"协同"。因此，为了既能与本书所倡导的"协同"理念相区分，又能准确表述目前馆校之间在儿童阅读推广领域的状态，本章将目前馆校之间共同开展儿童阅读推广活动定义为"合作"。

一、调研设计

本章主要采用调查问卷与访谈法相结合。问卷调查可以通过对目标范围内大量的样本进行相对统一化的考察，然后通过归纳的方法总结出调查对象的一般特征。但是，就馆校协同儿童阅读推广这一主题而言，无论是图书馆、学校还是家长，他们的思想意愿、态度都是需要关注的内容，这些内容通过问卷的方式有时难以完全反映出来，故本书采用访谈法作为补充。本书通过访谈，旨在了解公共图书馆与学校的态度，深入挖掘公共图书馆儿童阅读推广的现状以及他们对馆校合作的认同度与合作推广的影响因素。

（一）问卷设计

1. 调查对象

基于问卷调查的目的，问卷调查对象主要包括家长、儿童和教师。根据本书对儿童概念的界定，本调研对象覆盖学龄前儿童、小学生、初中生共三类未成年人。但是考虑到大部分学龄前儿童阅读与写作均存在一定难度，尚不具备独立完成问卷的能力，因此学龄前儿童的调查问卷允许儿童家长或教师帮助填写。

2. 问卷形成

本书参考相关文献的主要设计过程与指标，结合研究需要，设计了三套问卷，分别为家长卷、学生卷和教师卷。问卷采用半结构式问卷，通过单项选择题、多项选择题和开放性问题获取答案。每一套问卷都分为卷首语和问卷主体两部分，其中卷首语向被调查者说明调查目的等信息。问卷主体内容包括两方面：一是对馆校合作的客观现实调查，二是相关主体对馆校合作的主观认识，主要从合作推广的认同度、合作推广的参与度两个维度进行调查，并为每个层面设计相应的变量。

家长问卷的主体部分内容：（1）家长的基本信息，共计5个题项，包括：孩子学龄阶段、家长的身份、家长的学历、所在省份、家庭所在地。（2）家长对课外阅读的态度以及儿童对公共图书馆的利用和需求，共计7个题项，旨在了解家长对儿童课外阅读的态度、家长对公共图书馆的认识、利用状况以及儿童对公共图书馆的利用状况。（3）家长对馆校合作的态度，共计15个题项，旨在了解家长对馆校合作儿童阅读推广的认同度、参与度以及家长对馆校合作的意愿。

学生问卷的主体部分内容：（1）学生的基本信息，共计3个题项，包括学生的学段、所在省份及家庭所在地。（2）学生对阅读的态度及需求，共计4个题项，旨在考察学生的阅读时间、阅读目的、阅读地点、阅读来源。（3）学生对公共图书馆的利用现状，共计13个题项，旨在考察学生对公共图书馆的实际利用情况以及原因。（4）学生对馆校合作儿童阅读推广的态度，共计11个题项，旨在考察学生对馆校合作的态度及期望。

教师问卷的主体部分内容：（1）教师的基本信息，共计3个题项，包括教师所在省份、工作所在地、任教学段。（2）教师对公共图书馆的利用状况，共计2个题项，包括教师利用公共图书馆的次数以及参加公共图书馆的阅读推广活动情况。（3）馆校合作儿童阅读推广的客观状况，共计12个题项，旨在考察公共图书馆与学校合作推广儿童阅读的实际开展情况。（4）教师对馆校合作儿童阅读推广的主观意愿、态度和评价，共计11个题项，旨在了解教师对馆校合作的态度、参与度、馆校合作的影响因素以及对馆校合作的意见与建议。

3. 问卷发放

（1）测试阶段

问卷编制完成后，本人首先进行了问卷测试，目的有三：一是测试被调查者填写问卷所需时间；二是测试问卷对被调查者的难易程度，对某些超出被调查者理解能力的题目进行调整，如将"阅读资源"改为容易被低年级学生理解的"图书"；将"阅读气氛"改成"阅读环境"；三是将含糊不清的题目进行修正。测试阶段调查区域选取便捷的北京市。首先，北京是全国政治、文化、国际交流和科技文化创新中心，经济、文化、教育等各方面发展较快，对其调查具有典型代表性意义；其次，本人对该地域较为熟悉，在人力、物力、财力方面有一定的便捷性。测试样本为北京市海淀区首都师范大学附属小学，该校作为全国百强特色学校，以"童心教育"为办学理念，每周设有阅读课，在总样本量中具有一定的代表性。问卷发放采取纸质的方式，分别抽取小学一年级、三年级、五年级，每个班选取4位教师、10位家长、10学生为试测样本，共12位教师、30位家长和30名学生为试测样本，共计发放试测问卷72份。

（2）正式调查阶段

为保证问卷数据来源的广泛性与随机性，正式调查问卷采取网络发放的方式，通过问卷星平台统一发放。问卷发放从2018年4月开始，到2018年7月结束，共发放1612份问卷，剔除填写答案自相矛盾、填写不完整等无效问卷，得到有效问卷1429份，有效回收率为88.65%。其中，回收家长问卷665份，有效问卷590份，有效回收率为88.72%（详见表4-1）；回收学生问卷495份，有效问卷442份，有效回收率为89.29%（详见表4-2）；回收教师问卷452份，有效问卷397份，有效回收率为87.83%（详见表4-3）。

表4-1 正式调查问卷发放及回收情况表（家长卷）

	省份	回收问卷	有效问卷	有效率（%）
东部地区	北京	87	81	93.10
	上海	26	22	84.62
	山东	114	85	74.56
	其他省份	53	50	93.34
中部地区	河北	59	54	91.53
	河南	78	75	96.15
	江西	36	33	91.67
	其他省份	69	61	88.41
西部地区	宁夏	51	47	92.16
	甘肃	43	38	88.37
	四川	27	26	96.30
	其他省份	22	18	81.82
合计		665	590	88.72

表 4-2　正式调查问卷发放及回收情况表（学生卷）

	省份	回收问卷	有效问卷	有效率（%）
东部地区	北京	74	67	90.54
	上海	27	23	85.19
	山东	33	28	84.85
	其他省份	53	49	92.45
中部地区	河北	37	32	86.49
	河南	54	50	92.59
	江西	25	20	80.00
	其他省份	43	39	90.7
西部地区	宁夏	68	63	92.65
	甘肃	37	32	86.49
	四川	29	26	89.66
	其他省份	15	13	86.67
合计		495	442	89.29

表 4-3　正式调查问卷发放及回收情况表（教师卷）

	省份	回收问卷	有效问卷	有效率（%）
东部地区	北京	46	43	93.48
	上海	32	28	87.50
	山东	43	40	93.02
	其他省份	34	30	88.24
中部地区	河北	45	39	86.67
	河南	53	45	84.91
	江西	33	29	87.88
	其他省份	38	35	92.11
西部地区	宁夏	35	32	91.43
	甘肃	37	31	83.78
	四川	32	26	81.25
	其他省份	24	19	79.17
合计		452	397	87.83

数据收集工作完成之后，本书利用SPSS20.0统计软件对调查数据进行整理与分析，调查结果初步呈现出馆校合作儿童阅读推广的概况，详细结果见本章第二节。

（二）访谈设计

1. 访谈对象

访谈对象的确定是访谈开始的第一步，本书采用非概率性抽样，按照关键性、典型性和便利性三个标准选择访谈对象，就馆校合作儿童阅读推广进行更深层、更细节的考察。访谈对象包括公共图书馆和学校。公共图书馆访谈对象包括管理者与儿童阅读推广的具体负责人，管理者一般为儿童阅读推广项目的策划、领导者；具体负责人是指图书馆儿童阅读推广活动的具体执行者与实施者。学校访谈对象包括学校管理者和教师，学校管理者指校长或对馆校合作有实质性推动的项目负责人，访谈内容围绕学校的阅读环境、馆校合作开展阅读推广活动的状况等进行。为了多方面反应馆校合作现状，使研究结果更加客观、完整，本书最终确定39名访谈对象，其中公共图书馆管理者6名，公共图书馆儿童阅读推广负责人15名，学校管理者6名，学校教师12名。为了尊重受访机构的隐私权和便于标识访谈内容，本书将受访对象编码如表4-4。

表4-4 访谈对象编码代号

访谈对象	编码代号
图书馆管理者	M（M1-M6）
图书馆儿童阅读推广负责人	W（W1-W15）
学校管理者	S（S1-S6）
学校教师	T（T1-T12）

2. 访谈提纲

访谈是对调查问卷的进一步深入，其目的是了解馆校合作儿童阅读推广的具体情况。本书采用半结构型访谈，即访谈过程中以事先拟定的访谈大纲为主导，提出的问题尽量为开放性问题，使受访者能够充分参与访谈，并就访谈话题做出具有针对性的回应，从而保证了访谈过程既不脱离主题，又有一定的灵活性。在内容设计方面,主要围绕学校儿童阅读教育、公共图书馆儿童阅读推广及馆校合作的观点、态度、期望和建议四个方面进行,既涉及馆校协同模式的宏观运作,又包括微观的具体操作。本书针对不同的访谈对象设计了不同的访谈提纲,详见附录 D、附录 E、附录 F、附录 G。

3. 访谈过程

(1)访谈设计阶段

为提高访谈质量,使受访者更容易接受访谈,访谈之前先与受访者通过电话、邮件、面谈等方式进行初步沟通,介绍自己的身份及研究计划,并说明访谈目的,取得受访者的同意后,把事先准备好的访谈大纲发送给受访者,以便受访者有充分的准备。根据受访者意愿安排访谈的时间及地点,一般选取受访者的办公室或者受访者附近的咖啡厅。对于不具备接受当面访谈条件的,则以电话访谈的形式进行。

(2)访谈实施阶段

访谈前,本人通过系统学习访谈技巧并进行预访谈,在听取专家意见的基础上反复修改访谈提纲。为了使受访者能以放松的心态,客观真实的回答访谈问题,本人首先向受访者说明访谈目的,并向受访者承诺访谈结果仅用于学术研究,未经受访者授权许可不做其他用途。根据与受访者的互动情况,随时调整访谈思路,总体控制访谈节奏;同时,根据受访者回答问题情况,适时提出相应的问题,尽量保证访谈结果的客观性与丰富性。

(3)访谈资料的整理与分析阶段

访谈资料的整理与分析是根据研究目的对所获得的原始资料进行系统化、条理化,通过逐步浓缩、集中和提炼,达到对资料充分合理的解读。[1] 其具体过程是访谈结束后将访谈获得的音频资

---

[1] 陈向明.质的研究方法与社会科学研究[M].北京:教育科学出版社.2000:269.

料进行编号、整理。录音资料整理结束后还应结合访谈笔记进行适当补充,力求对受访者的观点、意见进行全面整理、归纳,最后形成访谈结论。本书所开展的访谈,每位受访者的访谈时间一般在 50 分钟至 90 分钟不等,全部访谈录音总时长为 18.5 小时,转录字数共 8.5 万字。

二、数据处理与调研结果分析

(一)现有的儿童阅读推广模式分析

模式是从生产经验和生活经验中经过抽象和升华提炼出来的核心知识体系,是把解决某类问题的方法归纳到理论高度的规律性总结。儿童阅读推广模式是在阅读推广工作中,通过实践形成并证明是有效解决有关问题的系列方法,是具有活动主题、操作方法、运行程序和效果测评等一系列核心问题的知识体系。

儿童阅读推广经过二十余年的发展,逐渐引发了全社会各领域的广泛关注,从最初"儿童阅读推广人"的零星推动,到文化机构、教育机构和民间阅读机构等相关行业和领域的逐步介入,直至社会各界的积极参与。根据近年来的儿童阅读推广实践,儿童阅读的主要推广主体有公共图书馆、教育界和民间阅读机构。他们根据自身的职能和特点,利用独有的资源和优势,积极开展各种类型的儿童阅读推广活动,并在实践活动中形成了特有的推广模式,虽然服务对象都是儿童,但由于各自的身份不同,各推广主体的服务模式也不尽相同。本节结合不同推广主体开展的阅读推广实践与案例进行解析,归纳总结其推广模式,指出现有模式已取得的成就与问题所在。

1. 公共图书馆儿童阅读推广模式

儿童阅读推广作为公共图书馆的核心工作和重要职责之一,已经受到大多数公共图书馆的重视。近年来,在中图学会的呼吁和指引下,全国公共图书馆界涌现出一批优秀的儿童阅读推广实践项目,如深圳少儿馆的"喜阅365"、深圳南山图书馆的"通往幸福的阶梯"儿童阅读层级推动体系、盐田区沙头角图书馆的"'小桔灯'阅读推广计划"、苏州图书馆的"悦读宝贝"计划、广州图书馆的"由绘本爱上阅读"等。通过这些儿童推广实践项目与经典案例,本书总结公共图书馆儿童阅读推广模式如下:

(1)创建阅读品牌

对于公共图书馆而言,儿童阅读推广品牌不但能够加强公共图书馆阅读项目的内部管理,而且有助于提升社会公众对公共图书馆开展儿童阅读推广的知晓度,从而推动儿童阅读实践良性循环。在儿童阅读推广实践中,部分公共图书馆已经意识到用品牌意识统领儿童阅读推广工作,并探索品牌运作实践,初步形成了自己的儿童阅读推广项目品牌。杭州少儿馆创建的品牌——"小可妈妈伴小时"名称简单易记,有很强的亲和力,因为服务对象定位为0~6周岁低幼儿童,所以名称中的"伴"更强调了针对低幼儿童要以陪伴为主,强调亲子共读,很好地诠释了阅读推广活动的主旨。根据学龄前儿童不同年龄段的生理、心理特点及其接受能力,杭州少儿馆策划了内容丰富、适龄的儿童阅读推广活动。亲子活动除了开设有常规的"爱上阅读"绘本课外,还开设了"阅读游戏""手工制作""艺术语言"等形式内容多样、互动性强的阅读体验活动。亲子课堂活动每次时长半小时,以每周不少于5场的频率开展,从2012年创办以来,深受孩子和家长的喜爱。在品牌的传播中,杭州少儿馆除了利用网络手段进行宣传外,还与媒体保持密切的联系,利用媒体的力量进行宣传,扩大该阅读品牌的影响力。另外,杭州少儿馆还特别注重与社区的联系,馆员经常前往社区与家长、孩子一起互动,这一举措不但扩大了儿童阅读推广活动的知名度,还强化了读者对儿童阅读品牌的忠诚度。除了"小可妈妈伴小时",目前知名度比较高的儿童阅读品牌还有佛山市图书馆的"蜂蜂故事会"、温州市少儿馆"毛毛虫上书房"、江西省图书馆的"兰兰姐姐故事会"、河北省图书馆的"燕赵少年读书"等。

这些儿童阅读品牌是在长期的阅读推广实践中摸索创造出来的，他们一般有自己独特的形象标识，为提高服务效果，公共图书馆对服务对象做了更具体年龄段的划分。随着品牌的成熟化，这些服务品牌得到家长和儿童认可的同时，也给公共图书馆带来了品牌效应，大大增加了馆藏资源的流通率，提高了到馆人数，扩大公共图书馆在业界的影响力。比如"燕赵少年读书系列活动"从2004年首届开办以来，已经连续举办了十几界，参与人数由每年三万余人增长到几十万人，荣获多项阅读推广奖项，2012年中图学会将该项目作为经典案例进行推广，扩大了该品牌在业界的影响力。

（2）培养儿童阅读推广人

自20世纪50年代开始，我国开始出现了零星的阅读推广人的活动，如著名儿童教育家孙敬修、艺术家康瑛、曹灿讲故事。在之后几十年的儿童阅读推广实践中，涌现出很多经验丰富、较有影响力的儿童阅读推广人，如阿甲、梅子涵、王林、方素珍，他们热爱儿童推广事业，翻译绘本并到学校、幼儿园、社区推荐绘本；组织各种各样的阅读活动；借助网络平台向家长推广儿童阅读理念，在我国儿童阅读推广的进程中起到了积极的推动作用。

随着儿童阅读推广实践的发展，到21世纪初，儿童阅读推广人从"星星之火"发展到"燎原之势"，从最初的个人行为发展到一种身份、职业的象征，其重要性逐渐被社会各界认可。在公共图书馆领域，这些儿童阅读推广人大多是以"某某姐姐"命名，有的是公共图书馆员，有的是社会招募的"故事爸爸""故事妈妈"，服务对象一般根据读者年龄划分为学龄前儿童和学龄儿童，故事时间一般选择在周末或者寒暑假，故事地点大多选择在少儿馆内。"讲故事"一直是儿童喜欢的阅读活动之一，因其操作简单，也是公共图书馆普遍开展的阅读推广活动，如深圳少儿图书馆的"红姐姐讲故事"、西藏图书馆的"阿佳讲故事"、宁波市图书馆的"叶子姐姐讲故事"、华州区图书馆的"彩虹姐姐讲故事"、包头市图书馆的"艳子姐姐讲故事"、长兴县图书馆的"花姐姐讲故事"。这些儿童阅读推广人了解儿童的心理特点与成长需求,责任心强,对儿童阅读推广事业有着极大的热情。但是,我国儿童阅读推广人总体数量仍然不能满足儿童阅读推广的需求,而且儿童阅读推广人的专业素质参差不齐,这些问题成为制约我国儿童阅读推广的一个重要因素。公共图书馆界也意识到这个问题,开始积极探索建立科学的儿童阅读推广人制度,使得儿童阅读推广人往专业化、规范化方向发展。

2009年中图学会"阅读推广委员会"提出"阅读推广人"培育计划,2014年该计划正式启动,阅读推广人培训对象主要是各类图书馆从事阅读推广或读者活动工作的专职人员、在图书馆从事阅读推广工作的义工、幼儿园与中小学相关岗位教师,主讲人大多为儿童阅读领域的专家、学者以及著名的儿童阅读推广人,学员在特定的时间内完成规定课程的学习后,参加报告、实习、考核等多个环节的内容,测试合格且表现优秀的学员将被授予《结业证书》。截止到2018年,"阅读推广人"培育计划已经举办12期。在中图学会的带动下,各地方图书馆也相继启动"阅读推广人"培育计划,2012年,深圳市少儿馆开展了"阅读推广人公益培训班",培训首批"阅读推广人"34名。2015年4月,浦东图书馆启动首批"阅读推广人"培训班。2015年5月,温州市图书馆开展"亲子阅读推广人公益"培训,160余位儿童阅读服务人员参加了培训。2015年11月,黑龙江省图书馆学会举办"少儿阅读推广人"(基础班)培育行动。公共图书馆以儿童阅读推广人引领阅读推广服务,具有可操作性、可复制性强的特点,且推广效果明显。

(3)招募小馆员志愿者

由于学生大部分时间在学校学习,所以寒暑假是学生到馆阅读的高峰期。寒暑假期间，公共图书馆儿童读者的到馆人数达平时的几倍之多。为改变高峰期图书馆员人手紧张的局面，很多公共图书馆利用寒暑假招募中小学生到图书馆工作。国家图书馆少儿馆已经连续九年面向10~15岁儿童举办"国图少年馆员培养计划"，该计划是集培训、实习、考核为一体的假期社会实践活动，至今已成功举办7期，成为国图少儿馆的品牌活动。宁波市图书馆"文明阅读—小小志愿者"活动开始于2012年，旨在倡导小读者文明借阅，通过一系列简单的图书整理和读者劝导工作，使小志愿者更进一步了解图书馆的基本工作流程，同时锻炼与人沟通和协调的能力，进而养成文明、良好的阅读习惯。无锡市图书馆2005年起每年面向小学三年级至初中三年级学生举办"我做小小图书管理员"活动，并根据小志愿者的表现评比出"图书管理之星""操作技能之星"及"微笑服务之星"。2010年，北碚图书馆开展"大手拉小手"青少年志愿服务活动。"小手"指的是区内各中小学校学生。此外，还有绵阳市图书馆面向10~14岁的学生开展的"蓓蕾计划"、大岭山图书馆面向小学3~6年级学生开展的"义务小馆员"活动。从以上开展小志愿者活动的案例中可以看出，公共图书馆的招募对象全部为学龄儿童，年龄一般限定在10岁以上，小志愿者服务时间为学生放假时间，集中在寒暑假期间，服务地点限定为公共图书馆内。在提供服务之前，小志愿者们要接受正规的培训，了解所在的公共图书馆概况，包括馆藏资源的排架与布局，熟悉如何开展读者服务，如简单咨询、图书检索、图书上架、书架整理、阅览室巡视、数字资源指导等。这些职责看似简单，对于儿童却有着深刻的意义，首先，参加活动的儿童获得了参与图书馆管理和读者服务的机会，增强了他们对图书馆职能以及图书馆员角色的认知；其次，儿童在阅读与服务的过程中，既扩充了知识，又能在与小读者的交流中提升表达和沟通能力，在与组员的配合与协作中培养了团队意识；第三，小馆员志愿服务活动为儿童的假期生活注入了文化内涵与服务精神，也增强了图书馆与家庭、社会的联系，对儿童阅读推广起到了积极的推动作用。不少家长反应，自从成为了"小小志愿者"，孩子更加喜欢看书，原来腼腆害羞的孩子变得比以前开朗了许多，原来活泼好动的孩子懂得了帮助别人快乐自己。

（4）多方联动

公共图书馆之间的多方联动是指公共图书馆联合各方力量共同促进儿童阅读，图书馆、学校、家庭、阅读推广人、出版社等机构各自发挥自身优势，多方位开展儿童阅读推广活动。2013年，绍兴图书馆启动"馆校联动创新服务"，定期为越城区塔山中心小学的学生开展经典名著和科普读物阅读，并聘请专家对学生进行阅读指导。2015年，绍兴市图书馆使用流动书车除寒暑假、固定节假日外每天向学校送书，每月替换20%的新书，随车确保4000册图书量，全年借阅量达3万册次。① 大连市少儿图书馆定期通过物流进行分馆间阅读资源调换，把文献资源送到小读者身边，实现阅读资源的触手可及。② 2012年，上海市青浦区图书馆实施了"家庭图书馆种子计划"，图书馆员进入家庭宣传儿童阅读推广的理念，围绕当地家庭举办各种形式的阅读推广活动，并将戏剧、话剧等艺术形式纳入家庭阅读推广活动中。③

2. 教育界儿童阅读推广模式

伴随着教育改革的步伐和人们对阅读能力在一个人学习和成长过程中重要性认识的不断提高，我国教育界在近十几年不断探讨和强调儿童阅读的作用，一些教育专家纷纷提出小学语文教学转型、拓宽课程资源的建议。王林在《跨越一本教材的语文教学》中提出"教师应该把课程标准的规定纳入到语文教学的目标中来

---

① 蔡彦.公共图书馆"馆校互联"阅读推广新模式研究—以绍兴图书馆为例[J].公共图书馆，46-51.
② 田丽，高文静.总分馆服务模式下的儿童阅读推广实践研究—以大连少儿馆为例[J].图书情报工作，2017（2）：69-75.
③ 青浦区图书馆引入家庭图书馆模式[EB/OL].[2018-7-12].http://www.cbbr.com.cn/article/96558.html.

整体考虑，突破教材的局限，跨越一本教材的教学模式，让儿童文学进入语文课程"。一批对儿童阅读有深刻认识的教育工作者在力所能及的范围内采用各种方式促进儿童阅读，从营造校园环境、建立班级读书会、培训师资力量、调动家长积极性等方面，全方位地推动儿童阅读。除此之外，在发达地区，一些儿童阅读科研项目开始在学校进行规模实验，并取得了良好的效果。如扬州市教育局"亲近母语"课题和苏州新教育研究中心开发的"毛虫和蝴蝶"项目。

亲近母语儿童阅读教育研究中心是在全国教育科学"十五"规划课题组基础上发展起来的以倡导儿童阅读、培育书香人口、建设书香社会为宗旨的科研教育机构。该中心于2000年成立，把亲近母语、儿童阅读和语文教学改革紧密地联系在一起，秉持"阅读是母语学习的核心环节""儿童阅读是终身学习的基础"的理念推动小学语文教学改革，致力于构建儿童阅读新课程。"亲近母语教育计划"主要在小学阶段实施，内容包括：每周开设一节课外阅读指导课；举办读写培训班，使用《经典阅读》和《名著导读》推广儿童阅读；开展班级读书会，探索班级读书会的各种类型：如大声读给孩子听、绘本阅读、经典名著导读、阅读交流会、读写结合、比较阅读、读物推荐会等。经过十几年的发展，课题组已经在300所实验学校开展课外阅读实验，产生了《日有所诵》《班级读书会ABC》等系列研究成果。此外，亲近母语研究院自2005年开始创办"中国儿童阅读论坛"，该论坛至今已经举办了12届，被认为是祖国大陆和华语地区最有影响的儿童阅读论坛之一，参与者为国内相关领域的先行者和引领者，如国内外儿童阅读学者、一线教师、教研员、校长、儿童阅读公益推广机构人士，他们围绕儿童阅读的不同主题进行交流，为儿童阅读推广带来新的理念。

2002年，朱永新发起的"新教育试验"在江苏昆山正式推行，截止到2018年，全国新教育实验有地市级实验区13个、县级实验区 124 个、实验学校 3514 所，共有 370 多万师生参与新教育实验。①2006 年 8 月，新教育实验团队开发了"毛虫和蝴蝶"儿童阶梯阅读项目，该项目分为低、中、高段三个书包，共计 36 种图书。2010 年 8 月，朱永新在北京成立国内第一家从事儿童阅读研究与推广的机构—新阅读研究所，并研制了"中国小学生基础阅读书目"，包括 30 本基础图书和 70 种推荐图书的书目，该书目于 2011 年 4 月向社会正式发布。

通过"亲近母语"课题、"毛虫和蝴蝶"项目，我们可以看到，学校的儿童阅读推广模式主要是基于科学实验基础上围绕教学目标开展的阅读推广活动，即"科研－实践"模式，该模式详细内容包括：

（1）构建儿童阅读课程体系

2001 年，教育部发布《基础教育课程改革纲要（试行）》，为落实新《纲要》，推进素质教育，很多学校呼吁小学语文课堂教学转型、拓宽课程资源，并致力于探索和构建以提高学生人文素养为目标的儿童阅读新课程，他们以国家课程、地方课程和校本课程为基础进行课程改革，尝试将课外阅读纳入中小学课程。安徽省合肥市第 62 中学语文教师薛瑞萍在 20 多年的教学生涯中探索总结出儿童阅读课程体系，该体系每周两次阅读课，一次朗诵课，一次诵读课，教师以学生的阅读兴趣为出发点，带领学生诵读、吟诵、朗读、讲故事、写作。另外，教师坚持每天上课 10 分钟前带领学生诵读自编教材《日有所诵》。在这种儿童阅读课程体系模式的指导下，学生的阅读与写作能力都得到了提高。薛瑞萍一直将自己的教学日志发布在"教育在线"的网络平台上，她倡导的"儿童阅读课程化"的教学思想引起了很多学校、家长的关注。受其教学理念的影响，很多学校、家长也开始沿用薛瑞萍教

---

① 了解和加入"新教育实验"指南（2018 最新版）[EB/OL].［2018-6-23］https://www.sohu.com/a/220426108_538655.

师编著的《日有所诵》教材，与孩子们一起阅读。2005年，深圳市南山区后海小学以一年级的绘本阅读课为起点，尝试"快乐阅读"的校本课程，校长、教师、学生都是课程资源的提供者与开发者。一年后，校本课程在全校推广，在不断的摸索中形成"专家组—校长—领袖种子教师—学生—家长"的课程开发链条。运康中学校长魏守坚在学校设立"写阅课"，每天下午留出专门的时间让学生练字、阅读，为了方便学生阅读，该学校将学校图书馆的书分散到每一个教室存放。①

另外，还出现了一批致力于小学语文课程改革的新生代教师，如语文主题教学窦桂梅、海量阅读实践者韩兴娥、主题阅读倡导者刘宪华、群文阅读尝试者蒋军晶，他们在阅读教学中不断地探索新的道路，使小学语文与儿童阅读素养紧密结合。

（2）建设校园阅读文化

阅读文化是学校文化的重要要素，很多学校管理者将儿童阅读推广纳入校园文化建设的综合体系中来。新教育实验主持人朱永新说："一所学校有没有文化，首先看他有没有阅读"②。2003年，他首次提出"书香校园"概念，并强调一个好的校长应该让学校图书馆成为孩子们流连忘返的地方，这一概念对全国很多学校造成了深刻的影响。③丰富的图书资源是实现书香校园的根本性基础，这一模式的推广与实现要求必须加强建设学校图书馆，没有条件建立图书馆的学校应力争建设阅览室和班级图书馆。前文述及的深圳后海小学，每个班级都设有"快乐书架"，仅学校走廊就有书架135个，学校读书气氛特别浓郁，被称为"图书馆里的小学"，这些触手可及的阅读资源，提升了该校学生的阅读率。扬

---

① 课外书搬进教室，每天还有写阅课（图）[EB/OL].[2018-6-23]. http://news.163.com/15/0318/01/AKV26OQC00014AED.html.
② 朱永新.新教育年度主报告[M].武汉：湖北教育出版社，2014：158.
③ 对全国政协委员、新教育实验主持人朱永新先生的访谈[N].中国教育报，2003-2-13（6）.

州市维扬实验小学从2002年开始致力于推广儿童阅读，学校成立专门的儿童阅读研究中心，特聘校内骨干教师研发儿童阅读校本课程，培养专业的教师团队，策划与组织形式各样的阅读推广活动来促进本校阅读推广实践的开展。学校开设专门的阅读指导课，通过主题阅读、班级读书会等形式推进儿童阅读。另外，学校还将班级、家庭有机结合到学校的阅读推广框架中来，在学校建立专门的阅读区域，让学生自主获取阅读资源，倡导家庭设立阅读书架，丰富家庭藏书，为学生创造良好的阅读氛围。

除了加强学校图书馆、阅览室等硬件建设，有的学校还通过校园阅读环境塑造、校园阅读活动开展、师资力量培训等方式加强校园阅读文化的创建。深圳市红岭中学在长期的阅读推广实践中总结出"生态阅读"理念，建立以"经典阅读"为核心的学校阅读核心价值体系。在班级层面成立6~8人为一组的阅读小组，同一小组内定期举办形式多样的读书活动；学校层面则通过承办全国未成年人阅读文化论坛、深圳学校文化建设研讨会，积极营造校园阅读氛围。深圳市南头中学按照"文化立校"理念，专门修建了"读书广场"，定期举办读书节、诗歌节、文化节等阅读推广活动。学校还将语文教学与南中大讲堂、读书广场阅读、国学修身、经典诗文吟诵、主题辩论、凤冈诗社、求索文学社等一系列特色活动结合起来。佛山市第十四中学通过书香校园的建设以及"悦读"活动的开展，学校的阅读风气渐渐形成，学生的阅读状况有了明显改善，阅读兴趣浓厚的比率由32.8%增长到82.5%，阅读时间大大增加，每天阅读的学生由26.4%增加到96.7%。学生的写作水平明显得到提高。[①]

（3）培育书香教师

教师是知识的传播者，也是儿童阅读推广的关键角色。教师

---

① 潘颖薇.初中"书香"校园建设及"悦读"活动开展与实践的研究—佛山市第十四中学"书香"校园建设个案实践研究[D].武汉:华中师范大学,2012:84.

对阅读的态度以及教师自身的文化素养是影响学生阅读态度、阅读方式、阅读内容以及阅读能力的重要因素。只有教师具有深厚的文学功底和文化底蕴，并且热爱阅读，才能带动学生对阅读的热爱，培养出终身的阅读者。随着学校素质教育改革的深化和对儿童阅读的重视，很多学校愈加重视教师儿童文学修养的提高。"亲近母语"倡导每个语文教师读儿童文学，通过课题组研讨、教师读书会方式促进教师读经典，写读书笔记，写述评，甚至进行儿童文学创作，记录自己的教学随笔和生活感悟，意在深化教师的专业素养、细化教学技巧、树立书香教师典型。一些优秀的语文教师已经成为有影响力的儿童阅读推广人，如周益民、岳乃红、丁筱青。安徽铜陵市人民小学采用多种方式保障教师的阅读时间，扩展教师的阅读范围，通过读书交流活动提高教师的阅读效果，校内有20多位教师被评为"书香教师"。浦江县实验外国语小学将培养书香教师列为书香校园建设的主要目标之一，学校通过建立阅读管理机制和阅读文化制度推进教师个性化读书，具体表现为学校结合教研主题，向教师推荐阅读书目，成立教师读书会、青年教师书友会，定期开展教师读书沙龙活动，方便教师之间进行读书交流，并建立对优秀教师的奖励机制，定期评选优秀辅导教师。南京市汉口路小学也一直致力于建设高素质的教师队伍，学校定期邀请知名专家、特级教师与本校教师交流，提升教师的文化素养，为教师开展荐书、主题阅读等各种阅读活动。

3. 民间阅读机构儿童阅读推广模式

政府为吸引和鼓励社会力量参与公共文化服务，不断放宽公共文化服务事业的准入政策，在土地、资金、税收政策等方面给与充分的保障，社会力量参与公共文化服务的积极性空前提高，民间阅读机构、亲子阅读等文化机构大批涌现。根据性质不同，民间阅读机构可以分为非营利性民间阅读机构和营利性民间阅读机构两种类型。其中，非营利性民间阅读机构一般由个人或团体组织创办，属于公益性组织，其目标侧重于举办阅读推广活动，面向读者提供阅读方法指导；营利性阅读机构则以专门面向儿童的阅读推广机构为主，尤其是面向低幼儿童的绘本阅读推广机构，这类机构一般实行会员制。成为会员之后，儿童、家长获得权限阅读机构的纸本资源、电子资源；参加故事会、作家见面会、家长课堂等活动。

民间阅读机构是儿童阅读推广的一支重要力量。他们最初有的是以"儿童阅读推广人"的身份出现，因为对儿童阅读的浓厚兴趣投身到阅读推广实践，他们来自于儿童文学界、出版界、教育界乃至儿童网络书店、亲子文化阅读网等各个领域，通过发帖、座谈、演讲、上阅读示范课、举办研讨会、培训新种子、项目试验等方法以点对面甚至以点对点的方式介绍、宣传儿童阅读的意义、新观念、新方法以及实践经验。其发展历程一般是从最初的一般阅读推广人到核心推广人，再到民间阅读推广机构。民间阅读推广机构借助民众力量的融合发展迅速，已经成为我国儿童阅读推广领域不可小觑的一支力量。截止到 2015 年，全国的绘本馆就达 2500 家左右，他们主要分布于经济发达的城市，如北京、深圳、广州、上海等。红泥巴、公益小书房、快乐小陶子、深圳三叶草等都是民间儿童阅读推广机构的杰出代表。这些民间儿童阅读推广机构的创建者与成员对儿童阅读推广有着极大的热情与贡献精神，在不断的实践探索中总结出成功的经验，形成了独特的推广模式。本书通过查阅相关新闻、报刊、网络内容，梳理了一些组织规模较大、有影响力的机构，通过对其进行总结归纳，推广模式如下：

（1）总站 + 分站

民间阅读推广机构"根植于民间"，他们通过总分站建设实现与家庭阅读的有机结合，最大程度争取家庭对儿童阅读的认同与支持，同时保证已有的推广模式可以有效复制和移植，进而形成相对独立、标准统一、资源共享的组织结构。较有代表性的有小书房世界儿童文学网、深圳的"三叶草故事家族"、北京的悠贝亲子图书馆、广州的满天星青少年公益发展中心等。2004年，儿童文学作家漪然创建了公益性儿童阅读网站"小书房世界儿童文学网"，线下阅读推广站点遍布北京、上海、南京、杭州等21个城市。"三叶草故事家族"成立于2008年，是深圳知名的亲子阅读民间公益组织，经过十余年的发展，该组织在珠海、杭州、长春、上海、重庆等12个城市共计设立54个站点，覆盖全国三万多个家庭。悠贝亲子图书馆2009年在北京创立，是全国第一家亲子阅读推广专业机构，多年来致力于为0~8岁的儿童及家庭提供亲子阅读服务，倡导"亲子阅读陪伴成长"，与早教机构、培训机构等机构合作采取"嵌入式"的运营模式，采用"一个人+一面墙"的模式创立亲子图书馆，目前已在全国31个省市，250多个城市成立1200多家悠贝亲子图书馆。[1] 满天星青少年公益发展中心专注于在我国欠发达地区、图书资源匮乏的乡村小学推广阅读，自2012年在广州成立以来，该中心建立了80所公益图书馆。[2] 他们通过在全国各地招商加盟，或专注于线下实体经营，或经过多年线上会员积累逐步向线下发展并快速壮大。这种便捷、可复制的模式使得儿童阅读推广在全国迅速发展起来，这些站点位置选择比较灵活，有的方便与家庭互动将站点设立在社区。

（2）线上+线下

随着网络信息技术的快速发展，网络覆盖范围越来越广，移动终端越来越普及，网络阅读逐渐被儿童与家长接受。从21世纪初开始，一些民间阅读机构开始借助网络的力量，通过建立官方网站、网络论坛、微博、qq群、微信公众号、微信群等一些网络渠道宣传儿童阅读理念，开展儿童阅读推广活动。

2000年，儿童阅读推广人阿甲与萝卜探长共同创办"红泥巴村"儿童阅读网站。2015年，红泥巴开设微信平台"红泥巴微学

---

[1] 根据2018年7月10日本人访谈悠贝亲子图书馆负责人的访谈资料整理.
[2] 满天星青少年公益发展中心［EB/OL］.［2018-10-21］http://www.starscn.org/.

堂"，该平台设有"说书探书""泥巴学堂""微互动"等栏目，根据儿童的不同年龄向家长和儿童推荐书目，推送最新书讯，提供详细的童书导读；使用一问一答的方式为家长答疑解惑，交流亲子阅读方法和互动技巧。另外，创始人阿甲还通过"微电台"音频的形式给小朋友讲故事。除了官方网站、微信公众号，线上的互动渠道还有微博、博客。自微博开通以来，红泥巴发表博文10915篇，吸引了58862人的关注。[①] 线下活动一般通过"红泥巴微学堂"微信公众号进行宣传和发布，如"红泥巴读书会"以亲子阅读为特色，发布各种各样的读书活动，包括主题读书讨论会、集体游戏、观看书本有关的电影或动画片、古诗古曲晨诵晨长、设计以绘本为脚本的游戏、绘本剧、研读讨论会等。

2010年，新阅读研究所研究员李一慢发起公益儿童阅读机构"爱乐团"，提出"边走边看"的阅读理念，采用线上、线下并行的方式推广儿童阅读。线上通过博客、微博组织"新阅读在线读书会"30多场；线下从书店、图书馆扩展到展览馆、公园等场所，组织策划"北京故事妈妈"培训等30多场儿童阅读专家讲座；鼓励和扶持在唐山、石家庄、济南等地的故事妈妈团队建设，在各地举办了近30场公益儿童阅读讲座；到六一幼儿园等20多所幼儿园举办儿童阅读公益讲座。

（3）培养专业儿童阅读推广人

著名儿童教育专家、阅读推广人孙莉莉曾说"民间阅读推广从来不缺少热情，缺的是专业素养和方法"。为全面加强儿童阅读推广人的专业能力和实践能力，很多有实力的民间阅读机构自发组织儿童阅读推广人的专业培训。2017年，爱阅公益基金会推出儿童阅读推广理论与实践相结合的培训课程，聘请朱自强、彭懿、伍新春、周兢等著名儿童文学家、儿童心理学家、学前教育专家

---

① 红泥巴村官方微博［EB/OL］．［2018-10-21］．https://weibo.com/hnbclub?sudaref=www.baidu.com&display=0&retcode=6102&is_all=1.

进行理论课程培训，然后对培训者进行实践课程培训。课程培训结束后，以试讲形式进行考核，选拔正式学员。正式学员经过考核及评分认证后，可获得深圳爱阅公益基金会阅读推广人结业证书，成绩优秀者可聘为爱乐公益基金会的"阅芽计划"社区讲师。悠贝亲子图书馆专门成立了儿童阅读推广人的培训机构——悠贝亲子阅读学院。悠贝亲子阅读学院面向亲子阅读行业从业者、公立图书馆、各类专业院校、幼儿园、早教机构、儿童培训机构、出版社、家庭等，提供专业的亲子阅读服务及儿童阅读推广人的储备培训。阅读学院设有阅读推广人成长系列课程和阅读指导师成长系列课程，分别设置初、中、高等级的培训和考核，将阅读推广人培育纳入科学的体系。

非营利性阅读推广机构由于资金有限，他们大多借助志愿者的力量推广儿童阅读，志愿者人员构成以大学生和年轻的妈妈为主，他们热爱阅读与儿童阅读推广事业，时间较为富裕，但水平参差不齐。为确保儿童阅读推广活动的高效开展，机构对志愿者进行专业的系统培训。蒲公英乡村图书馆是进行志愿者培训较为规范的机构之一，培训内容包括五部分：①学习刘铁芳教授关于乡村教育的文章；②学习《志愿者工作手册》；③学习图书馆以往志愿者的工作记录；④阅读《朗读手册》《如何说孩子才会听》《如何说孩子才肯学》等制定书目；⑤设计阅读活动。通过严格、专业的培训，志愿者们掌握了在贫困地区做教育的知识和技能，了解了贫困地区儿童的阅读需求，能够更有效的与孩子、乡村教师沟通。[1]虽然他们被称为"志愿者"，但经过系统的培训，他们的整体素质得到提升，基本上达到了儿童阅读推广人的专业水平，在实践中实际上承担着儿童阅读推广人的角色。

（4）机构合作

---

[1] 爱心传递慈善基金会网站［EB/OL］.［2018-1-15］http://passlove.org/plus/view.php?aid=33&pageno=2.

民间阅读机构大多是自发性组织,政府缺乏对其政策保护和资金支持,很多民间阅读机构面临活动场所不固定、阅读资源匮乏、资金不足等"先天不足,后天不补"的困境,这使得一些民间阅读机构不断寻求与公共图书馆等机构的合作。各民间阅读机构情况不同,合作形式也多种多样,但是总起来说不外乎以下两类:一类是短期合作,合作内容较为简单,合作关系一般为临时性。如悠贝亲子图书馆与朝阳区图书馆合作进行"阅读推广人"培训;深圳少儿馆与"三叶草故事家族"合作进行"故事妈妈"培训。另一类是长期合作,常见的形式有通过政府购买服务开展的与公共图书馆的合作,合作内容较为丰富,包括阅读推广人培训、阅读推广活动的采购以及阅读服务的外包。如北京市东城区第一图书馆与悠贝亲子图书馆开展了阅读推广活动的合作,双方签订了协议,约定在东城区4个街道、社区开展儿童阅读推广活动,周一到周五是面向儿童的"故事时间",周末是面向儿童与家长的"绘本之旅"活动。目前来看,其合作只是为了得以生存,无论从合作的广度上,还是从深度上,都需要进一步拓展。

如前所述,无论是公共图书馆、学校、还是民间阅读推广机构,近年来都对儿童阅读推广表现出了极大地热情,通过组织丰富多彩的阅读推广活动、探索多渠道的阅读推广模式,积极致力于儿童阅读推广事业。但是,仔细梳理现有的儿童阅读推广模式可以得出,现有的儿童阅读推广有"活动化"的趋势,有些图书馆将"阅读推广"简单的等同于"读者活动",甚至出现了儿童阅读推广活动形式重于内容的趋势。一方面,这些活动本身缺乏连续性、长效性,导致儿童阅读品牌众多,活动频繁,但是阅读推广的成效不明显;另一方面,现有的阅读推广模式往往注重宣传效果和活动本身的反响,忽略了阅读推广本身应该注重的阅读内容的推荐,极少有某种组织或者某种推广模式能够提出针对不同性别、不同年龄阶段、不同兴趣爱好的儿童提出具有个性化的阅读建议,从而导致阅读参加者往往参加完某次阅读推广活动后,难以按照阅读推广活动提出的理念切身投入到阅读中去。因此，现有儿童阅读推广模式对于提高儿童阅读率，效果难以令人满意。

（二）各方对馆校合作的认同度

1. 定量分析

馆校合作的认同度是指基于问卷调查和访谈而得出的被调查主体对馆校合作的儿童阅读推广活动本身及其价值、意义的认知与评价。调查问卷部分，本书采用李克特（LikertScales）五点量表计分方式，设置五级刻度（非常同意、同意、一般、不同意、非常不同意），从最高级到最低级等尺度测量，考察教师、家长、学生对馆校合作价值的认识；访谈部分，则通过对公共图书馆管理者、公共图书馆儿童阅读推广负责人、学校管理者和教师的深度访谈，考察他们对馆校合作价值的主观认识。

表 4-5 教师对馆校合作儿童阅读推广的认同度

题项	非常同意	同意	不确定	不同意	非常不同意
1. 图书馆是重要的儿童阅读推广机构	50.4%	58.5%	52.6%	68.2%	64.7%
2. 阅读有利于扩大学生的视野	62.3%	63.7%	75.4%	67.4%	54.7%
3. 阅读有利于提高学生的阅读兴趣	64.3%	56.3%	75.3%	62.6%	68.4%
4. 阅读有利于提高学生的沟通能力	56.8%	62.5%	72.1%	56.8%	57.3%
5. 阅读有利于提高学生的实践能力	57.9%	52.6%	68.4%	57.6%	52.3%
6. 阅读有利于学生的个人成长	68.3%	70.3%	70.5%	54.3%	59.5%
7. 我认为图书馆与学校的合作非常重要	72.5%	67.7%	75.2%	66.8%	60.7%

表 4-6　家长对馆校合作儿童阅读推广的认同度

题项	非常同意	同意	不确定	不同意	非常不同意
1. 图书馆是重要的儿童阅读推广机构	56.8%	68.5%	74.6%	60.3%	53.7%
2. 阅读有利于扩大学生的视野	50.6%	68.3%	83.5%	67.9%	57.1%
3. 阅读有利于提高学生的阅读兴趣	64.3%	56.3%	75.3%	62.6%	68.4%
4. 阅读有利于提高学生的沟通能力	56.8%	62.5%	72.1%	56.8%	57.3%
5. 阅读有利于提高学生的实践能力	57.9%	52.6%	68.4%	57.6%	52.3%
6. 阅读有利于学生的个人成长	68.3%	70.3%	70.5%	54.3%	59.5%
7. 我认为图书馆与学校的合作非常重要	70.4%	69.2%	63.6%	66.8%	60.7%

表 4-7　学生对馆校合作儿童阅读推广的认同度

题项	非常同意	同意	不确定	不同意	非常不同意
1. 图书馆是重要的儿童阅读推广机构	56.8%	68.5%	74.6%	60.3%	53.7%
2. 阅读有利于扩大学生的视野	50.6%	68.3%	83.5%	67.9%	57.1%
3. 阅读有利于提高学生的阅读兴趣	64.3%	56.3%	75.3%	62.6%	68.4%
4. 阅读有利于提高学生的沟通能力	56.8%	62.5%	72.1%	56.8%	57.3%
5. 阅读有利于提高学生的实践能力	57.9%	52.6%	68.4%	57.6%	52.3%
6. 阅读有利于学生的个人成长	68.3%	70.3%	70.5%	54.3%	59.5%
7. 我认为图书馆与学校的合作非常重要	70.4%	69.2%	63.6%	66.8%	60.7%

通过各题项的得分率 Fi 计算，1~7 题的得分率 Fi 值都大于 0.5 而小于 1，表明教师、家长、学生的意见都处于非常同意一侧。因此，教师、家长、学生对儿童阅读及馆校合作重要性的认

同也已形成广泛的共识,这为馆校协同儿童阅读推广奠定了良好的意识基础。

2. 定性分析

(1) 公共图书馆对馆校合作儿童阅读推广的认同度

从访谈结果来看,大部分公共图书馆对馆校协同儿童阅读推广持认可态度,其主要原因有二:一是公共图书馆员对儿童阅读的重要意义有着理性的认识,二是在长期的儿童阅读推广实践活动中,公共图书馆积累了丰富的经验,通过自身开展的儿童阅读推广活动产生了良好的社会效应。

"公共图书馆与学校都是儿童阅读推广的重要力量,但是二者有重要的区别,公共图书馆资源丰富、阅读气氛轻松,阅读推广活动更强调儿童在阅读中获得的乐趣,躲避阅读的'功利性'。" (M1)

"学校的阅读教育大多跟教学目标、教学计划紧密结合,主要侧重于阅读方法和阅读技能的传授,阅读在很大程度上是一种'任务'。而公共图书馆员为儿童讲故事,选书的标准是看孩子喜不喜欢,而不是读了这本书能学到什么知识点。" (M2)

"阅读推广活动对学生的启发性和创造性不可忽视,图书馆创造了完全不同与学校的探索时空,学生可以自由的想象,可以提出各种奇思妙想。" (W4)

"馆校合作共促儿童阅读对儿童是一种潜移默化的熏陶,能够激发学生学习的主动性,培养儿童的阅读习惯,从长远来看,儿童会受益终生。" (M5)

虽然图书馆儿童阅读推广与学校阅读教育侧重不同,但从以上访谈可以看出,馆校合作的价值依然得到了两者的关注与认可。公共图书馆选择学校为天然的伙伴,主要原因有三:"一是学校组织性强,学生容易集中;二是教师在成员中具有较高的威望,在调动资源方面比较容易取得家长的信任;三是学校拥有天然的儿童阅读场地与环境。" (W3)

（2）教师对馆校合作儿童阅读推广的认同度

对于学校而言，学生是否受益是其首要关心的问题，教师对馆校合作推广儿童阅读的认同度主要着眼于以下几个方面：有利于开阔学生的视野，增加学生的见识，并在一定程度上弥补城乡学生的教育差距。"公共图书馆资源浩瀚，学生通过参加儿童阅读推广活动，自然也会学到很多课本上、学校里不曾学到的知识，从而开阔了学生的视野"（T2教师）。"公共图书馆阅读推广方式多种多样，有图书信息检索、讲故事、手工等。在图书馆专业人员的指导下，教师和学生能够从软件和硬件上全面体验图书馆"（T3）。几乎所有受访教师都存在一种默契的共识，即"馆校合作阅读推广会增加学生对学校学习的兴趣，会对学校学习的态度产生积极影响。"

（三）各方对馆校合作的参与度

馆校合作的参与度可以从具体实施情况和参与主体的主观认知两个方面予以呈现，它既包括了客观性的事实描述，又包括了主观性的价值感观。事实性描述是对合作推广可描述的、可统计的客观真实性数据进行收集和分析，主要从馆校合作的参与频率、时段、推广形式、各学段参与情况、参与模式五个方面分别予以呈现。

1. 参与频率

根据问卷调查结果（见图4-1），47.86%的公共图书馆与学校之间没有任何合作，52.14%的公共图书馆与学校平均每年合作开展活动3.3次，其中幼儿园5.1次，小学3.5次，中学1.4次，幼儿园、小学阶段的合作频率明显高于初中。另外，34.43%的图书馆与学校每年合作开展2~3次阅读推广活动，9.84%的图书馆与学校每年合作开展3~5次阅读推广活动，而每年合作开展5次以上活动的比例仅占7.87%。可见，目前公共图书馆与学校之间虽然已经有了合作开展阅读推广活动的尝试，但是开展活动的频率比较低，馆校双方的互动性并不活跃，双方合作的空间有较大提升的空间。

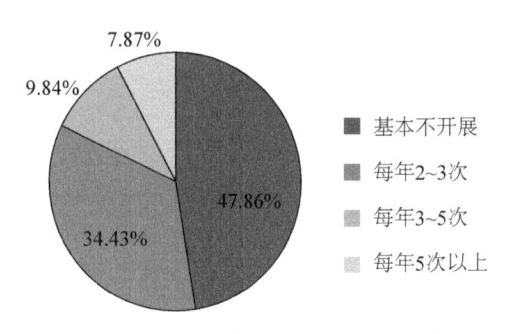

图 4-1　馆校合作儿童阅读推广频率图

2. 参与时段

根据问卷调查结果，考虑到学生的闲暇时间，馆校合作开展阅读推广活动的时间一般集中在三个时间段：一是我国传统节假日，如春节、中秋节、端午节；二是国家大型读书日及当地读书节日；三是学生寒暑假、周末。18%的公共图书馆选择在传统节日与学校合作推广儿童阅；34%的公共图书馆结合"世界读书日""全民读书月"等读书节日与学校联合举办儿童阅读推广活动，这是因为节日活动受领导和社会各界重视，便于获取活动资源；节日活动不占用中小学生学习时间，容易聚集人气；节日活动可见度高，宣传效果突出。实践证明，儿童阅读推广围绕"世界读书日""全民读书月"等特殊节日，有计划地集中组织和开展系列儿童阅读推广活动，推出品牌服务项目，对于提升儿童阅读意识，扩大图书馆社会影响力，效果十分显著。目前，在"世界读书日"活动基础上，温州、广州等地已将4月设立为本市的读书月，深圳还专门设立了"未成年人读书日"。30%的公共图书馆选择在寒暑假、周末与学校合作推广儿童阅读（见图4-2）。

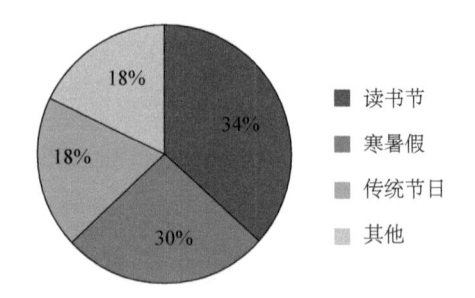

图 4-2　馆校合作儿童阅读推广活动时段分布图

3. 推广形式

根据问卷调查结果（见表4-8），馆校合作儿童阅读推广分为"请进来"和"走出去"两种形式。"请进来"是指公共图书馆与合作学校沟通，组织学生来馆参观或参加在馆内举办的阅读推广活动，参观型合作是目前馆校合作的主要形式，比例达68%，如国家图书馆少儿馆2017年接待集体参观57场，参与学生达2713人。"走出去"则指的是公共图书馆到学校举办一些阅读推广活动，主要内容包括：（1）图书馆员到学校为学生、教师办理借阅证，比例占53%；（2）馆藏资源共享，如公共图书馆送书到校园，比例占43%；（3）举办阅读推广活动，包括故事会、朗诵比赛等，比例占33%；（4）公共图书馆邀请儿童文学作家、儿童阅读推广人、儿童图书编辑、图书馆员到学校讲座也是馆校合作常见的重要方式，比例占62%。这些讲座不但拓宽了学生对公共图书馆的认知和了解，同时还使学生获得了与儿童文学作品的作者、编辑交流的机会，提升了学生对儿童文学作品生产的全过程的深度了解，从而更深层次的激发了学生阅读的兴趣；（5）随着互联网+时代的到来，学生的阅读方式呈现多元化特征，线上阅读逐渐被接受，线上阅读资源共享也逐渐成为馆校合作阅读推广的一个重要形式，据统计，馆校之间通过线上阅读资源共享开展阅读推广的比例已高达35%。

表 4-8　馆校合作儿童阅读推广形式统计

题项	数量	百分比
1. 图书馆接待学生参观	30	68%
2. 图书馆到学校为师生办理借阅证	45	53%
3. 公共图书馆送书到学校	27	43%
4. 公共图书馆到学校开展故事会等阅读推广活动	21	33%
5. 名家、编辑、馆员进校园讲座	26	62%
6. 线上阅读资源共享	22	35%

4. 各学段阅读推广活动参与情况

根据问卷调查结果，目前大多数图书馆已经为儿童开展了形式各样的阅读推广活动。由于儿童读物和儿童阅览室条件的限制，面向婴幼儿的阅读推广活动较少，主要读者群是学前儿童和学龄儿童。面向学前儿童开展的阅读推广活动形式有图画书、儿歌、童谣、讲故事、表演、手工游戏。78%的图书馆以绘本阅读为主题开展活动，如"走进绘本、品味书香"。随着年龄和知识的增长，学龄前儿童对不同读物内容的阅读能力、理解能力和阅读兴趣都得到了明显提升。到了小学阶段，阅读活动更加丰富，比较普遍的有征文活动、书香家庭、阅读之星、班级读书会、诵读经典、故事创作、主题辩论、表演读物情景剧等。中学阶段开展的阅读活动跟课堂教学联系更为紧密，有征文比赛、朗诵大赛、诵读经典、主题辩论等。

5. 参与模式

虽然公共图书馆与学校在阅读推广领域有着共同的服务对象——儿童，但是由于二者分别隶属不同的行政体系，工作方式、工作思路难免存在差异，因此合作过程中需要双方不断地磨合、探索，总结出双方均能认可并接受的阅读推广模式。通过问卷调查发现，目前馆校合作儿童阅读推广的模式分为三种：（1）公共图书馆主导、学校配合完成，比例为47%。（2）学校主导、公共图书馆配合完成，比例仅占5%。（3）上级主管行政部门（如教育系统、文化系统）统一部署，图书馆与学校共同承办完成，比例为 48%。

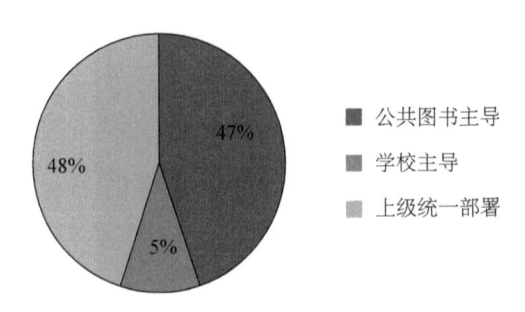

图 4-3 馆校合作儿童阅读推广模式比例图

从图 4-3 可以看出，公共图书馆在馆校合作中有着比较积极的态度，相比之下，学校则处于比较被动的局面。访谈中，某少儿馆儿童阅读推广负责人表示："我们与学校的合作基本上是公共图书馆比较主动，包括组织、策划项目，很少有学校主动跟我们联系，但有一次我印象比较深刻，2017 年突然有很多学校纷纷主动联系我们表示想参观我们馆，后来得知这是教委下达的任务，每个学生都是拿着卷子有目的性来的。"可见，馆校合作过程中，主要的责任主体与行为主体为图书馆，学校在馆校合作儿童阅读推广实践中缺乏主动性，现有合作中其目的主要是出于完成行政主管部门交办的任务。事实上，无论是什么主体开展的少儿阅读推广活动，其基本出发点都应该是促进学生阅读、提高学生阅读率，偏离了这一基本目标，不但阅读推广的效果难以保证，即便是双方合作关系的建立以及维系也会造成很大的影响。

（四）馆校合作的类型

从问卷调查及访谈结果来看，馆校合作的类型可总结归纳为两种：

1. 配合型。主要表现为学生对公共图书馆的参观和访问，这是公共图书馆和学校最为传统的合作方式，也是目前国内公共图书馆与学校合作采用最多的一种方式。一般的组织形式是在学校组织，教师带领学生到公共图书馆进行走马观花式参观，双方不存在深入的沟通与交流，前期设计、规划、导引不充分，参观结束后，两者又回到最初的隔离状态，这种合作方式具有短期性、临时性，并且是一方给予，另一方接受服务，不具有互惠性。对于学生而言，这种合作方式使得学生群体对公共图书馆有了初步、直观的感性认识，但是却无法满足学生的阅读需求，公共图书馆的资源未能充分利用，限制了公共图书馆教育职能的发挥，降低了图书馆的社会影响力。

2.协作型。这种合作方式大多受行政力量的干预，需要在固定的时间和空间中完成任务，为了达到各自的目的，双方进行积极沟通与交流，但是随着活动的结束，双方的协作关系也就随之终止。馆校协作一般表现为受政策影响在重大节日双方举办一些儿童阅读推广活动。这种协作关系具有偶然性，非自愿性，且合作次数有限，合作关系不稳定。少数公共图书馆与学校保持着稳定、持续的合作关系。

当前的馆校协同主要取其表面的"合作"之意，尚未深入触及到系统内外各组成部分的协同制度设计、组织结构与管理模式等运作原理与机制。本书所指的协同是合作的最高层次，图书馆与学校被看作一个整体的系统，双方的理念与实践达到有效融合，双方有强烈的、主动的合作意愿，能够认识到合作的发展性，有长远的合作目标，并为此成立了专门的合作机构，有正式的合作协议，有专人负责合作事宜，双方互惠互利，共同努力推广儿童阅读。

（五）馆校合作的管理机构

根据问卷调查结果，在已经开展馆校合作的机构中，由于双方合作关系的临时性、短期性，78%的公共图书馆与学校没有签订合作协议，一般是上级部门部署，由公共图书馆主动联系学校落实。仅22%的公共图书馆与学校有专门的合作协议，协议主要约定公共图书馆、学校双方的权利、义务及合作的内容，具体主要涉及到资源（硬件、软件）的配置、人员、场地、经费、设备的运营管理和日常维护、操作规程、物流交接等。

访谈中，仅有深圳少儿馆的"常青藤"计划成立了项目推进领导小组，组长由市政府副秘书长担任，副组长由市教育局及市文体旅游局主要负责人担任，下设常青藤计划建设管理办公室（设市教育局德体卫艺处）负责项目的推进及日常工作，深圳少儿馆负责与学校合作具体事宜。

三、馆校合作存在的问题

如前所述，目前我国馆校合作缺乏长期性、系统性、规划性，现状不容乐观。究其原因，既有机制不完善、制度缺陷等社会环境外在因素的影响，也有公共图书馆和学校自身的不足，长期下去势必会影响儿童阅读推广的持续健康发展。只有对馆校合作影响因素进行深层次的分析，才能找到问题的根本，进而更好地推动馆校合作的顺利进行。

（一）顶层制度设计缺失

仔细梳理我国的全民阅读发展历史，不难发现全民阅读作为一项国家战略，在国家政策导向的执行中，长期以来一直处于多头监管之中（具体见表4-9）。1977年，中宣部、文化部牵头，国家教委、国家科委、广播电影电视部等相关部门组成全国"知识工程"领导小组负责全民阅读推广的组织、协调工作，具体活动交由中图学会承办。2006年，原新闻出版总署（现国家新闻出版广电总局）联合中宣部、中央文明办、文化部、教育部等10部委，发布《关于开展全民阅读活动的倡议书》。2007年，中宣部等17个部门再次联合发出倡议：以"同享知识，共建和谐"为主题，开展全民阅读活动。2009年，中宣部、原新闻出版总署2部门联合发布《关于进一步推动全民阅读活动的通知》。2010年，中宣部、中央文明办、原新闻出版总署3部门联合印发《2010年全民阅读活动行动计划》。从2011年开始，国家新闻出版广电总局每年牵头组织召开全民阅读工作会议并发布《关于开展全民阅读工作的通知》。可见，目前我国关于全民阅读的倡议倡导，政策文件的出台发布，全民阅读活动的领导主体与牵头机构呈现"多头监管""政出多门"的状态，各部门由于立场和职责分工的差异，出台的相关政策都是从本部门的工作职责角度来制定和推广，导致全民阅读推广缺乏统一布局规划和全局性架构。

表4-9 2006—2018年有关全民阅读的重要通知①

发布时间	发布单位	通知名称
2006年4月	中宣部、新闻出版总署等11部门	《关于开展全民阅读活动的倡议书》
2007年4月	中宣部、中央文明办、新闻出版总署、中华全国总工会、共青团中央等17部门	《关于开展以"同享知识，共建和谐"为主题的全民阅读活动的通知》
2007年12月	中宣部、中央文明办、新闻出版总署3部门	《关于认真做好2008年全民阅读活动的通知》
2009年4月	中宣部、新闻出版总署2部门	《关于进一步推动全民阅读活动的通知》
2010年4月	中宣部、中央文明办、新闻出版总署3部门	《2010年全民阅读活动行动计划》
2011年4月	新闻出版总署	《关于深入开展2011年全民阅读活动的通知》
2012年3月	新闻出版总署	《关于深入开展全民阅读活动 努力建设"书香中国"的通知》
2013年3月	国家新闻出版广电总局	《关于开展2013年全民阅读活动的通知》

① 2013年3月14日，国务院将新闻出版总署、广电总局的职责整合，组建国家新闻出版广电总局。

续表

发布时间	发布单位	通知名称
2014年3月	国家新闻出版广电总局	《关于开展2014年全民阅读活动的通知》
2015年2月	国家新闻出版广电总局	《关于开展2015年全民阅读活动的通知》
2016年1月	国家新闻出版广电总局	《关于开展2016年全民阅读活动的通知》
2016年2月	国家新闻出版广电总局	《关于〈全民阅读促进条例〉(征求意见稿)公开征求意见的通知》
2016年6月	中宣部、国家新闻出版广电总局等11部门	《关于支持实体书店发展的指导意见》
2016年12月	国家新闻出版广电总局	《全民阅读"十三五"时期发展规划》
2017年1月	国家新闻出版广电总局	《关于开展2017年全民阅读工作的通知》
2018年2月	国家新闻出版广电总局	《关于开展2018年全民阅读工作的通知》

儿童阅读推广事业作为全民阅读推广的重要组成部分，长期囊括在全民阅读的整体概念之中，专门针对儿童阅读的顶层制度设计尚未形成。虽然不同部门关于全民阅读的文件、政策、规定出台表面看来十分密集，几乎每年都有相关文件出台，这些文件也基本上都包含了儿童阅读推广的相关内容，但是由于这些文件出自多部门，其规定的内容或者失之零散，或者失之重复，很难突破条块分割、各自为政的状态。另外，这些政策、规定内容较为笼统，很多政策规定停留在鼓励合作的层面，对于馆校协同的实质性事项如资源、人员、资金等具体内容没有统一的具体的规定。

这无论是对于全民阅读还是儿童阅读都无法高效的落地实施，从而造成社会资源的巨大浪费。目前，国家层面的阅读推广主体很多。具体到儿童阅读的推广，则主要集中在文化系统与教育系统，各部门之间各自为政、重复建设严重，协调机制不力，统筹推进困难，难以凝聚各方力量，导致儿童阅读推广的效果在一定程度上受限，也不利用儿童阅读推广大环境的形成。

（二）阅读推广主体协同性差

美国图书馆界知名学者、美国图书馆协会第52届学术图书奖得主帕特里克·琼斯说："如果公共图书馆与学校不开展良好的合作，那么他们共同的服务对象—儿童的利益就会遭受严重的损害。"但是，在我国的儿童阅读推广实践中，公共图书馆与学校一般都从自身的角度开展工作，各机构基本是自成体系，较少整合阅读推广力量，尚且没有形成强有力的儿童阅读推广协同联盟，协同效应无从谈起。

从以上调查可以得出，馆校合作在意识上基本上达成一致，但是在行动上相对比较迟缓，在馆校合作的实际过程中，公共图书馆主动意识较强，在合作中占据主导地位，主动联系学校策划活动、撰写合作方案、发布通知、物资准备、事后宣传，有的已经形成了合作品牌，如深圳少儿馆与学校合作的"常青藤"项目、河南省少儿馆与学校合作的"集体阅读课"等都取得了良好的效果。根据问卷调查和访谈结果，馆校协同未引起教育行政部门的重视，学校更多的是配合活动的开展，参与合作的学校大多负责提供活动场地、组织学生。"与学校沟通的过程中，大部分学校还是比较欢迎我们组织的相关活动的，但是也有少数学校，合作意识不强，缺乏合作兴趣，我们几次沟通下来最后不了了之。"（W2）"双方的合作实际上一种多赢的局面，大部分学校很支持我们的合作项目，但是，也存在一些学校配合度不高的问题，这种横向合作的服务模式，需要上级主管部门的大力支持。"（M4）

（三）儿童阅读理念落后

儿童阅读推广的困难首先来自于人们对儿童阅读重要性认识不足。有的家长对儿童阅读的理解过于狭隘，大多数家长对阅读报有功利性的思想，他们对阅读成效的评价标准往往是"识了多少字？""学到了多少知识点？""作文水平是否有了提高？"不同学段的家长对阅读重要性的认知也不相同。由表4-10可以看出，75.24%的家长"非常赞同"小学生开展课外阅读，能够认识到孩子在阅读的过程中衍生出多种能力，不仅能够提高孩子的读写能力、创造能力，还能帮助家长了解孩子的世界，增进亲子关系。15.24%的家长"比较赞同"小学生开展课外阅读，对公共图书馆和学校持信任和尊重的态度，但只是停留在思想意识阶段，很少实际参与儿童阅读推广活动。还有1.58%的家长反对小学生开展课外阅读。44.75%的家长"非常赞同"中学生课外阅读，26.46%的家长"比较赞同"中学生课外阅读，2.72%的家长反对中学生课外阅读。

表 4-10 家长对待学生课外阅读的态度

家长的态度	对待小学生 人数	对待小学生 百分比	对待中学生 人数	对待中学生 百分比
非常赞同	237	75.24	115	44.75
比较赞同	48	15.24	68	26.46
一般	25	7.94	67	26.07
比较反对	4	1.27	5	1.95
非常反对	1	0.31	2	0.77
合计	315	100	257	100

表 4-11 教师对待学生课外阅读的态度

家长的态度	对待小学生 人数	对待小学生 百分比	对待中学生 人数	对待中学生 百分比
非常赞同	135	71.43	92	45.54
比较赞同	41	21.69	66	32.67
一般	9	4.76	33	16.34
比较反对	3	1.59	5	2.48
非常反对	1	0.53	6	2.97
合计	189	100	202	100

教师对待学生课外阅读的态度，与家长的态度相似。由表4-11可以看出，多数教师能认识到阅读是学习的基础，并支持学生开展课外阅读。对于小学生课外阅读，71.43%的教师持"非常赞同"态度，21.69%的教师持"比较赞同"态度，仅2.12%的教师反对小学生开展课外阅读。对于中学生课外阅读，45.54%的教师持"非常赞同"态度，32.67%的教师持"比较赞同"态度，还有5.45%的教师反对中学生课外阅读。但是在学校教育的范围内，多数的教师还是比较简单地将课外阅读看作是课内的语文学习的补充，把课内阅读和课外阅读截然分开，不敢用正式的语文课时引入其他的教学资源，课堂采取以语文教科书为中心的封闭式教学。"甚至有的学校认为公共图书馆与学校联合举办儿童阅读推广活动会'占用学生的学习时间''干扰学校的教学进度'。"（S5）。"记得一次我们去学校做活动，按照事先沟通的时间是一下午，结果活动刚进行了一个小时，一个教师进来说要上课，我们尽量去沟通想把活动做完，可是教师坚持要上课，于是我们就赶紧收拾东西，有灰溜溜的被赶走的感觉。说到底，还是在我国现有的应试教育体制下，所有的活动都要给考试让路。"（W4）

（四）图书馆儿童阅读推广不平衡

我国地域辽阔，经济、教育发展水平以及资源占有不均衡，造成公共图书馆事业发展不平衡，儿童阅读推广也呈现显著的区域性特征（具体情况见表4-12），主要表现为：

第一，儿童阅读推广区域发展不平衡，东、中、西部不同地区发展存在明显的地区差异。东部沿海城市经济发展快，政府对公共事业的投入力度大；中部地区经费、人员、藏书量等公共文化资源保障不到位，公共图书馆事业发展面临困境；西部经济实力薄弱，政府财力有限，对公共文化事业的投入不足。截至2016年，我国共有省市级少儿图书馆122所。其中，东部地区少儿图书馆60所，占全国总数的49.2%；中部地区少儿图书馆37

所，占全国总数的 30.3%；西部地区少儿馆 25 所，占全国总数的 20.5%。另外，西部地区的一些少儿图书馆如青海、宁夏、新疆少儿图书馆，他们发展较为滞后，阅读资源极其匮乏，阅读环境较差，还不具备基本的儿童阅读服务能力。

从东、中、西部人员配备上看，少儿馆从业人员和馆均配备从业人员数量呈现阶梯状减少。从年度收入上看，2016 年，全国少儿馆共有从业人员 2510 位，馆均配备从业人员 20.57 位，其中东部地区少儿馆从业人员 1297 位，馆均配备从业人员 21.62 位；中部地区少儿馆从业人员 754 位，馆均配备从业人员 20.38 位；西部地区少儿馆从业人员 459 位，馆均配备从业人员 18.36 位。除此之外，我国中、西部地区少儿馆从业人员的学历水平以及岗位职称也低于东部地区，这也从一定程度上反映了不同区域儿童阅读推广馆员的专业素养的差异。

从东、中、西部年度收入上看，2016 年，我国省市级图书馆年度收入 698967 千元，馆均收入 5729.23 千元。其中，东部地区少儿馆年度收入 405534 千元，馆均收入 6758.90 千元；中部地区少儿馆年度收入 179700 千元，馆均收入 4856.76 千元；西部地区少儿馆年度收入 113733 千元，馆均收入 4549.32 千元。东部地区的年度收入是中、西部收入之和的 1.38 倍，收入差距非常明显。

总之，机构数量、人员配备、年度收入的差距直接导致了我国中、东、西部少儿馆在举办阅读推广活动场次、策划组织水平、应用创新能力等方面都呈现出从东部到西部阶梯状下降的态势。同时，儿童阅读推广活动的宣传、场地布置、礼品奖品等方面也收到预算的影响和制约，呈现三地的差异化发展。

表 4-12　全国东中西部[①] 图书馆儿童阅读推广比较[②]

相关指标	全国 总数	全国 馆均	东部 总数	东部 馆均	中部 总数	中部 馆均	西部 总数	西部 馆均
机构数（个）	122		60	49.18	37	30.33	25	20.49
从业人员（个）	2510	20.57	1297	21.62	754	20.38	459	18.36
图书馆年度总收入（千元）	698967	5729.23	405534	6758.90	179700	4856.76	113733	4549.32
组织各类讲座（次）	5933	48.63	4401	73.35	1262	34.11	270	10.80
讲座参加人次（万人次）	66.04	0.54	49.63	0.83	13.18	0.36	3.26	0.13
举办各种展览（个）	980	8.03	518	8.63	331	8.95	131	5.24
展览参加人次（万人次）	302.83	2.48	220.78	3.68	68.56	1.85	13.5	0.54
举办培训班	3242	26.57	1677	27.95	1257	33.97	308	12.32
培训参加人次	14.98	0.12	7.05	0.12	6.8	0.18	1.13	0.05

第二，儿童阅读推广城乡发展不平衡。城乡地理位置、经济发展状况的差异直接导致阅读资源分配不均衡。在我国公共图书馆儿童阅读推广体系中，有国家图书馆、省市级图书馆、县级图书馆和少儿图书馆。国家图书馆是我国唯一的中央级图书馆，其下设的国家图书馆少儿图书馆能够直接惠及的读者数量非常有限。

---

① 本书参考张海如著《区域经济教程》，东部地区包括北京、天津、河北、辽宁、上海、江苏、浙江、福建、山东、广东、海南11个省市；中部地区包括山西、内蒙古、吉林、黑龙江、安徽、江西、河南、湖北、湖南9个省市；西部地区包括重庆、四川、贵州、云南、西藏、陕西、甘肃、青海、宁夏、新疆、广西11个省、市、自治区。
② 资料来源：中国图书馆年鉴2017［M］.北京：国家图书馆出版社，2018.

省市级图书馆处于承下启上的中间位置，是图书馆儿童阅读推广的中坚力量。区、县级的基层图书馆事业发展相对缓慢。截至2016年，我国公共图书馆数量为3153个，其中县级公共图书馆2744个，占全国公共图书馆的87%。虽然我国基层图书馆数量飞速增长，但是有些基层图书馆实际的服务能力令人堪忧，他们大多无法根据儿童的生理与心理特点，提供专门服务的空间与设施，许多城乡基层的儿童无法就近访问图书馆并获取相应服务。2018年，全国联合编目中心和中国图书馆学会通过调查问卷与实地调查的方式对全国东部、中部、西部和东北地区共10省份的20个县级图书馆展开调研，结果发现：领导不重视、经费不足、人员不稳定是制约县级图书馆发展的主要因素。[①]2016年，我国县级图书馆从业人员32845个，占总从业人员（57208）的57%[②]，与县级图书馆数量占全国图书馆数量的比例（87%）相比，县级图书馆从业人员明显不足。这些差距直接导致了县级图书馆儿童阅读推广服务供给不足，书刊外借量、读者流通量、读者参加活动次数都远不及省级图书馆、地市级图书馆。

  无论全国各地区之间、城市之间、还是城乡之间的公共图书馆事业差距，使得儿童阅读推广的地区性差异日渐明显，使得社会公共服务与人们日益增长的文化需求之间的矛盾不断加剧，公共图书馆服务的公平性原则受到了极大的挑战。促进公共图书馆事业均衡发展需要打破公共图书馆与学校之间的系统界限，建立馆校协同机制，公共图书馆与学校相互配合，各司其职，既可以消除各自为政造成的文献资源的重复建设，又可以实现资源的优化和高效配置，提高文献资源的利用率，让更多的儿童受益。

---

① 王桂杰.县级图书馆总分馆制建设中问题的问卷调研分析［J］.山东图书馆学刊，2018（4）：54-59.
② 2016年中国公共图书馆事业发展基础数据概览，国家图书馆研究院.

（五）公共图书馆知晓度低

由于公共图书馆自身宣传不足，其职能及重要性没有被社会所熟知，学校教师和儿童对公共图书馆的价值认识不足，导致公共图书馆的知晓度与社会认可度较低。我国亲近母语教育的发起人徐冬梅将我国儿童阅读推广分为三种渠道：1.语文课程内的问题阅读；2.综合活动课程或校本课程内的儿童阅读；3.家庭儿童阅读推广。王林将儿童阅读分为三个层面：1.家庭层面亲子阅读的推广；2.学校层面的阅读推广；3.社区层面的阅读推广。[①]公共图书馆作为儿童阅读推广的重要机构，两位专家却都没有提及，侧面反映了公共图书馆在儿童阅读推广中发挥的作用还未被教育界重视。

访谈过程中很多县城的教师与家长缺乏对图书馆感性的认识，甚至还有不少教师与家长不知道自己所在的地区有县级图书馆，也从来没去过图书馆。在访谈中，当问及一位教师"您所在的学校是否与公共图书馆一起组织过面向学生的阅读活动"时，一位教师回答道："有，书店在学校设立了阅览室，学生阅读挺方便的。"很显然，这位教师错误地将图书馆等同了书店。（T6）"也有一些家长以为图书馆就是书店，他们带孩子来图书馆不是为了看书，而是为了买书。"（M3）"我们寻求与学校的合作过程中，我们介绍我们是图书馆员，我们可以到学校为孩子们推荐图书、做讲座，我们提供的服务都是免费的。即便如此，我们还是被拒绝了，他们（学校教师）觉得我们是卖书的，或者感觉我们是怀有某种目的。"（M7）这些对公共图书馆的错误认识以及对公共图书馆的陌生感根源在于其公共图书馆对于自身宣传不到位，公共图书馆的公益性及社会教育职能还不被社会熟知。

[①] 梅子涵.中国儿童阅读6人谈，天津：新蕾出版社［M］.2008：238.

（六）协同动力不足

馆校协同的合作基础包括合作历史、地域区位适宜、专业行业趋同、组织文化相近、合作意愿强烈等要素。从前文馆校协同的可能性中分析到图书馆与学校虽然在行政上分属不同的系统，但是他们的发展目标有一定的共性。但从当前的实践操作层面看，校方存在以下顾虑：

1. 安全因素

与成年读者相比，儿童在参与公共图书馆的阅读推广活动方面受到资金、时间、地理、交通、安全等因素的影响，存在着更多的困难。除了客观困难，学校也不愿意主动参与此类活动，更倾向于让学生呆在安全的教室中。"安全是非常重要的。尤其是现在的孩子大多是独生子女，磕着碰着我们都怕承担不起责任。学校对学生的安全问题非常重视，不管是哪，只要走出校园，安全问题就是首要的。"（S6）"认识和利用图书馆是培养学生终身学习的重要课题，但是往往受限于图书馆与学校距离较远，交通成为学校最为困扰的问题，造成学生参观图书馆的实际困难，有些学校很难定期去图书馆。"（T5）"对于幼儿园的小朋友来说，安全尤其重要，比如公共图书馆开展的流动书车进幼儿园活动，孩子们需要在流动书车上阅读、借还图书，小朋友天生好动、好奇、爱追逐打闹、自控能力差，在书车上存在很大的安全隐患。幼儿园对于参加这种活动还是比较谨慎的。"（T2）

2. 时间因素

根据访谈结果发现，在我国当前应试教育制度下，时间不足是教师、学生参加阅读推广活动共有的障碍。为了保障儿童阅读的时间，学校不得不根据不同阶段学生的实际情况，采取适合的阅读推广方式，以平衡他们的学业与课外阅读之间的关系。如在幼儿园阶段积极引导阅读并培养阅读的良好习惯；在小学阶段扩大阅读量并与学业形成相辅相成的互补关系；而在中学阶段因面临升学的压力不得不牺牲课外阅读的时间。"在我国教育体制下，学生学习压力很大，学生大部分时间在学校上课，课外时间基本上被无休止的题海战术和各种辅导班所占用。"(T4)"课外阅读挤占了学生原本有限的学习时间，会影响学生的考试。但是，如果图书馆的资源能与学校课程紧密结合，那就另当别论了。"(T2、T3、T4)某中学领导坦言："小学家长更愿意让孩子读一些书，扩大视野，增长见识，为此家长们也会给孩子购买课外书，带孩子去图书馆等。但是升上中学，家长的心态会发生变化，如果孩子主动阅读，大多数家长不会阻拦，但是让家长督促孩子阅读，是一件比较困难的事情。""教师在学校的工作一般分成几部分：首先要安排自己的教学、检查、批改学生作业，针对孩子的学习情况及时与家长反馈、沟通；其次，如果是班主任，还要忙于各种琐碎事务；第三，还要参加学校日常工作会议比如学科交流、学科调研、教师培训、学校评估等各种活动。"(T1)

（七）运行机制不畅

在缺乏馆校协同顶层制度的同时，与馆校协同相关的激励、评估制度也不够完善，直接导致馆校协同运行机制不畅通，主要体现在：

1. 资金投入不足。资金是任何革新得以有效持续推进的基本保障。访谈就馆校合作期间阅读推广活动的资金投入问题进行了考察，有10家公共图书馆对儿童阅读推广所需要的资金做出了回应。根据访谈结果，目前政府没有专门划拨馆校合作推广儿童阅读的资金，80%的合作项目使用的是政府划拨给公共图书馆的日常活动经费，其资助额度所占总投资比例均低于50%。15%由公共图书馆自筹，学校基本上不负担合作项目的费用支出。

"从财政预算来看，我们获得的支持并不多，馆领导给少儿馆的预算大致分为三块：（1）传统节日阅读推广的经费；（2）日常的阵地活动经费；（3）少儿馆编制书目所需要的经费。没有专门

划拨图书馆进学校的费用,我们进校园主要涉及到专家的讲座费,都涵盖在以上两类中了。"(M2)

公共图书馆儿童阅读推广负责人 W3 表示:"我们与学校合作的项目中,如果项目是上级部门发起的,经费我们不需要考虑,是有财政拨款的;如果是公共图书馆自己组织的与学校合作的项目,经费是需要我们出的。比如我们请作家、儿童文学家到学校讲座、我们与幼儿园的合作发放的一些小奖品,这些活动经费都需要我们自己考虑。"

2. 缺乏儿童阅读推广效果评估机制。近十年来我国儿童阅读推广深受重视,政府和公共图书馆投入了大量的资源举办阅读推广活动。全国涌现了很多优秀案例,这些活动的效果评估标准大多以活动的规模、参加的人数、媒体的关注度,以及政府的支持作为评估其是否成功的依据,缺乏对儿童阅读推广的深度评估,尤其是忽略了对推广对象—儿童、家长的影响评估。究其原因,一方面是我国公共图书馆界尚未认识到阅读推广评估体系的重要性,其认识还停留在要不要搞阅读推广评估的阶段[1]。大部分图书馆与学校对效果评估的理解非常狭隘,他们以简单的语言询问、汇报总结、事后宣传来替代效果评估,比如活动结束后将一些学生的获奖作品在公共图书馆网站主页上展示,在学校内部刊物上刊登。另一方面是有些阅读推广活动的出发点是面子工程,以上级主管机构的好恶为标准,活动开场即高潮,过于强调开幕式场面的恢弘,热衷于领导讲话和团体性诵读,很少顾及参与者的感受。

访谈中,10 家图书馆与 12 所学校分别回应了关于馆校合作儿童阅读推广效果的调查。根据访谈结果,仅 2 家图书馆、1 所学校对合作项目进行了效果评估。如深圳某少儿馆通过阅读榜平

---

[1] 邓咏秋.阅读推广馆员的应知与应会—以图书馆阅读推广基础工作为例[J].山东图书馆学刊,2016(1):103-104;120.

台，由学生实名线上参与答题、撰写书评、分享阅读心得等活动，少儿馆进行阅读行为跟踪，行成大数据分析，并反馈给学校，根据长期的学生阅读行为跟踪，了解学生的真实阅读情况，为阅读项目评估提供第一手资料。河南省某图书馆通过座谈会、问卷调查的方式，了解和征求教师和学生的反馈意见。剩下7家公共图书馆均未对馆校合作的效果进行评估，他们或者没有评估的意识、或者认为没有必要进行评估。

公共图书馆儿童阅读推广负责人W4认为："现在的阅读推广活动开展的如火如荼，但在阅读推广实践中，公共图书馆更加注重活动形式的创新，而忽略了活动是否真正让参与者收益。"公共图书馆管理者W5表示："我们（公共图书馆员）非常忙，除了日常的业务，还要策划、举办阅读推广活动，事后应该有效果评估，但是效果评估需要一套严格的评估指标和规范的评估程序，在超负荷工作的情况下实在没有时间搞效果评估。"公共图书馆馆长M6说："活动结束我们没有规范的效果评估，但我会要求部门以简报的形式进行总结，以便更好地开展活动。"

中小学教师也提出了他们关于效果评估的观点。学校领导S4坦言："目前馆校合作的目的性还不是很强，主要是'放鸭子'式的参观。关于合作效果的评估并没有硬性规定，关于学生是否满意的评价我们一般通过观察现场学生的参与程度，比如孩子是否积极互动，教师对合作的满意度目前还停留在图书馆员对教师简单的言语询问上，一般通过口头形式表达对合作项目的看法。"教师T5表示："教师们并不会主动提供儿童阅读推广活动给学生们带来的变化，公共图书馆也没有将效果评估作为一种常态工作来开展。"

第五章 馆校协同儿童阅读推广模式的构建

一、馆校协同儿童阅读推广模式的机理分析

（一）馆校协同儿童阅读推广模式的构建原则

1. 自愿平等原则

根据协同学理论，馆校协同儿童阅读推广是图书馆与学校之间相互配合、系统协调地共同致力于儿童阅读推广事业，其本质是二者就儿童阅读推广开展的深层次合作。既然是合作，就应首先遵循自愿原则。任何被强制的合作，都不能维持良好、持续的合作关系，更无从谈起更高层次的合作关系—协同。在馆校协同儿童阅读推广模式框架下，无论是图书馆，还是学校，还是其他第三方主体，均应自愿参与到该模式中来，协同各方从意识到行为都是自愿的，而不是受其中任何一方强迫性地进行交换或者共享资源。平等原则是指协同主体地位上的平等，各方在合作过程中，彼此都具有平等的责任、权利和义务，任何一方都不能以势压人、恃强凌弱，也不能对其他主体唯命是从、毫无主见。

2. 目标性原则

"先有目标再确定每个人的工作"是美国管理大师彼得·德鲁克"目标管理"概念的精髓，按照这一科学的管理理念，公共图书馆和学校的共同目标是两者实现协同的前提条件，二者协同的基点则是兼顾两者的核心诉求。作为公共机构，公共图书馆和学

校在某种程度上具有相同的公共属性。从宏观来看，两者的根本目标都是致力于促进社会的整体进步和知识增长，其目标具有可持续发展性、战略性与整体性的特点；从微观来看，公共图书馆和学校在儿童阅读推广方面有着共同的目标，即通过图书馆和学校之间充分交流，构建协调、有序、稳定、精准、持续的儿童阅读推广新模式，建立起覆盖广泛、普惠均等、精准效能的儿童阅读推广服务体系。双方通过这种模式同心合力、互为补充、相互配合开展儿童阅读推广活动，实现协同主体之间的资源高效共享，以期切实促进我国儿童阅读率的提高。

3. 沟通与信任原则

根据协同理论，沟通和监督被认为是促成协同并保证这一关系健康发展的关键因素。公共图书馆与学校分属不同的系统，双方工作目标、管理制度、组织文化等方面存在较大的差异，二者之间的协同既是公共图书馆与学校学习相互了解、相互认识的过程，也是一种目标分享、彼此信任的过程。协同主体之间的信任与否，直接决定了协同关系的稳定性与持续性。在公共图书馆与学校的具体合作过程中，如果公共图书馆、学校等协同主体之间能够通过有效沟通建立起强有力的信任关系，那么合作过程中的不确定因素也会随之减少，有助于建立公共图书馆与学校的协同关系；而馆校之间信任关系的建立反过来又会促进两者之间的有效沟通，进而巩固双方的协同关系。

另外，学生与家长是儿童阅读推广的对象，因此，在阅读推广活动中，公共图书馆和学校还要注意与学生、家长的沟通。首先，及时向他们宣传儿童阅读的理念，让他们正确对待阅读与考试成绩、升学之间的关系，让他们真正认同儿童阅读对于儿童自身健康全面发展的重要性，鼓励、引导儿童开展科学有效的阅读；其次，在设计阅读推广活动时，要及时征求学生和家长的意见，准确了解、掌握他们参与阅读推广活动的障碍、顾虑，及时获取他们对阅读推广项目的意见和建议，通过学生和家长的反馈，及时调整、完善阅读推广方案。

4. 优势互补原则

根据问卷调查结果，当前环境下家长普遍重视儿童阅读，但是大部分家长陪孩子阅读的时间有限，而且大部分家长不能给予孩子专业的阅读指导，所以家长希望有专业的机构承担起儿童阅读引导的责任，在这方面，公共图书馆和学校都是家长特别信赖的机构。学校是适龄儿童日常学习、成长的主要场所，也是深得儿童和家长信赖的公共机构，对在校学生及其家长有着巨大的号召力和动员力。一般而言，由学校宣传的理念或牵头组织的活动，更易于儿童和家长接受，这与公共图书馆服务的时空限制性互为补充。而公共图书馆拥有的大量的阅读资源、专业的图书馆员和丰富的阅读推广经验恰好可以弥补学校阅读推广的缺陷，如学校图书馆专业人员缺乏，馆藏阅读资源不足、更新速度慢等。各自优势的天然互补性使公共图书馆与学校之间的协同具备了现实可能性。

（二）馆校协同儿童阅读推广模式的立论依据

公共图书馆既是传承文明的公共文化服务机构，又是学校教育的补充，承担着"文化"和"教育"的双重责任，馆校协同的有效开展需要获得文化制度和教育制度的共同扶持。

1. 文化制度依据

馆校协同的文化制度依据源于图书馆的文化属性，它是基于图书馆的文化职能，并为实现其文化职能而设立的相关法律法规。国际图联联合国教科文组织发布的指南中多次提到公共图书馆与学校的重要合作伙伴关系。《国际图联儿童图书馆服务发展指南》指出"图书馆与社区内的其它组织和机构的联系是非常重要和有益的。图书馆要调查社区的信息和文化需求，并努力通过图书馆资源满足这些需求，这将保证未成年人的利益，图书馆与社区其他机构的关系不是竞争而是合作……儿童图书馆应为看护人、学前教育的教师、学校教师和图书馆员提供咨询和培训。"①《公共图书馆服务发展指南》也提到"公共图书馆最重要的伙伴关系之一就是与当地学校和教育系统的关系。"②《学校图书馆指南》第12条建议提到"学校图书馆应加强与公共图书馆的合作，从而推动资源共享，促进不同类型的图书馆共同承担儿童终身学习的责任"③，该指南进一步列出了两者合作的内容包括："合作常用指标、合作领域说明和界定、合作经费、合作时间、共享人员培训，馆藏建设和活动策划、电子服务和网络资源共享、班级参观图书馆、基本素养和联合阅读推广等。"

2. 教育制度依据

公共图书馆是学校教育的补充，教育部门也越来越清楚的意识到公共图书馆在学校教育中的重要作用。从20世纪90年代，"协同合作"的理念开始进入相关教育法律、法规及政策的视野。1995年3月，国家教委发布的《中华人民共和国教育法》规定："图书馆等社会公共文化体育设施，应当对教师、学生实行优待，为受教育者提供教育便利。"④同年6月，国家教委发布的《少年儿童校外教育机构工作规程》提出"校外教育机构工作应当面向学校和儿童，实行学校、家庭、社会相结合。"⑤可以看出，90年代公共图书馆仅仅被定位为社会文化机构，实施对学生的校外教育职能。随着素质教育改革的不断深化发展，公共图书馆在公共文化体系中的重要作用越来越受到重视，其社会教育职能也越来被认可。2001年，教育部发布《基础教育课程改革纲要（试行）》，

---

① 国际图联儿童图书馆服务发展指南［EB-OL］.［2018-5-2］. https://wenku.baidu.com/view/ded6e3eb19e8b8f67c1cb954.html.

② 吉尔. 公共图书馆服务发展指南［M］.林祖藻译，上海：科学技术文献出版社，2002:42-43.

③ 国际图联，联合国教科文组织学校图书馆指南［M］.孙利平，郑步芸译. 北京：北京图书馆出版社，2003：20-22.

④ 中华人民共和国教育法［M］.北京：中国法制出版社,1995：78.

⑤ 少年儿童校外教育机构工作规程［EB/OL］.［2017-12-01］. http://www.jyjy.gov.cn/item/3851.html.

提出"学校应充分发挥图书馆的作用,广泛利用图书馆丰富的阅读资源,积极利用并开发信息化课程资源。"①这是教育部首次从课程资源开发的角度明确馆校协同的正当性,但对于如何开发和利用这些课程资源还缺乏相应的理论支持和实践指导。

以上可以看出,现行的教育法律、法规中已出现馆校合作的诉求,合作侧重强调阅读对儿童的教育意义,这些法律、法规虽然没有明确提出公共图书馆与学校合作儿童阅读推广的要求,但表达了对馆校合作意义的肯定,以及对合作行为的鼓励,对于探索公共图书馆与学校的协同模式有着重要的积极性。

(三)馆校协同儿童阅读推广模式的现实根基

1. 公共图书馆自身优势

(1) 阅读资源优势

公共图书馆是读者获取阅读资源的重要途径。公共图书馆作为公共文化服务体系的重要组成部分,收集、整理、保存文献资源是其最基本、最传统的职能之一。伴随着国家经济的高速发展,我国的少儿图书馆事业也在蒸蒸日上。从表5-1可以看出,以2015—2016年的数据作为对比,2016年全国独立建制的少儿馆由113个增加到122个,图书总藏量从3698万册增加到4231万册、建筑面积从37.56万平方米增加到42.76万平方米。除了馆藏纸本资源的增加,配套的阅览室坐席数、电子阅览室终端、从业人员数量都有了不同程度的增长。2016年,全国少儿馆阅览室坐席数由33692个增加到36125个,电子阅览室终端由4220台增加到4259台,从业人员数量由2262人增加到2510人。伴随着阅读资源总量的增长,图书馆阅读资源的更新速度也在不断加快。一方面,随着我国出版事业的快速发展,每年出版的童书种类不断增加;另一方面,随着国家对公共图书馆的重视,我国公共图书

---

① 教育部.基础教育课程改革纲要(试行)[Z].2001-8-6.

馆的馆藏资源建设经费逐步得到保障。2015年,广州市政府和各区政府对广州市公共图书馆的经费投入达2.8亿元,其中对广州图书馆和广州少儿馆的投入分别达到了14721.3万元和5042.86万元。[1]

馆藏资源总量的增加及更新速度的加快使得图书馆能够及时有效将最新的阅读资源呈献给读者,同时也使得相应的阅读推广活动内容、形式紧跟资源更新的步伐,不断推陈出新。

表5-1　2015—2016年全国独立建制少儿馆主要统计数据[2]

指标	2016年	2015年	增长情况
图书馆数量(个)	122	113	7.96%
总藏量(万册)	4231	3698	14.40%
建筑面积(万平方米)	42.76	37.56	13.84%
阅览室座席数(个)	36125	33692	7.22%
电子阅览室终端(台)	4259	4220	0.92%
从业人员数量(人)	2510	2262	10.96%

(2)人员优势

图书馆员是图书馆儿童阅读推广活动的策划者、参与者和直接执行者,馆员自身的素质直接决定和影响阅读推广活动的质量。美国图书馆协会(ALA)下属儿童服务分会(ALSC)前执行秘书安德森(M. J. Anderson)认为:"在改善儿童服务的过程中,图书馆员是需要首先考虑的因素,它比图书馆空间、活动或者资源都更加需要着力改善。"[3]与成人阅读相比,儿童阅读对公共图书馆员提出了更高的要求,他们不仅要熟悉馆藏资源配置、具有熟练的检索方法与检索技巧,还要具备儿童心理、儿童教育、儿童文学

---

[1] 潘燕桃,肖鹏等.2017年广州市未成年人阅读年度报告[M].广州:广东人民出版社,2017: 27.
[2] 2016年中国图书馆事业发展基础数据概览,国家图书馆研究院.
[3] Anderson M J.Trends in library service for children:Past,Present and Where do we go from here? [J] North Carolina Libraries, 1977(34): 49–54.

等相关的专业知识，良好的沟通能力，了解不同年龄阶段儿童的阅读心理和阅读兴趣，根据不同年龄段儿童的认知能力和知识水平，设计科学的儿童阅读推广方案。2015年，全国少儿馆从业人员2262位，专业技术人才1738位，其中，正高级职称38位，副高级职称242位，中级职称783位。①2016年，全国少儿馆从业人员2510位，专业技术人才1877位，其中，正高级职称50位，副高级职称298位，中级职称814位。②通过两年的数据统计可以得出，图书馆少儿馆从业人员数量增长了10.96%，高级职称人数增加了68人，增长比率为24.29%，这说明少儿馆从业人员的整体综合素质在不断提高，这为儿童阅读推广活动的开展提供了人员保障。

处于不同年龄段的儿童在生理和心理发展上差异显著，在阅读内容、阅读行为、阅读方式方面都呈现出不同的阶段性特征。在具体的儿童阅读推广实践中，图书馆员具有丰富的一线服务经验，具备专业能力对不同年龄段儿童提供符合其年龄特点的、有针对性的阅读引导服务，如为不同年龄段的儿童推荐相应的阅读书目，方便家长和儿童系统性、科学性、有针对性地选购图书。另外，他们可以根据不同年龄段的儿童设计阅读推广活动。对于低幼儿童，图书馆员会将阅读与游戏、表演相结合，让孩子能够体会到阅读的乐趣，培养孩子从小就使用图书馆的好习惯。对于学龄儿童，图书馆员会设计相应的阅读推广活动启发孩子的思考，激发儿童的创造能力。

（3）阅读环境优势

公共图书馆是培养儿童阅读习惯的重要场所，其良好的阅读环境可以排除学校、家庭等客观条件差异可能导致的阅读不平等，为每一个儿童提供公平的阅读服务。其阅读环境优势主要体现在

---

① 国家图书馆年鉴2016［M］.北京：国家图书馆出版社，2017:448.
② 国家图书馆年鉴2017［M］.北京：国家图书馆出版社，2018:452.

两个方面：阅读的空间环境和人文氛围。

从空间环境讲，公共图书馆服务设施建设更加重视儿童的特殊需求，空间布局充分体现出"人本位"的思想，把藏、借、阅融为一体，在空间、布局、装饰等方面力求符合儿童的心理需求和审美特点，力求和谐、美观、舒适，体现童趣和文化氛围。根据不同年龄段儿童的需求，对阅读区域进行不同的环境设计。针对低幼儿童开辟亲子阅览区域，设计符合低幼儿童心理需求的地面、桌椅、墙壁等设施。如国家图书馆少儿图书馆，图书全部进行开架排列。一楼为低幼儿童阅览室，阅览室图书打破了22个大类的传统排架方式，书架采用软垫＋环形设计，根据儿童的心理特点进行陈列，阅览室配备小椅子、懒人沙发、坐垫，小读者可以用最放松的状态感受阅读之美。

从人文气氛讲，公共图书馆拥有相对安静、舒适的阅读环境与浓厚的阅读气氛，儿童在公共图书馆阅读更容易被激发出阅读的兴趣，养成阅读的习惯。对于低幼儿童和学龄前儿童，他们通常不具备独立的阅读能力，图书馆为他们设置了专门的亲子阅读区域，为家长和孩子亲子阅读提供专门的阅读空间。另外，公共图书馆还会设计一些适合低幼儿童的阅读推广活动，比如手工活动和游戏、唱歌、讲故事等表演类的活动，通过寓教于乐的方式来培养儿童对图书和阅读的兴趣，引导他们爱上阅读。在公共图书馆，儿童有选择图书的自由，图书馆员不会对孩子的阅读结果进行量化或评比，孩子不会被阅读后的附加条件所束缚，阅读的心情是愉悦的，可以在阅读的过程中享受到阅读带来的乐趣。

2. 馆校优势互补

学校以其独特的优势对学生有其强大的号召力，跟学校合作进行阅读项目的推广更容易实施，所以各级学校是图书馆的重要合作伙伴，馆校之间建立长效的合作机制是儿童图书馆事业和教育事业发展的必然趋势。本次调查中，绝大多数的家长非常同意或者同意馆校协同儿童阅读推广对儿童的成长具有积极的影响，另外，他们认为图书馆员具有较高的威望、专业性强，容易取得家长的信任。

从学校的角度来讲，馆藏资源是促进公共图书馆和中小学校合作的先决条件。由于学校不是经营性单位，大多数经费不足，馆藏资源有限，另外，学校图书馆缺乏专业的图书馆员，而公共图书馆拥有丰富的文献信息资源，高素质的专业人才，条件的互补使公共图书馆与中小学图书馆合作具备了现实的可能性。从图书馆的角度来讲，由于安全考虑等各种原因，有时图书馆想直接与儿童、家长进行接触是比较困难的。作为整个教育体系的基础，幼儿园和中小学是儿童学习的主要场所，图书馆可以通过学校这个渠道接触到庞大的教师群体、儿童群体。根据2017年《儿童与家庭阅读报告》调查，在"谁是引导孩子阅读的关键力量？"一题中，家长获得82%的选票，教师和图书馆员获得67%的选票。再次证明馆校协同对促进孩子阅读的重要性。

3. 馆校协同的实践探索

目前已经有公共图书馆在馆校协同中做出了积极的探索与尝试，根据实践经验，大体可总结为三种：

（1）总分馆模式。苏州图书馆是总分馆模式的典型代表，该模式下，学校提供馆舍、装修、设备，并提供年度物业费用，苏州图书馆负责安装管理系统、委派工作人员、提供分馆初始藏书并定期补充调配、征订报刊、开通馆藏数字化资源，学校师生使用统一的借阅证外借图书等资料，并实现通借通还。目前苏州图书馆已建成79个分馆。2008年，大连市针对城乡中小学图书服务保障普遍比较薄弱的现状，以大连少儿馆为中心馆，联合地区中小学、教育机构及村镇社区图书馆（室），开始尝试实践总分馆模式。总馆统一采购图书资源，分类编目，配送至各学校图书馆，并按时流转，实现图书资源的共建共享。到2014年底已建成分馆100家、流通站60家、智能书屋8家，不断满足儿童日益增长、日趋多元的阅读需求，有效解决了农村特别是偏远地区的儿童读书资源稀缺的问题。

（2）成员馆模式。佛山市禅城区图书馆为成员馆安装佛山市联合图书馆计算机系统业务管理软件，将学校现有图书资源统一加工著录到禅城区图书馆的系统平台，区图书馆定期补充、更新成员馆的馆藏资源，并为成员馆提供一卡通借书证，凭借一卡通借书证可借阅佛山市公共图书馆图书，全市实现通借通还。除了纸本资源的共享，成员馆还可以免费登录禅城区数字图书馆，共享佛山市图书馆及五区图书馆数字资源。成员馆除了满足本校师生的借阅服务，还要在节假日、寒暑假面向社会开放。截止至2018年底，佛山市联合图书馆成员馆已发展至312家，成员馆之间实现了统一服务形象、统一联合书目检索平台、一证通借通还、数字资源共建共享等服务。

（3）汽车图书馆。汽车图书馆又被称为"流动图书馆"，一般由汽车大巴、RFID自助终端设备、职能监控设备、宣传终端几部分组成。因成本低、灵活性强、服务面广，深受图书馆的喜爱。目前很多图书馆提供汽车图书馆服务，具体程序为：学校提出申请，图书馆通过审核，学校正式成为图书馆的基层流动服务点，图书馆每月定期使用汽车图书馆为学校师生开展办证、借阅图书、阅览服务。目前禅城区图书馆已建成幼儿园服务点9个，小学服务点23个，中学服务点4个。广州市少儿馆在黄埔、白云、海珠等6个区的偏远学校先后建立12个汽车图书馆服务点，方便儿童就近阅读。

二、馆校协同儿童阅读推广模式的整体架构

（一）馆校协同的概念界定

关于"协同"的概念，学界尚未形成共识，国内外学者分别从组织形式、研究对象、构成要素等视角对"协同"进行了相

关界定。1965年，安道夫在《公司战略》中首次提出了协同的概念，认为协同使企业的整体价值有可能大于各部分价值的总和。[①]Corning认为协同是"自然或社会系统中两个或两个以上的子系统、要素或者人之间通过相互依赖形成的联合效应"。[②]20世纪80年代，"协同"思想被引入我国图情领域。1986年，学者娄策群等初步探讨了图书馆系统的协同与竞争关系，图书情报领域开始引入协同学思想。[③]之后，王怀诗、李慧佳分析了图书馆学引入协同管理的必要性与可行性，指出图书馆的协同要素包括理念、技术、资源三个方面。[④]胡昌平，张敏，张李义认为跨系统协同要素不仅局限于信息资源，而要将资源、机构、人员、技术、基础设施等聚合为一。[⑤]李杨、陆和建提出协同创新背景下图书馆、档案馆、博物馆联盟建设主要包含资源协同、信息协同、利益协同、文化协同。[⑥]荆玲玲等从协同论的视角提出数字图书馆多元主体动态协同发展钻石模型，提出了四大协同主体，分别为用户（读者）、政府、组织管理者和服务要素提供者，服务要素主要体现为技术要素。[⑦]

借鉴以上学者的观点，本书认为馆校协同是指公共图书馆、

[①] 罗桢妮.我国公立医疗集团协同能力研究[D].武汉:华中科技大学,2014:3.

[②] Corning, P.A." the synergism hypothesis" :on the concept of synergy and its role in the evolution of complex systems.[J].Journal of Social & Evolutionary Systems, 1998,27（2）:133-172.

[③] 娄策群,卢绍君.论图书馆系统的协同与竞争[J].图书馆学研究,1986（4）:1-5.

[④] 王怀诗,李慧佳.图书馆协同管理模型构建研究[J].图书与情报,2010（4）:125-131.

[⑤] 胡昌平,张敏,张李义.创新型国家的信息服务体制与信息保障体系构建——知识创新中的跨系统协同信息服务组织[J].图书情报工作,2010,54（6）:14-17.

[⑥] 李杨,陆和建.协同创新视阈下图书馆档案馆博物馆联盟建设探讨[J].图书馆建设,2017（6）:82-86.

[⑦] 荆玲玲,方媛,过仕明.我国数字图书馆多元主体动态协同发展模型研究[J].情报科学,2018,36（11）:29-34.

学校等主体之间打破文化系统与教育系统之间的界限以及传统的阅读理念束缚，在自愿、平等、相互信任的基础上，为实现共同的目标，各协同要素之间按照一定的方式相互协调、相互作用，在共同的演化中从紊乱无序达到和谐有序的状态，进而使馆校系统整体功能最大化，实现 1+1>2 的协同效应。

（二）馆校协同儿童阅读推广模式的整体构架

通过比较已有文献对协同管理的研究成果，综合考察国内外学者对协同框架、运作模式的相关文献与实践案例，并结合我国儿童阅读推广主体协同性差、馆校合作层次较低、儿童阅读推广效果有待提高等问题，本书采取三个步骤对馆校协同儿童阅读推广模式的整体框架进行构建：1. 检索与查阅文献，归纳总结协同要素；2. 设计馆校协同要素调查问卷并进行专家调研，对调查结果进行数据统计分析，提取馆校协同的构成要素；3. 分析专家问卷调研的结果，确定主体协同、观念协同、资源协同、技术协同四大要素，最终构建馆校协同儿童阅读推广模式的整体构架。

2019年4月以"协同"为关键词，并与"图书馆""学校"等组配进行资料收集，不进行时间范围的限定，在 Jstor、ERIC、EBSCO、知网等常用数据库中进行检索，共检索出 261 条相关文献。对这些文献进行梳理、分类、归纳相关词汇，得到 12 种协同要素（见表 5-2）。

表 5-2 协同要素一览

序号	协同要素	序号	协同要素	序号	协同要素
1	资源协同	5	观念协同	9	业务协同
2	人员协同	6	主体协同	10	信息协同
3	文化协同	7	利益协同	11	制度协同
4	目标协同	8	技术协同	12	组织协同

根据这 12 种协同要素设计《儿童阅读推广馆校协同要素提取

调查问卷》，并走访了 15 名儿童阅读推广相关人员，其中，公共图书馆管理层 8 名、学校管理层 4 名以及儿童阅读推广专家 3 名。问卷将每个协同要素分为非常重要、重要、一般、不重要和非常不重要五个等级，分别记为 5、4、3、2、1 分。被调查者需根据其对馆校协同儿童阅读推广模式的认知和看法，结合自身实际经验和儿童阅读推广的现状，对每一个协同要素的相对重要性进行评分排序。

本书使用 SPSS 软件对专家的评分情况进行统计，计算出每个协同要素的平均值、方差以及变异系数，具体情况及结果如表 5-3 所示。

表 5-3 各协同要素描述性统计一览

	样本数	最小值	最大值	平均值	方差	变异系数
资源协同	15	1	5	4.3742	0.843274	12.54%
人员协同	15	1	5	4.4833	0.567646	11.52%
文化协同	15	1	5	2.5412	0.816497	30.14%
目标协同	15	1	5	2.5841	0.849837	55.62%
观念协同	15	1	5	4.8952	0.567646	13.16%
主体协同	15	1	5	2.5684	0.816497	40.82%
利益协同	15	1	5	2.1546	1.286684	67.72%
技术协同	15	1	5	4.9514	0.316228	6.45%
业务协同	15	1	5	2.6517	0.421637	8.24%
信息协同	15	1	5	2.5814	0.707107	28.51%
制度协同	15	1	5	2.6412	1.264911	52.45%
组织协同	15	1	5	2.6148	1.032796	27.52%

Markowitz 提出用均值方差模型计量投资组合，用资产组合的均值表示收益，用资产组合的方差表示风险，在均值方差模型中，高收益伴随着高风险，投资者总是根据自己的风险偏好水平在最大化收益和最小化风险两个目标之间进行均衡选择。由此推断，均值越大的要素对馆校协同效应产生的影响越强，均值越小的要素对馆校协同能力的影响越弱。从统计结果来看，去除平均分数

在3分以下的因素，即专家普遍认为不重要的因素。去除变异系数在15%以上的因素，即风险程度较高的因素。由此得到主体协同、观念协同、资源协同、技术协同4个馆校协同的主要构成因素。其中，推广主体是馆校协同目标实现的践行者，起着核心支撑作用；资源是协同关系建立的基础；观念是馆校协同的先决条件；技术是馆校协同实现的手段和方法，为推广主体之间构筑了更多的交流和互动平台，使得图书馆员、老师、儿童、家长之间的交流反馈更加及时、快捷，也使得推广主体、资源等要素之间的紧密程度进一步加深。协同过程是馆校协同的动态化运转系统，是馆校协同实现的必经过程，是沟通、竞争、合作和协同相互作用的联动机制。运行机制是保障馆校协同有效开展的一系列制度、政策、规则的总和。馆校协同儿童阅读推广模式的整体架构见图5-1所示。

三、馆校协同儿童阅读推广模式的构成要素

协同要素是由主体协同、观念协同、资源协同和技术协同构成的综合体系，各要素围绕馆校协同的总体目标，在一定的运行机制下相互作用、相互影响，共同推动着儿童阅读推广活动的顺利实施，同时也维系着整个系统的协调运行。各要素的具体内涵和功能如下：

（一）主体协同

协同主体是儿童阅读推广的核心要素，多元主体间的协同与配合是形成儿童阅读推广协同力的关键因素。馆校协同是一个涉及众多利益相关者的合作行为，馆校协同主体有狭义和广义之分。狭义的馆校协同主体是指公共图书馆和学校两大主体，广义上的馆校协同主体不仅包括公共图书馆与学校，还包括各级政府、家长、出版机构、民间团体、阅读推广人等推广主体（见图5-2）。

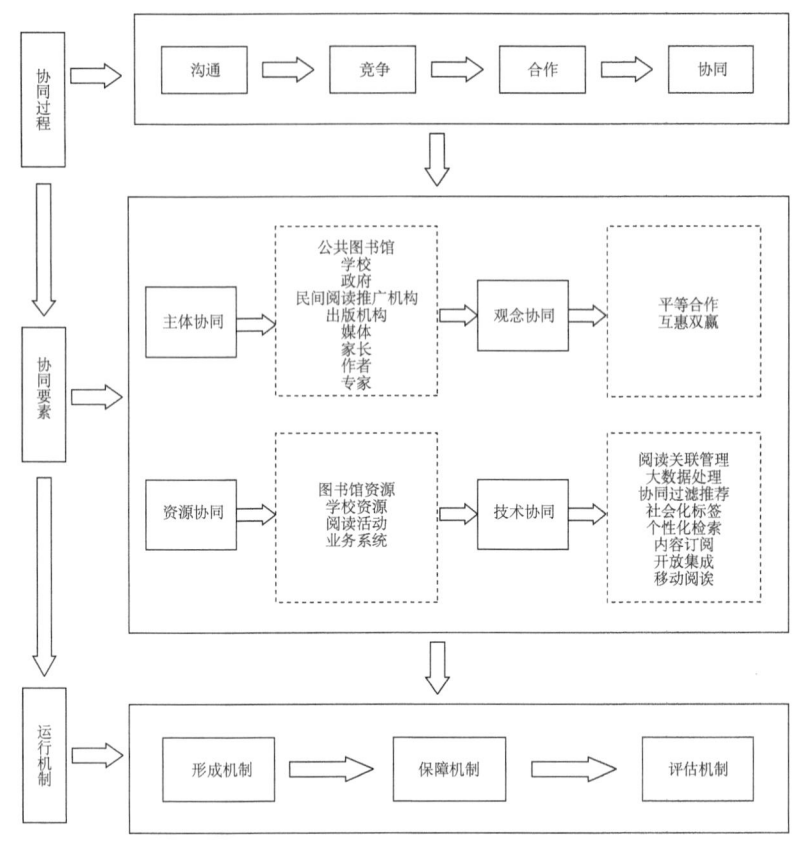

图 5-1　馆校协同儿童阅读推广模式的整体架构

其中，图书馆与学校两大主体占据核心地位，其他阅读推广机构比如政府、媒体、出版机构、社会组织均属于社会保障系统，他们在协同推广儿童阅读的过程中是不可或缺的。各主体在儿童阅读推广中的职责和作用不尽相同。

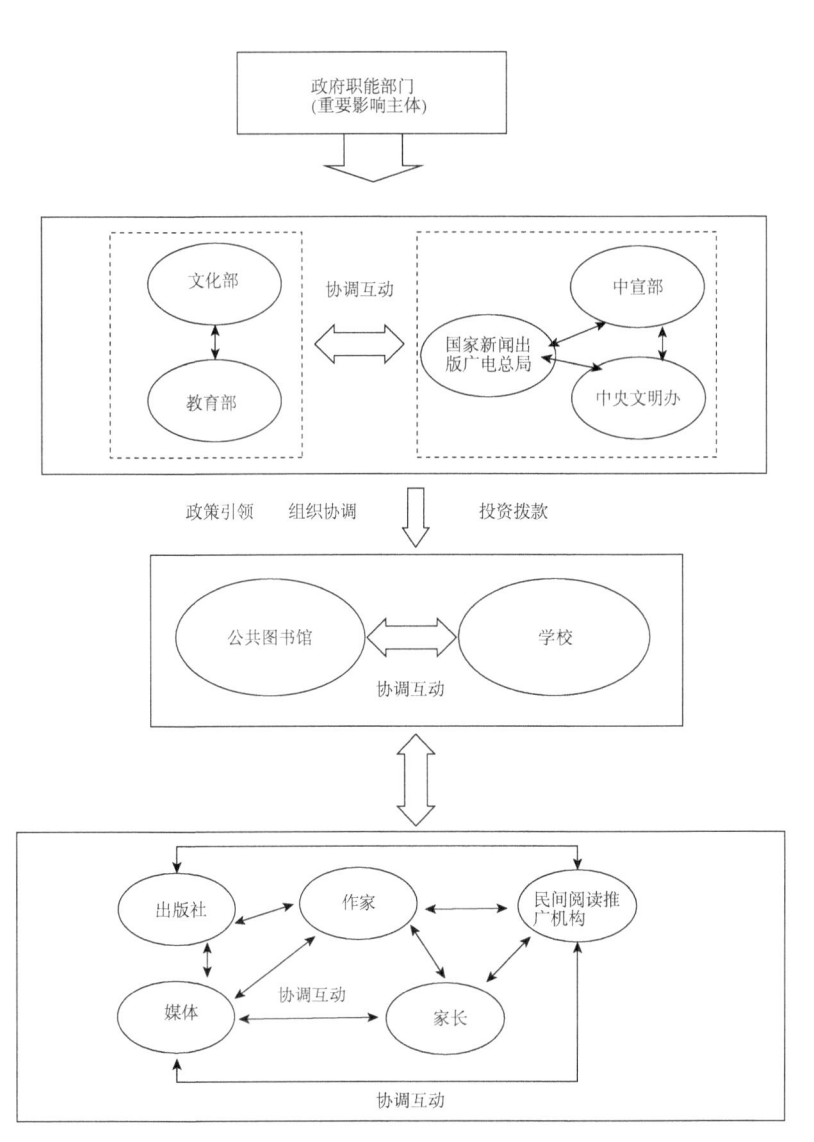

图 5-2 馆校之间自组织协同模式

1. 核心主体

（1）公共图书馆

公共图书馆除了要做好传统的借阅服务，还要跨出公共图书馆的门槛，积极主动与学校、家庭联系，把服务范围扩大到儿童、家长、学校教师，乃至全体社区。从公共图书馆"走出去"——把儿童阅读服务的对象和范围扩大到家庭和学校，到"请进来"—把他们吸引到公共图书馆参与阅读推广活动。具体来讲，公共图书馆在馆校协同中的角色主要有：①宣传者。公共图书馆要积极地以各种形式向家长和学校宣传图书馆的资源、阅读政策，指导学生如何使用和获取图书馆的资源，以争取他们的理解和支持；通过宣传，使他们拥有正确的阅读理念。为家长和教师进行阅读指导培训，以面授、研讨会、录像或网络等形式开展阅读指导讲座。开展特殊时期的宣传，如孩子刚入幼儿园、小学，帮助家长和教师顺利度过不同学段衔接阶段的适应期，推荐特殊时期的阅读书目，或在寒暑假期协助教师和家长制定假期阅读书单。在每学期初举行图书馆员—家长—教师—学生会议，制定学年阅读目标，在年度中期召开阅读进展分析会。②组织者与策划者。从目前国际趋势来看，阅读推广活动的组织者和实施者大部分不是同一个机构。图书馆一直是儿童阅读推广的主体和重要实践者，他们一般担任领导者的角色，负责推进全国性的阅读活动，对场地、设备、人员、物流等事宜做出方案。另外，随着儿童年龄的不断增长，儿童阅读越来越呈现出社会化特征，读者之间，读者与专家、作者之间互动交流需求日渐迫切，但是缺乏满足社会各界协同参与的儿童阅读互动平台。图书馆应为儿童提供社会各界协同参与的平台，使得儿童、作家和专家都可以成为内容的创造者，满足读者之间，读者与专家、作者之间互动交流需求，顺应儿童阅读社会化的发展趋势。③专业引导者。除了做好对儿童的阅读服务，公共图书馆还要做好对家长、学校的专业引导，具体措施有：定期对家长开展"子女阅读指导"培训，强调家庭环境在儿童阅读中的重要作用，帮助家长创造家庭支持性阅读环境；印制《家长阅读指导手册》，希望家长重视阅读，指导子女建立阅读习惯；向家长提供不同年龄段的儿童在生理动作、认知能力、语言沟通及社会情绪发展等方面的重要信息，鼓励家长和教师重视孩子学习的黄金关键期，倡导亲子阅读；针对家长在亲子阅读中的问题给予专业的解答。

（2）学校

儿童到达学龄期后，大部分时间都在学校度过，学校在儿童学习成长过程中起着重要的影响作用，特别是目前基础教育已经进入推进全面均衡、提高教育质量、提升学校内涵与品质的新阶段，随着近年来儿童文学阅读在基础教育领域的迅速普及，许多教师面临着课内、课外儿童阅读的教学和指导任务。学校的阅读环境及教师的阅读态度、阅读兴趣等，会潜移默化地影响学生的阅读态度、阅读倾向和阅读视野。

在传统的馆校合作中，中小学大多扮演着被动的、辅助性角色，在合作中未能体现出应有的核心主体作用。在馆校协同中，中小学校应该与图书馆一样，发挥核心主体作用，承担主要行动者的角色。首先，中小学校长应该成为馆校协同的直接推动者。在我国，中小学校实行校长负责制，校长是学校领导层的核心，因此，中小学校长的意愿与态度直接决定合作能否顺利实现以及合作的可持续性。其次，中小学教师应该成为馆校协同的主要行动者。在调研中，受访者普遍认为教师对教育和培养儿童的阅读习惯具有重要影响。在幼儿阶段，学校应该主动孩子阅读习惯的培养，如看书姿势、保护图书的意识，引导孩子学会阅读分享，对教师开展阅读推广技能的培训，提升他们讲故事的能力，吸引孩子对图书的兴趣。在小学阶段，教师应发挥示范、引领和专业的指导作用，积极组织学生进行阅读交流，与学生分享阅读心得。在中学阶段，教师要通过言传身教，潜移默化地引导学生阅读。

2. 重要影响主体

（1）政府

儿童阅读推广是一项系统工程，其发展离不开政府的大力倡导和有效支持，在协同推广过程中，政府主要扮演着以下几个角色：①政策引领。政府要进行国家层面的制度安排和政策引导，积极制定相关法律，健全政策法规体系，站在国家战略的高度，对协同推广活动进行宏观指导和政策引导。明确政府职责包括领导职责、经费保障、具体的推广措施等方面的责任,为馆校协同营造有利的环境。②活动推动。国外一些大型的儿童阅读推广项目一般是由政府组织并推动的,如美国的"美国阅读挑战计划"、英国的"阅读起步走"计划。除了政府发起并实施的儿童阅读计划,国家领导人亲自倡导并推动阅读已经成为国际惯例。如美国历届总统都义不容辞成为美国全民阅读的第一推广人,而他们的夫人则积极参与阅读活动,成为全民阅读的形象代言人。美国总统奥巴马妻子米歇尔多次到国家儿童医疗中心、白宫、小学、幼儿园为孩子们读书。随着国家对阅读的重视,我国国家领导人也多次谈及阅读。我国前总理温家宝提倡"读书好、读好书、好读书",李克强总理在政府工作报告中也多次倡导"全民阅读"。习近平主席在谈到个人爱好时提到"最大的爱好是读书"。国家领导人的身体力行以及他们独特的影响力对整个国家的阅读风气的形成有巨大的导向作用。③组织协调。由于馆校合作涉及到两个不同的系统,图书馆与学校处于自身利益与使命的考虑,难免在沟通过程中存在一些矛盾与摩擦。如某少儿馆负责人说:"我们馆跟中小学合作比较广泛,有专门的机构、人员负责,合作的进行依赖于大量经费的支撑,但是因为图书馆与学校分属于两个不同的系统,经费的划拨与使用存在比较大的分歧。"此时,政府应积极发挥协调作用,促使合作关系的顺利进行。④投资拨款。公共图书馆与学校是非营利性质的文化、教育机构,其性质决定了活动经费大部分源自当地的政府机构。政府强有力的财政支持是儿童阅读推广事业取得成功的基础,也是维持馆校合作关系的强大后盾。政府要加强公共文化服务体系建设,以充足的投入为儿童阅读奠定良好的物质基础。

(2)家长

"家庭是人生的第一所学校,家长是孩子的第一任老师"。在孩子的成长过程中,家庭对孩子的影响是首位的,家庭中养成的习惯往往会伴随他一生,所以,家长在儿童阅读推广中扮演着不可忽视的角色。新闻出版总署副署长邬书林曾说:"只有养成儿童的阅读习惯,才有可能养成中国人的阅读习惯,而培养儿童的阅读习惯,家庭的作用最重要,教孩子读书最好的办法是家长带头和孩子一起读书。"也有多项研究表明,父母受教育的程度越高、越喜欢阅读,他们就越会重视陪伴孩子阅读和购买书籍,这样的家庭成长的孩子大多数会热爱阅读,且阅读能力也较强。教育部部长陈宝生在2019年全国教育工作会议上提出要求:"家庭教育要高度重视起来。要加强对家庭教育工作的支持,通过家委会、家长学校、家长课堂、购买服务等形式,形成政府、家庭、学校、社会联动的家庭教育工作体系。"[1]

因此,图书馆、教师应该重视家长的作用,努力使家长理解并支持儿童阅读,用生动的实例向家长宣传儿童阅读的重要性。具体来讲,家长在馆校协同中的角色主要有:①学习者。家长在儿童阅读推广中的首要角色应是扮演学习者的角色。其理由在于大部分家长在亲子阅读的过程中需要帮助,以这种角色身份参与对孩子的教育是家长参与的传统模式,这种参与能增强学生的学习动机,提高学习技能。②参与者和支持者。自愿参与的活动范围很广,家长可作为学校的辅助人员帮助学生,比如带领、组织学生参加班级读书会,也可以加入"故事妈妈"的团队,自愿到图书馆、社区、公园等场所与儿童分享阅读的快乐。

(二)观念协同

观念是行动的先导,没有深思熟虑、统一的观念,行动就难免出现不顺利的局面。馆校协同儿童阅读推广应该充分考虑到各方面的因素,例如经费、图书来源、学校态度、阅读推广计划的

---

[1] 落实 落实 再落实—在2019年全国教育工作会议上的讲话[EB-OL].[2019-2-19]. http://www.moe.gov.cn/jyb_xwfb/moe_176/201901/t20190129_368518.html.

指定，在实施过程中可能遇到各方面的困难，尤其可能面对家长的配合度低、学校领导的不支持。开展儿童阅读推广活动应以科学的阅读观念为指导，在一定意义上，儿童阅读的推广，实质上是对儿童阅读观念的推广，因此，梳理科学的儿童阅读观念势在必行。图书馆应对"什么是阅读""为什么要进行儿童阅读""如何开展儿童阅读"等基本问题进行有针对性地宣传，要让家长和学校充分认识到儿童阅读的重要性，要以全国优秀的案例学生的进步来说服质疑者。

馆校协同是跨系统的合作，从宏观上看，需要图书馆、学校有开放性的世界眼光，要有观念的先进性。双方要树立共同承担儿童阅读教育使命的意识，中小学校在馆校协同儿童阅读推广中扮演的不仅仅是被动的合作者，也是参与者，他们在馆校协同的方案策划与设计、管理实施和评价中承担起着一定责任。从中观上看，图书馆、学校要树立平等合作与互惠互赢的观念。从微观上看，需要图书馆员、家长、教师等推广主体对儿童阅读的态度协同一致。在我国，家庭阅读往往被父母置于一个神圣化或任务化的位置，一些受教育水平较低的父母通常认为自己没有资格或能力在指导孩子进行阅读，而那些意识到自己有责任培养孩子进行阅读的家长通常将阅读视为开发孩子智力的手段，功利色彩浓厚。这种阅读观念上的偏差最终会扼杀儿童的阅读兴趣，导致他们恐惧阅读、厌倦阅读，这对儿童的成长和长远发展是不利的。

（三）资源协同

阅读资源是儿童阅读推广中的重要因素，也是馆校协同实现的核心载体和基础。资源协同强调的是资源共享与数据交互，即在资源互补的基础上对资源进行重新配置、优化，从而形成合理的资源分配组合，达到最优的资源配置，提高阅读资源的利用效率。具体来讲，资源协同可以通过数据共享、统一标准、活动互动等途径来实现。1.数据共享。数据共享是采用先进的科学技术，有组织、有系统地对资源进行整合，最大限度地为儿童读者使用。通过数据共享，各个机构可以共同提供资源并接入统一的平台，平台对资源进行一致化封装并对外提供统一的访问接口，实现平台内资源的开放获取。2.统一标准。为避免资源的重复建设与数据冗余录入，需结合现有的数字图书馆的标准、互联网和移动终端相关标准，关注资源整合与系统集成的相关标准规范，制定统一的数据表示标准，以便于不同机构之间各种资源和应用的对接。3.活动互动。活动互动是指平台内的各类活动能够实现线上线下的互动，各个活动之间可以进行数据和接口的交互和共享，实现儿童阅读推广活动的一致化管理。

（四）技术协同

馆校协同要在不同的系统中实现"整体发展"的协同效应，需要整合人、财、物等不同子系统的资源、服务等要素，尤其是对于资源协同而言，技术的重要性是不言而喻的。一方面，技术的应用使得图书馆儿童阅读推广成本低、受众面广、不受人财物局限、活动组织便捷、互动性强。尤其是进入信息社会以来，以网络为基础的现代信息技术更是降低了信息获取的成本。另一方面，技术的进步也提高了阅读服务的效率，优化了馆校协同流程的改进，通讯、网络技术使得公共图书馆与学校之间的信息交流更加方便、快捷，也使得阅读推广的范围可以突破时间和空间的限制。不同系统间的技术融合是馆校协同实现的难点，技术协同的主要手段有协同过滤推荐、社会化标注、个性化检索、大数据处理等。

四、馆校协同的形成过程

在借鉴国内外部分学者的研究基础上，本书认为馆校协同的形成过程需要经过沟通（communication）、竞争（competition）、合作（collaboration）、协同（synergy）四个阶段（表 5-4）。这四个阶段是一个从低级到高级的递进过程，沟通是协同实现的最初表现形式，是初级阶段，竞争与合作是协同实现的中级阶段，协同是馆校合作的目标，也是高级阶段。

表 5-4 馆校协同形成过程的四个阶段

阶段	特征
沟通	交流分享部分信息
竞争	因为不同利益产生竞争，甚至冲突
合作	为了共同目标而协作配合、共享大部分信息
协同	实现各部分单独无法实现的效果，达到整体最优化

（一）沟通

沟通渠道的建立是馆校协同的基础和前提。沟通的过程是公共图书馆与学校直接相互了解、寻求合作领域的过程，并且明晰彼此的期望和要达到的目标。在沟通阶段，双方的信息和资源得到部分分享但还未建立起相互信任的合作关系。具体表现为学校、家长、学生利用图书馆的意识淡薄，公共图书馆普遍游离在学校正常的教育活动范围之外。这就需要公共图书馆了解学校师生的阅读需求，通过多种途径让学校和教师了解通过公共图书馆可以获取哪些服务内容，通过自我宣传唤起学校师生对公共图书馆的需求与依赖。图书馆可以通过以下途径建立与学校或者教师的联系：

1. 媒体或者文本材料宣传。图书馆要做好儿童阅读推广活动，前期社会宣传是不可缺少的。社会宣传是读者获取图书馆儿童阅读推广信息的重要途径，图书馆可以通过传播媒体来提升学校对于图书馆阅读资源的普遍认知。图书馆可借助电视、广播、专业报纸、期刊、杂志、手机短信等传统媒体，也可以利用微博、微信、大型门户网站等网络社交媒体，也可以提供宣传材料或书目推荐目录给到馆的家长、儿童。国外发达国家非常重视公共图书馆自身服务的宣传，如美国马尔特诺马县图书馆（Multnomah Country Library）为学校团队办理了季刊，帮助教育者整合公共图书馆内与学校课程相关的资源，刊物内的文章主要报道公共图书馆举办的阅读推广活动，并跟踪进行活动的效果评估。

2. 到校宣传。考虑到现在学生大部分时间在校园，功课压力比较大的现实情景下，图书馆员可以主动联系学校，到幼儿园、中小学，实地向师生宣传图书馆的资源、服务。国家图书馆少儿馆自2012年启动"阅读推广进校园"活动，已经逐步形成了"馆员进校园"的课程体系，课程面向小学生，内容包括"书的历史""有趣的图书馆""走进图书馆""走进少儿数字图书馆"，通过课程内容建立儿童对图书馆的感官认识。河源市图书馆少儿部到紫金县临江镇长安小学举办了"端午蕴意"民族文化宣传活动。2018年，杭州少儿图书馆主办的"我最喜爱的童书"（杭州地区）活动不仅向学校捐赠图书6000多册，还邀请儿童阅读理论专家、童书作者、编辑、学校老师、社会阅读推广人等，到校园举办形式各样的阅读推广活动。[1] 通过这些阅读推广进校园活动有利于儿童了解书籍、了解图书馆，增强儿童的图书馆利用意识。除了到校面向学校教师的宣传，图书馆员还可以利用家长开放日向家长宣传图书馆。

3. 吸引学生走进图书馆。吸引学生走进图书馆可以通过两种途径实现：第一，公共图书馆可以主动联系学校，带领学生参观公共图书馆，以便于学生了解图书馆的工作程序和各项服务内容。在参观过程中，适当进行操作演示，并让学生亲自动手进行实践，增强感性认识。第二，通过招募假期小志愿者的方式，这种方式一方面增强了他们对图书馆的了解，另一方面为他们提供了社会

---

[1] 优秀童书进校园，专业导读伴成长—2018"我最喜爱的童书"阅读推广进校园5-6月活动集锦［EB/OL］.［2018-11-24］. http://m.sohu.com/a/236765978_721302.

实践的平台。

（二）竞争

在沟通的基础上，馆校之间有了基本的了解，但由于双方工作的出发点不同，关注重点、工作方式、人员知识背景也存在差异，使得双方接触过程中往往会产生冲突。竞争阶段的典型特性是馆校之间信息闭塞，缺乏有效沟通，双方信任度低，合作性较差。学校对与图书馆合作的可靠性、长久性以及合作的实际效果存在疑虑。另外，馆校双方对馆校合作存在不同的认识。对于馆校合作，学校更关注的是图书馆资源获取的便捷性，如：图书资源种类要多，更新速度要快；图书馆设立流动的还书点，方便师生还书；图书馆在校园内设立24小时智能图书馆网点，能够实现办证、借阅、归还功能；图书馆在校园内设立少儿馆分馆；图书馆阅读资源与学校课程紧密结合等。而图书馆方则认为："在馆校合作中，图书馆不仅仅要提供资源，更应该利用自身的资源优势提供阅读服务，如阅读引导、阅读推荐，开展具有特色的阅读推广活动。"在竞争阶段，合作双方都站在各自的立场考虑问题，双方都在各自在合作过程中的角色定位存在差异，这些差异也是在后续阶段需要加强沟通之处。

（三）合作

随着双方沟通、竞争关系的确立，学校逐渐认可图书馆在儿童阅读推广中的地位与作用，双方意识到单独靠自己无法达到自己的目标，合作是必然的选择。从合作意愿上看，双方主动性较差，馆校合作大多受行政指令的影响；从合作时效性看，由于双方缺乏统一的长期目标，导致合作行为具有短暂性、临时性的特点，合作关系不稳定；从合作范围上看，馆校合作更多的是图书馆与学校之间单对单的合作；从合作内容上看，馆校合作形式单一，以简单的参观图书馆、图书馆资源利用介绍为主，没有深入的对话与交流。

（四）协同

协同是合作的高级阶段，馆校协同是馆校合作更深层次的拓展。在协同阶段，图书馆与学校对合作目标有一致的认定，清楚自己在合作中的角色，活动流程上相互一致，在遇到突发情况时能够统一态度。从合作范围上看，馆校协同突破图书馆与学校的单点合作，而是将图书馆、学校、政府、民间阅读机构等组织有机的衔接起来，构成一个有机整体。从合作意愿上看，双方在自愿、平等的基础上，加强沟通、相互信任，制定统一的、可持续发展的战略目标。从合作内容上，馆校协同突破了单纯的参观访问与资源共享，呈现多元化合作状态。从实现平台上看，馆校协同需要建立互动平台，体现资源、技术、人员、机制等要素的融合。从效果评估上看，馆校协同需要规范的评估程序与评估体系，该评估体系要突出对儿童的影响。从管理体制上看，双方签订正式的合作协议，设有专门的管理机构，配有专门的人员，有完善的协同机制。通过馆校协同，图书馆服务的输出突破现有的时间（开闭馆时间）和空间（实体图书馆面积）限制，实现阅读资源的合理配置和有效利用。

五、馆校协同儿童阅读推广模式的运行机制

（一）完善保障机制

建立馆校协同儿童阅读推广模式保障机制的作用是为该模式的运行创造良好的环境，保障机制的建立主要从顶层制度设计、组织机构、儿童阅读法律、资金投入四个方面展开。

1. 强化顶层制度设计

（1）建立馆校协同部际联席会议制度

由于公共图书馆与学校分属不同的系统，各系统之间缺乏有效沟通与信任，馆校合作过程中存在各自为政、权责不明等诸多问题，这无疑给协同阅读推广的开展带来诸多困难。这些问题单凭图书馆与学校内部系统无法进行根本性解决，政府应承担起组织协调的责任，建立关于馆校协同儿童阅读推广的部际联席会议制度，以此打破原有的行政管理布局，超越部门限制，统筹各部门的资源和力量，共同研究决定馆校协同儿童阅读推广事项。联席会议由文化部部长、教育部部长牵头，国家新闻出版广电总局副局长、国家发展改革委副主任、财政部副部长、中宣部副部长参加，与包括当地政府、非政府组织、社区机构、学校、企业、行业协会、捐助机构建立联系。部际联席会议的主要职责为：研究制定全国馆校协同的重大政策法规与相关措施，向国务院提出建议；实施全国馆校协同儿童阅读推广活动、协调解决全国馆校协同工作中跨部门、跨地区的重大问题；加强统筹协调和相互配合，完善馆校协同工作机制；讨论确定年度工作重点并协调落实；指导、督促、检查馆校协同各项工作的落实。

（2）建立理事会制度

国外发达国家的图书馆早在20世纪就开始建立理事会制度，经过百年的发展已经形成了比较成熟的理事会制度，国内不少学者对此展开了详细的介绍。[1][2] 随着我国公共图书馆体制改革的深入，2007年无锡图书馆、深圳图书馆等陆续开始了理事会制度的试点工作，截止到2017年3月，已有23家副省级图书馆建立了理事会制度，这说明理事会制度在我国有了足够的实践基础与案例支撑。结合国内外的实践经验，本书尝试提出将理事会制度纳入馆校协同儿童阅读推广模式。理事会是根据国家法律法规设立

---

[1] 冯佳.美国俄亥俄州图书馆理事会制度［J］.国家图书馆学刊，2014，23（3）：47-52.

[2] 陈慰.公共图书馆法人治理结构探析——以美国弗吉尼亚州公共图书馆理事会为例［J］.图书馆杂志，2015，34（9）：43-48.

的独立于政府部门之外的常设机构，理事人员构成分为四类：政府代表、图书馆代表、学校代表、社会人士代表。政府代表由文化旅游部、教育部、国家发展改革委、财政部、国家新闻出版广电总局、中宣部相关人员组成，图书馆代表由图书馆馆长、儿童阅读推广负责人组成，学校代表由校长、教师组成。社会人士代表由由家长、民间儿童阅读推广机构、儿童阅读推广人、作家、画家、编辑、儿童阅读专家组成。理事长分别由文化旅游部部长、教育部部长担任。

理事会的基本职能如下：制定国家层面的馆校协同儿童阅读推广的长期规划；决定儿童阅读的年度推广计划、提交年度工作报告、计划执行情况、下发馆校协同开展儿童阅读的通知；帮助、参与筹集合作所需的儿童阅读推广经费，为经费预算提供意见或建议；完成对合作项目的评估与反馈、定期向政府机构和社会公众提交工作汇报；鼓励和支持有关儿童阅读政策和儿童阅读推广实践的研究，为决策者提供依据。

2. 加强组织机构保障

馆校协同的实现不仅依赖于良好的政治、经济、文化制度环境，还要有具体的组织协调机构来负责实施合作事务，这种协同机构需要有统一的组织基础、正规的议事程序、相近的价值观念与配套的制度建设。建立馆校协同的常设机构有利于合作效率的提高，对儿童阅读推广活动的持续开展是一个重要的保障。在访谈中，某少儿馆的负责人坦言："2008年少儿馆刚成立之初，我们特别希望通过教育系统开展与幼儿园、学校的合作，那么当时离我们最近的是气象局幼儿园，我们打过两次电话，都被拒绝了，对方的回答是'抱歉，我们出不去，你们也进不来'。我们少儿馆很想跟学校合作，但是我们不知道与谁联系，找不到专门负责的机构。"

而许多发达国家很早就设立了组织架构明确、规章制度完善的领导机构或基金会，承担全国范围内儿童阅读推广的统筹与执行，成为儿童推广阅读的主导力量。在美国，为了促进学校与图书馆之间的合作，美国图书馆协会（ALA）专门设置了分支机构—美国儿童图书馆服务协会（The Association for Library Service to Children，ALSC）。ALSC 的官方网站上聚集了多种合作项目信息，为世界各国的公共图书馆在考虑与设计合作项目时提供参考，比如作业辅导项目、同一主题的阅读讨论小组、社区阅读项目、图书快送项目、公共图书馆访问学校项目、学校访问公共图书馆项目等。2004 年，美国图书馆协会组建了跨界联合工作组—中小学图书馆协会（AASL）/ 儿童图书馆服务协会 ALSC / 青少年图书馆服务协会 YALSA 合作委员会（Interdivisional Committee），其主要职责是推进中小学校与本地公共图书馆的合作，具体包括制定、发展、推动、宣传有效的合作计划，并将合作的案例分享在工作组的 WIKI 平台上，供其他单位参考。①除了在网站上有合作服务的信息之外，在美国图书馆协会年会中，也有关于图书馆与学校合作关系的专题讨论，在会议上分享图书馆与学校成功的伙伴关系并提供可作为典范的计划。

借鉴国外馆校合作的成功经验，我国应在国家层面设立由文化和旅游部负责人、教育部负责人、公共图书馆与学校组成的理事会，该组织的主要职责有：（1）国家层面儿童阅读推广宏观策略规划的主要参与制定者与实践者；（2）图书馆与学校沟通、交流的纽带；（3）全国范围内儿童阅读推广状况的调研与分析；（4）馆校合作优秀案例的宣传。

3. 建立专门的儿童阅读法律

基于对儿童阅读重要性的普遍认同，世界上许多国家都制订了专门的法律促进儿童阅读，通过立法保障儿童阅读推广的合法地位，并从国家战略的高度推广儿童阅读。如美国的《卓越

---

① 史拓.美国公共图书馆与中小学图书馆合作促进机制研究［J］.图书馆工作与研究，2012（3）:108-111.

阅读法案》《不让一个孩子落后法案》与《阅读优先法案》，日本的《儿童阅读推广法》与《文字印刷文化振兴法案》，韩国的《图书馆及阅读振兴法》与《阅读文化振兴法》，瑞典的《图书馆法》等。这些法律法规着眼于国家的文化未来，与本国具体实际紧密结合，从不同层面对儿童阅读的资源、服务、环境、策略、经费来源及安全保障等方面给予了不同程度的法律保障，对儿童阅读推广活动的有效开展起到了实质性的推进作用。

自2006年"全民阅读"倡议开始实施以来，全民阅读逐渐升温，儿童阅读作为全民阅读的重要组成部分也日益受到关注。在党和政府对儿童阅读事业的重视下，随着我国儿童阅读推广实践的转型与升级，儿童阅读推广由"一项活动"发展到"系统工程"，由民间自发组织发展到国家战略。在这一背景下，国家对儿童阅读的政策引导和法制化进程也在逐步加快。2017年11月，《公共图书馆法》出台，虽然《公共图书馆法》关于儿童阅读推广的内容仅有寥寥数语，但是对其具体内容的表述却是经过业界专家、学界、立法机构从起草到反复修订、征求意见等一系列过程才最终形成的。《公共图书馆法》的出台，对于儿童阅读推广具有划时代的意义，它一方面明确了公共图书馆在儿童阅读方面所承担的职能与任务，推动儿童阅读进入了法制化时代；另一方面也为公共图书馆开展儿童阅读提供了切实可行的实现路径。但是随着儿童阅读推广实践的开展，现有的《公共图书馆法》的条款无法满足儿童阅读推广的需求，我国政府应在现有的法律框架下，专门围绕儿童阅读制定相关的法律、法规，切实为馆校协同儿童阅读推广提供可行的法律保障。

4. 建立多元的资金投入机制

资金支持是建立及维系馆校协同关系的重要保障。在我国，大部分公共图书馆与学校是由国家、地方政府出资建设，这使得馆校合作经常陷入资金短缺的困境。在访谈中，公共图书馆与学校的合作大多数由政府出资，主要费用包括资源购买（纸质图书资源及数据库资源)、专家费以及其他开支。公共图书馆管理人员也普遍反映馆校合作中存在资源和经费短缺的问题。在具体的资金支持上,可以考虑三种具体的策略:

(1)设立政府专项资金

2012年,全国人大代表朱永新提出"关于设立国家阅读基金,推进全民阅读工程的建议",建议每年由国家财政提供1~2亿元的"国家阅读基金"专项资金。①政协委员唐瑾也提出"设立国家全民阅读专项资金,为全民阅读提供源头支持"的建议。②2017年,全国政协委员邬书林建议,通过财政资金支持,吸收社会资金设立国家全民阅读基金,重点保障特殊群体、困难群体的基本阅读需求。③借鉴以上人大代表、政协委员的提议,本书认为国家应设立馆校协同专项资金,建立规范的资金申请、审批、评估机制,由部际联席会议向中央财政申请馆校协同专项资金,以法律的形式保障政府对公共文化服务投入,即对公共文化服务的投入列入政府财政预算,并随政府财政的增长同比例增长,不得随意消减。加大财政转移支付力度,适当向财政能力比较弱的地区倾斜。分税制的税制改革、"省直管县"的行政改革,增强了县一级的财政能力,但在公共文化服务体系建设中大多数仍支付不足。因此,中央、省、市应加大向某些县、乡镇和农村地区财政转移支付力度,以保证这些地区的公共文化服务体系建设。在不同的区域,在城市和农村应采取差异化的原则。欠发达地区和落后地区的城市文化投入由所在城市自行解决或者由国家给予较低比例的转移支付,而农村由国家进行转移支付。

(2)推行政府购买服务

---

① 朱永新:建议设国家阅读基金 推动全民阅读工程 [EB/OL].[2018-12-15]. http://learning.sohu.com/20120309/n337243721.shtml.
② 唐瑾.关于设立"国家全民阅读专项资金"的建议[J].世纪行,2012(3):30;37.
③ 邬书林等委员呼吁加快建立全民阅读长效机制 [EB/OL].[2018-12-15]. http://www.xinhuanet.com/book/2017-03/14/c_129508980.htm.

随着我国经济的飞速发展，政府投资建设的公共图书馆已经不能满足社会公众日益增长的文化需求。为了更好的满足社会公众需求，政府开始制定政策鼓励政府购买服务。2015年，国务院转发文化部、财政部等部门起草的《关于做好政府向社会力量购买公共文化服务工作的意见》，要求建立健全政府向社会力量购买公共文化服务机制，并相应出台了政府购买公共文化服务的指导性意见和目录。[1]这一系列国家顶层设计文件，为社会力量参与公共文化服务提供了政策导向。在政策的引领下，政府购买服务逐渐被引入公共图书馆服务领域。2013年，北京市朝阳区、东城区的五个社区向悠贝亲子图书馆购买阅读服务，已经连续购买4年。2014年，北京市东城区向皮卡书屋中英文图书馆购买服务等。[2]2017年，北京市东城区第一图书馆采购悠贝的"故事会"和"绘本之旅"活动，安徽繁昌县图书馆采购了悠贝的"绘本之旅"和"公益讲座"活动。

政府购买服务的提供者可以是儿童阅读推广机构，包括营利机构和非营利机构，也可以是民间图书馆、阅读组织等非公办的图书馆、非图书馆类型的社会组织。他们往往有较高的服务热情、专业的人力资源、先进的资源设备及科学的管理方式，能够组织丰富的阅读推广活动，提供方便、快捷、优质、高效的儿童阅读推广服务，成为少儿图书馆公共服务设施的有益补充。这种公共文化设施"所有权"和"经营权"分离的市场经营管理模式，优势在于：①节省财政对基础设施建设的一次性投入，从而减轻财政负担、降低管理成本、提高政府资金的使用效率。②弥补公共服务供给不足，同时培育发展了社会其他力量，不断丰富公共文

---

[1] 国务院办公厅转发《关于做好政府向社会力量购买公共文化服务工作的意见》[EB/OL].[2018-12-17]. http://www.gov.cn/xinwen/2015-05/11/content_2860349.htm.

[2] 孟兰.推行政府购买服务构建阅读空间的探索—基于北京市西城区的实践.[J].图书馆，2016（2）：100-103.

化产品的供给,有利于形成社会良性的公平竞争。③有利于设施、设备、人才、市场等资源的整合以及管理水平的专业化。

(3)成立儿童阅读基金会

儿童阅读基金会是国外公益事业发展的重要资金来源,也是民间公共文化服务建设的重要支撑,他们主要提供政策指导和资金支持来推广儿童阅读。如德国"阅读促进基金会"于1988年成立,是一家民间组织,其名誉主席由历届德国总统担任,基金会下设阅读和媒体研究协会,专注于阅读、阅读教育和儿童辅读三个方面。[①]基金会每年重点针对幼儿园、中小学校、图书馆、书店和媒体发起大量的阅读推广项目,其中影响力比较大的有家庭阅读项目—难民子女"阅读起航"计划、幼儿园阅读项目"全世界的孩子"、"朗读图书馆"等。这些阅读推广项目目标群体划分精准,持续时间长,活动内容丰富有趣,深得孩子和家长喜爱。成立于1994年的俄罗斯读书基金会是跨区域的非政府社会组织,其主要职责之一是协同政府机构和社会其他组织制定俄罗斯阅读活动与发展纲要,促进学龄前儿童、中小学生、大学生阅读推广活动的开展。[②]

借鉴国外儿童阅读基金会的经验,我国政府可尝试成立全国性儿童阅读基金会,经费来源由政府拨款和企业捐赠两部分组成,捐赠资金的企业在税收方面可以享受国家的优惠政策。基金会运营要严格遵守财务管理制度,坚持资金的公开透明原则,合理使用资金,定期向有关机构公布基金运营计划、财务收支状况,保证基金会的可持续发展。在设立儿童阅读专项基金的同时,还要设立基金管理机构,进行基金管理与效益评估。

(4)寻求企业支持

图书馆无论进行何种服务,都需要经费的支持,而在经费普

---

① 赵俊玲,郭腊梅,杨绍志.阅读推广:理念·方法·案例[M].北京:国家图书馆出版社,2013:40.
② 李玲玲.俄罗斯建立读书基金会[J].出版参考,1994(8):7.

遍不足的情况下，与各地企业合作，邀请企业赞助资金充当活动经费也是多方获益的良策。通过文化机构与企业的合作，图书馆解决了资金问题，企业获得冠名或享受税收优惠的同时，也获得了展示和宣传企业的机会，实现了企业与文化活动的双赢。因此，通过寻求企业赞助来推广阅读的做法在国外很普遍。20世纪60年代，日本就有赠送图书券推广阅读的做法，1995年有13600多家出版社和书店参加赠送书券活动，共赠送出581亿日元的图书券。类似的活动在英国、法国、德国等国家都曾开展过。还有一些民间组织寻求企业赞助推广儿童阅读，如英国红房子书友会和儿童读物出版商每年为"阅读起跑线"计划提供市值560万英镑的图书。[①]

与国外相比，国内通过企业赞助来推广儿童阅读的做法较少。据资料显示，2013年，加多宝作为第八届"文津图书奖"及其系列推广活动的赞助企业，向国家图书馆捐赠阅读推广公益金300万元人民币，旨在通过举办读书沙龙、文津图书奖获奖图书展览、征文、讲座等活动，提升公众的阅读兴趣和文化素养，助力公益文化事业的发展。[②] 这是国家图书馆首次引入社会力量参与公益性阅读推广活动。

（二）建立科学的评估机制

1. 评估体系的本质

评估是维持馆校合作关系的重要环节，对合作项目的评估有利于考核儿童阅读推广活动是否满足参与者的需求，有助于向学生、教师、家长以及更广泛的群体宣传儿童阅读的价值，引起参与者对图书馆的关注，更大力度地争取社会各界对儿童阅读推广

---

① 郝振省,陈威.中国阅读:全民阅读蓝皮书（第一卷）[M].北京:中国书籍出版社,2009:321.
② 国家图书馆:鼓励社会力量参与公共文化事业[N].光明日报,2013-5-9（5）

的支持。通过评估结果还可以促使合作双方反思活动是否达到了既定目标、产生的影响，发现、改进活动中的不足，从而及时调整合作方案，为下一步活动和服务确定前进的方向。

进入 21 世纪我国儿童阅读推广深受重视，政府和图书馆投入了大量的经费、资源举办儿童阅读推广活动，全国涌现了很多优秀、值得借鉴的馆校合作的案例。但是由于我国图书馆界尚未认识到阅读推广评估体系的重要性，其认识还停留在要不要搞阅读推广评估的阶段[1]；另外，很多儿童阅读推广的出发点是面子工程，以上级主管机构的满意度为标准，很少关注儿童的阅读需求，对合作项目的深度评估较少，尤其缺乏对儿童、家长、教师等参与者的影响评估。国内学者对儿童阅读推广评估的研究关注度也比较低，研究成果较少，且不够深入，缺乏系统性研究。据检索，仅有王素芳单独发表的《国际图书馆界儿童阅读推广活动评估研究综述》，文章详细介绍了国外图书馆界的儿童阅读推广活动评估状况[2]，为我国儿童阅读推广活动的评估提供了理论指导和实践借鉴。

2. 设计馆校协同评估框架

（1）评估主体

根据评估目的的不同，评估主体可以呈现多元化。政府机构、图书馆、学校、研究者、市场调查机构都可以成为单独的评估主体。在评估过程中，根据评估需求各评估主体之间可以互相合作，如始于 1992 年的英国"阅读起步走"项目是典型的多主体评估。1993 年，该项目的发动者英国图书信托基金会（Booktrust）委托研究者对参与该项目的 300 户家庭进行问卷调查，对比参加活动的家庭一年后在阅读态度上的变化。1995 年，儿童阅读研究者对

---

[1] 邓咏秋.阅读推广馆员的应知与应会——以图书馆阅读推广基础工作为例[J].山东图书馆学刊,2016（1）:103-104;120.
[2] 王素芳.国际图书馆界儿童阅读推广活动评估研究综述[J].图书情报知识,2014（3）:53-66.

其中的 29 户家庭采用定性的研究方法进行阅读态度与行为的追踪研究。2005 年，英国政府委托罗汉普顿大学的研究者采用定性和定量相结合的方法对该项目进行综合评估。为了量化该项目的投入—产出，2010 年，英国图书信托基金会（Booktrust）又委托咨询公司进行社会投资回报研究。

目前我国的儿童阅读推广评估主要是从图书馆的立场出发的政府性评估。自 1994 年起，文化部已经先后开展了六次全国县级以上公共图书馆的评估工作，建立了对省、市、县级独立建制少儿图书馆的建设、服务与管理进行评价的指标体系，对"阅读推广"及"协作协调"设置了相关的指标。2017 年第六次评估中，一级指标"阅读推广与社会教育"下设了"年讲座、培训次数""年展览次数""年阅读推广活动次数""年数字阅读量占比（%）""阅读指导""图书馆服务宣传推广"六个二级指标。一级指标"图书馆行业协作协调与社会合作"下设"主持联盟或主持跨地方、跨系统的图书馆协作协调工作""参与联盟或参与跨地区、跨系统的图书馆协作协调工作""社会合作"三个二级指标。这些指标旨在测量图书馆的资源投入与产出效益，并未涉及对参与主体的结果与影响评估。

（2）评估内容

评估既是激励的手段，也是改进的手段。馆校协同儿童阅读推广的评估内容应当从两个层面进行界定：社会价值评估和经济价值评估。

首先是社会价值评估，即对参与者的影响和满意度调查。从两个方面进行评估：①儿童阅读推广对儿童的影响。针对儿童通过接触图书馆的资源和阅读推广项目而有所改变的情形的评估，主要包括对儿童的阅读态度和行为、对图书馆的利用、对儿童的学习所产生的影响以及其他影响。衡量指标分为阅读行为和阅读量两个方面，理想的阅读推广活动效果是：无阅读兴趣者培养出阅读兴趣；阅读兴趣单一者拓宽了阅读范围并增加了阅读量；阅读兴趣广泛者增加了阅读量。其他影响主要是指阅读给儿童带来的社会交往能力以及自信心。②儿童阅读推广对家庭的阅读态度和行为、对图书馆利用状况、亲子共读的频率和技能所产生的影响。1993 年,英国伯明翰大学针对"阅读起步走"项目开展了效果评估研究,研究者向 300 个 7~8 月龄的儿童赠送阅读礼品包,同时向其父母发放问卷,了解其开展亲子阅读、购书以及利用图书馆的习惯。礼包发放六个月后,研究者对受赠家庭进行第二次问卷调查,考察他们的阅读习惯是否因获赠礼包而发生了变化。在受赠儿童 2.5 岁、5 岁(入学之时)、7.5 岁(小学一年级结束时)时,研究者对受赠儿童进行跟踪调查,考察他们在认知能力、阅读习惯和学业成绩方面与普通儿童的差异。研究结果发现:两岁半时的调研显示,与普通儿童相比,更多的受赠儿童把"看书"作为最喜爱的活动(68% 比 21%);对文字表现出兴趣(100%比 34%);经常指认文字(68% 比 21%);经常翻看书页(54%比 10%);参与讲故事(82% 比 31%);经常提出问题(61% 比 21%)。①

其次是经济价值评估。图书馆和学校组织策划阅读推广活动需要耗费一定的成本支出,尤其是在图书馆、学校经费有限的条件下,图书馆和学校可以从经济学原理出发,量化馆校协同所创造的社会经济价值,进而证明合作项目的必要性和正当性。具体的投入指标因素应包括人力、物力、财力,比如图书馆员与志愿者的参与、阅读资源、阅读推广项目的策划、宣传海报的设计与发放。产出指标有阅读推广活动实际参与的学生人数、图书馆阅览证办证数量、图书资源的流通量、图书馆网站的点击量等。1981 年,国外学者 Goldhor 对有关图书展览和推荐书目推广效果进行了实验研究,图书馆员从其馆藏中选择 144 本传记图书作为

---

① Moore, M. & Wade, B. Bookstart: A qualitative evaluation [J]. Educational Review, 2003, 55(1): 3–13.

样本，头三个月内不对这些图书做任何处理，但记录它们在原来位置上的流通数据。三个月后，将其中的66本图书放置在一个专门的展览架上，标牌："你可能错过的好书"；将其中的39本书保留在原来的位置上，但三个月之内为它们发放了1000份推荐书目；将剩余39本书保留在原来的位置上，不对他们做任何形式的推广。研究结果发现：图书展览和推荐书目都显著提高了样本图书的流通率。①

（3）评估方法

评估方法的选择应根据评估主体、评估目的而定。在评估方法上，可以采用定量、定性以及定量与定性相结合的方法。定性方法有调查问卷法，定量方法可采用访谈法、实验法进行追踪调查。借鉴国外儿童阅读推广评估的实践经验，评估方可采用实验法对参与测试儿童在参与图书馆阅读活动前后阅读成绩或能力进行测试、对公共图书馆、学校、家长、教师等在阅读推广计划及项目的看法可以采用质性研究，以结构化的深度访谈方法进行。

---

① Experimental Effects on the Choice of Books Borrowed by Public Library Adult Patrons [J].The Library Quarterly, 1981, 51（3）: 253-268.

第六章　馆校协同儿童阅读推广模式的验证

一、案例研究对象的选取

本章采用观察法、访谈法选取两个典型案例对本书提出的馆校协同儿童阅读推广模式进行验证，调研时间从2018年5月持续至8月，调研情况与案例选择理由如下：

本书选择深圳市少儿馆为调研对象，主要基于两点考虑：首先，作为一线城市，深圳是中国改革开放建立的第一个经济特区，具有"全球全民阅读典范城市"的称号，全民阅读氛围浓厚，相应的儿童阅读事业发展迅速，无论是政府组织还是民间机构，儿童阅读推广都开展的如火如荼。据统计，深圳市共有638座各级各类公共图书馆、300台遍布城市街区的自助图书馆、4座大型图书城、超过100个民间阅读组织，每年举办近万场亲子阅读活动，形成了深圳"少儿阅读常青藤计划"（以下简称"常青藤"）等具有影响力的品牌活动。其次，根据访谈结果，深圳少儿馆拥有先进的儿童阅读推广理念，不仅很好的开展了图书馆阵地服务，还与中小学校密切合作，最大程度扩大服务半径，在全国范围内具有较强的代表性。

禅城区图书馆，原名石湾区图书馆，于1992年10月18日开馆，2003年更名为禅城区图书馆，并开始正式实施建设"联合图书馆"。经过10多年的建设，联合图书馆已经成为享誉业界的模式。该馆以总馆为干，分馆为枝，成员馆为叶，自助图书馆、数字图书馆、移动图书馆、汽车图书馆为补充，让公共图书馆在区内遍地开花。通过资源、技术、人员、观念等要素的协同，最大范围的扩大了公共图书馆的儿童阅读推广的覆盖范围，取得了良好的儿童阅读推广效果。2016年6月，禅城区图书馆总分馆建设模式被列为县级图书馆总分馆建设的典型案例之一在全国推广。

二、深圳"常青藤"案例

（一）协同要素

深圳目前共有中小学524所，图书馆藏书的配置标准为小学人均30册，初中人均40册，高中人均50册，全市中小学共有藏书约2000万册。目前这些图书馆藏书仅限本校师生借阅，流通范围相对封闭。由于各学校经费有限，馆藏建设各有偏重，而且电子资源比较缺乏。作为最具活力与创新能力的城市，深圳市在儿童阅读推广领域同样具有超前的创新意识，率先树立了协同意识，尝试探索打破条块分割、各自为政的框架。2009年，深圳市开始着手整合教育系统和文化系统资源，合作开发"常青藤"，该项目是提升学生阅读素养的创新性举措，也是贯彻落实党的十八大精神，扎实推进文化强市建设的重要抓手。

1. 主体要素

在儿童阅读推广中，政府、公共图书馆、学校等各推广主体承担着不同的角色（见图6-1），其中，深圳市政府的政策保障以及深圳市教育局、深圳市文体旅游局的宏观指导与组织协调是"常青藤"得以顺利进行的纽带。2010年9月，深圳市政府发布的《中共深圳市委市政府关于推进教育改革发展率先实现教育现代化的决定》提出："图书馆、科学馆、博物馆、文体场馆、青少年活动中心等公共资源，优先满足教育需要。"[1]2014年6月，深圳市教育局印发全国首个中学生综合素养培养指导意见——《关于进一步提升中小学生综合素养的指导意见》，指出要"着力培养学生主动预习复习、专心听课、积极思考、独立钻研、认真作业、课外阅读的良好习惯。"[2]在政策的支持与保障下，2014年12月，深圳文体旅游局和深圳市教育局签订了《深圳市中小学图书馆"常青藤"建设行动计划（2014—2020年）》，共建"深圳市中小学图书馆常青藤联盟"，"常青藤"正式启动。为推进"常青藤"的顺利实施，各区教育、文体旅游部门及中小学校按照深圳市教育局、文体旅游局的要求，成立了"常青藤"推进领导小组，努力实现行动计划建设目标。政府还加大了资金投入，推动图书编目中心、信息中心及资源中心的建设。

深圳少儿馆的主要角色与职责：（1）组织策划。制订相应的管理规章，探讨项目合作方式；组织、实施深圳少儿馆与学校图书馆数字资源的共建共享；策划面向学生的阅读推广活动，丰富学生文化生活，提高学生阅读能力。（2）培训。针对学校图书馆员开展培训工作，促进学校图书馆建设。（3）交流沟通。加强与各成员馆之间的沟通、合作，充分体现群策群力、协作配合、共同推广、积极开拓的合作精神。（4）吸纳新成员。逐步发展"常青藤"加盟图书馆。

学校图书馆的主要角色与职责：（1）宣传。以张贴公告等形式宣传儿童阅读活动。（2）物流支持。在各成员馆需要收回保存于其他馆的本馆文献时（如资产清点），各成员馆应及时免费提供物流支持，以保证该馆文献及时归还。（3）改善阅读环境。学校

---

[1] 中共深圳市委市政府关于推进教育改革发展率先实现教育现代化的决定[EB/OL].[2018-10-17].http://www.szeb.edu.cn/jyfw/jyyj/szjyfz/201501/t20150115_2797923.htm
[2] 关于进一步提升中小学生综合素养的指导意见[EB/OL].[2018-10-17].http://www.sohu.com/a/201006007_387094.

图书馆每周安排相应时间向学生家长开放,为广泛开展"亲子阅读"提供条件。(4)积极参与活动。积极组织本校学生参加各类型阅读活动,培养学生阅读兴趣,树立学生良好的阅读习惯,提高学生的阅读能力,丰富学生的文化生活。

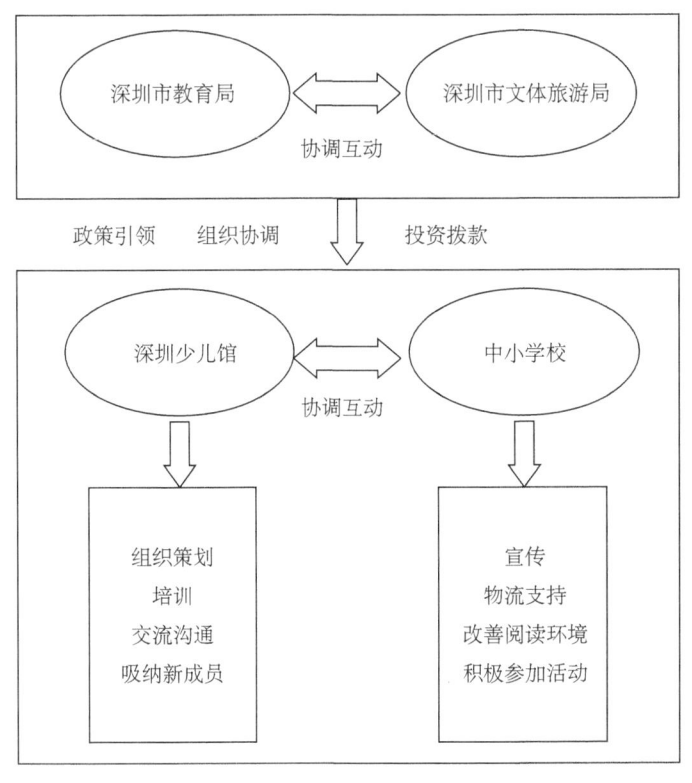

图 6-1 深圳"常青藤"馆校协同主体

2. 观念要素

"我们(深圳少儿馆)2008 年 12 月开馆,2009 年开始有馆校合作的设想,当时是考虑到学生大部分的时间都在学校上课,5 点钟放学之后学生又要写作业,很少有时间到图书馆来阅读。这样,我们就想把图书馆的资源主动推送到学校去。在建立合作关系之前,馆领导会前往学校,与校领导沟通、了解学校阅读推广情况及学校图书馆建设情况,并将合作内容与校领导沟通。双方达成一致意见后,再具体开展合作内容。刚开始我们考虑到推送纸本图书会给学校增加压力,比如学校图书馆空间问题,所以我们先推送的是线上资源,当初学校跟我们合作比较谨慎,沟通也不是特别顺利,主要是不信任我们,以为我们是数据商。馆校合作其实是摸着石头过河,初次合作以后,我们后续开始根据学生的阅读需求购建资源。"(深圳少儿馆"常青藤"负责人)

虽然在沟通过程中会出现不同的意见,但"常青藤"经过不断地沟通、磨合,最终在观念上达成了共识,并确定了该计划的指导思想为"坚持立德树人,积极弘扬和践行社会主义核心价值观,完善中华优秀传统文化教育,整合教育系统和公共文化资源,实现优势互补、共建共享,加强中小学图书馆建设和管理,引导学生好读书、多读书、读好书,促进学生学习素养提升。"总体目标为:创新构建深圳市中小学生图书文献资源"四平台一体系",即深圳市中小学图书文献通借通还平台;深圳市少年儿童图书文献资源共建共享平台;深圳市中小学生阅读推广平台;深圳市中小学师生学习交流平台;打造具有深圳特色的少年儿童文献服务保障体系。在总目标的指导下,2014年,深圳市教育局印发了《深圳市中小学图书馆"常青藤"行动计划加盟公约》,公约对深圳市少儿馆市的主要职责和任务、各加盟学校权利及义务、管理委员会的权利及义务、联盟成员的加入与退出等合作条款进行了详细的约定。各推广主体确立"快乐阅读、自然生活、健康成长"的阅读推广理念,这与深圳市教育局发布的《关于进一步提升中小学生综合素养的指导意见》中倡导的"快乐阅读"理念是协同一致的。

3. 资源要素

2009年,深圳市光明新区凤凰小学成为首个加盟"常青藤"的学校,实现了文献资源的共建共享、图书通借通还。2015年,共有84所学校加盟该计划。在该计划框架下,加盟学校的读者可以在其中任一个成员馆内借阅其他成员馆的图书,也可以在任一成员馆归还其他成员馆的图书。通过该计划，加盟学校的阅读资源迅速得到大幅提升，阅读环境得到优化。在馆校协同的初级阶段，资源整合仅限于少儿馆与中小学、各中小学校之间的阅读资源的整合与共建共享，并没有将人员、技术、数字资源、网络条件、管理体制加以统筹考虑。2016年，项目组建立了图书资源调配中心、图书编目中心、信息中心及资源中心，用于该项目下馆校协同范围内的图书采购、加工、存储、调剂、配置、流通。加盟学校还可以利用图书馆统一的自动化系统平台、书目数据、电子资源，参加联盟组织的各类型读书活动，学校师生可以随时随地获得海量的阅读资源。

经过资源整合，在图书资源上，深圳少儿馆与加盟学校面向全校师生实现通借通还的文献流通服务；在设备资源上，深圳少儿馆开发服务器与存储设备等可供加盟学校使用；在人力资源上，深圳少儿馆定期开展对学校图书馆人员进行业务培训；在管理资源上，深圳少儿馆与加盟学校协同阅读推广理念、管理策略、规章制度、业务规范。另外，为适应学校特色发展，提升学生综合素养，加盟学校根据自身的办学特色或专业特点，还建设了特色馆，如"儿童绘本图书馆""少儿科学图书馆""少儿艺术图书馆""少儿外语图书馆"。

4. 技术要素

随着加盟学校的不断增加，深圳少儿馆现有的信息化平台无力支撑该项目的发展，信息化系统的升级和扩容迫在眉睫。2015年，项目组着手建设文献资料管理系统和电子资源服务系统，以保障该项目框架下面向全市中小学提供文献资料的查询、借阅，电子资源使用等服务。该系统在实现深圳少儿馆与学校资源通借通还的基础上，以目录数据管理为核心，将图书报刊、电子文献等多种阅读资源整合起来予以揭示，解决了馆校之间联合目录、资源整合等业务问题。

为更好体现深圳市中小学阅读情况，配合全市的阅读指数发布，项目组经过为期一年的设计论证，2015年，项目组开发了全国首个青少年阅读指数统计发布系统，建立了全市中小学网上阅读平台——"阅读榜"。通过阅读榜平台，项目组可便捷的收集青少年阅读大数据，建立数据分析模型，分析并掌握青少年的阅读现状、阅读兴趣和阅读能力，以深入分析深圳阅读指数。

（二）保障机制

为了保证"常青藤"规范高效运行，该项目组从制度建设和组织结构入手，专门建立了相应的项目负责机构，出台了一系列管理制度和业务规范。

1. 加强制度建设

2015年12月24日，深圳市第六届人民代表大会常务委员会第四次会议通过《深圳经济特区全民阅读促进条例》，该条例于2016年4月1日起正式实施。第8条明确规定："未成年人阅读推广计划"应列为全市全民阅读发展纲要的内容之一，这表明了深圳市政府对儿童阅读的重视程度。《条例》中多项条款与儿童阅读直接相关。第11条规定：设置未成年人阅览室或者阅读区域，提供适合未成年人的阅读资源及服务是公共图书馆的职责之一。第14条规定：市、区教育主管部门应当指导中小学校、中等职业学校、幼儿园等开展阅读活动，开设或者调整相关课程，传授阅读技巧，培养阅读兴趣，提高阅读能力。这两条规定表明政府已经将公共图书馆、学校、幼儿园列为儿童阅读的重要机构，并明确了他们开展阅读推广服务的职责。第15条规定：市、区教育主管部门应当指导中小学校开展阅读水平测试，每年向社会发布中小学生阅读水平情况报告。第16条规定：市、区文化主管部门应当会同市、区教育主管部门在中小学校、公共图书馆等场所组织开展面向未成年人的阅读促进活动，指导未成年人开展课外阅读。此条规定明确了"馆校协同"推进儿童阅读。第19条规定：每年4月23日为深圳未成年人读书日。市、区政府有关行政主管部门、共青团等应当在深圳未成年人读书日组织开展未成年人阅读促进活动;公共图书馆、中小学校、幼儿园等应当开展未成年人阅读及交流活动。鼓励企事业单位、其他组织和个人开展各种形式的未成年人阅读促进活动。第21条规定:全民阅读基金用于下列活动:……(三)实施社区阅读、未成年人阅读及特殊群体阅读服务计划……。

从《深圳经济特区全民阅读促进条例》内容可以看出,该条例从组织保障制度、社会参与制度、设施规划建设制度、法定阅读活动制度等方面为深圳儿童阅读提供了制度保障。它还明确和规范了政府、公共图书馆、学校、幼儿园在儿童阅读推广活动中的职责,从而保障了儿童的阅读权利,从制度上解决了儿童阅读在阅读场所、阅读资源、资金方面存在的问题。

2. 提升技术保障

由于馆校协同涉及两个不同的系统,其整个业务流程、业务范围、业务功能和数据处理都区别于各自原有的运作形式,各要素的协同需要统一的图书馆自动化管理系统软件来支撑。深圳少儿馆依托现有的管理和资源平台,使用ILAS云终端图书管理系统,并对加盟学校的图书管理系统安装升级。该系统以图书为中心,在实现图书馆管理自动化的基础上,解决了图书馆与学校之间图书资源通借通还的问题,以目录管理为核心,有效揭示、整合了图书馆与学校图书报刊、电子文献、音视频多种资源,使相互关联的图书馆与加盟学校之间形成一个布局合理、协调有序、运作规范的有机整体。

3. 加强组织领导

为了更好地发挥在促进图书馆建设与发展以及提升中小学生阅读素养中的作用,该项目成立"常青藤管委会"(以下简称"管委会",如图6-2所示)。管委会采用理事长轮值制,设理事长两名,副理事长三名,理事若干名,秘书长一名。理事长由教育局和文体旅游局各委派一位副局长担任;副理事长由市教育局德育处（1人）、市文化局公共文化服务处（1人）、市少儿馆（1人）组成；理事由各区（十个区）教育局或公共事业管理局副局长及部分常青藤加盟学校领导担任；秘书长由深圳少儿馆馆长担任。管委会具体职责如下：（1）协调实施资源共享、通借通还项目合作建设单位之间的关系；研究、协商及审议合作建设合同或协议。（2）审议实施资源共享、通借通还、阅读活动等项目建设发展规划和年度计划；（3）审议年度工作报告；（4）积极参与通借通还系统建设，并根据各馆和科研发展的动向和要求，就图书馆通借通还、资源共享、阅读活动等项目的发展和工作计划等方面提出建设性的意见，以进一步提高图书馆服务质量和馆藏文献资源的利用率，不断扩大学校图书馆对学生的影响力；（5）听取各成员馆工作汇报，了解资源共享、通借通还、阅读活动等项目的发展规划、工作计划、重大措施和执行情况；对实施工作进行检查评估；（6）定期或不定期召开工作会议，研究解决工作中存在的问题。

管委会下设四个分支机构，分别为：项目建设与发展委员会、资源建设与应用委员会、专业指导委员会和阅读推广服务委员会。

项目建设与发展委员会具体职能包括：（1）制定"常青藤"管理规范和技术指标，并组织实施和监督管理；（2）制定"常青藤"发展规划和年度计划；（3）配合"常青藤"推进领导小组推进"常青藤"的建设与发展；（4）了解"常青藤"项目实施情况，对项目实施工作进行检查评估，定期组织"常青藤"中小学图书馆评估工作；（5）加强交流沟通，积极促进各成员馆之间的合作，吸纳新成员馆，协作配合，共同发展。

文献资源建设与应用委员会具体职能包括：（1）推进"常青藤"文献资源建设工作，制定"常青藤"项目文献资源（特别是数字资源）的完善、补充、整合、新增等工作计划，保障各成员馆资源共享、通借通还的顺利实施；（2）研究了解深圳市中小学生阅读需求，制定中小学图书馆必备书目清单，制定文献资源类别购置比例及相关规范。(3)了解各成员馆文献资源建设中存在的问题,并提出建议、意见及改进措施。

专业指导委员会具体职责包括:(1)制定"常青藤"中小学图书馆队伍建设计划,提出队伍培养目标、培养模式的建议、意见和规划;(2)制定"常青藤"中小学图书馆从员人员及相关教师的培训计划,确定培训内容、教学大纲、课程设计等;(3)定期组织开展业务培训工作,并承担对中小学图书馆从业人员的考核任务。

阅读推广服务委员会具体职责包括:(1)加强学校图书馆阅读服务建设,积极协助各成员馆开展校园阅读活动,开拓学生视野,提高学生阅读能力;(2)定期开设阅读推广人学习培训班,提高阅读推广人的综合素质和业务能力;(3)了解各成员馆阅读推广活动开展实施情况,并负监督、指导责任。

另外,管委会还下设办公室,办公室挂靠深圳少儿馆,由深圳少儿馆负责组织"常青藤"项目日常工作。办公室内设宣传组、协调组、文献组等,相应成员均由深圳少儿馆员工组成。

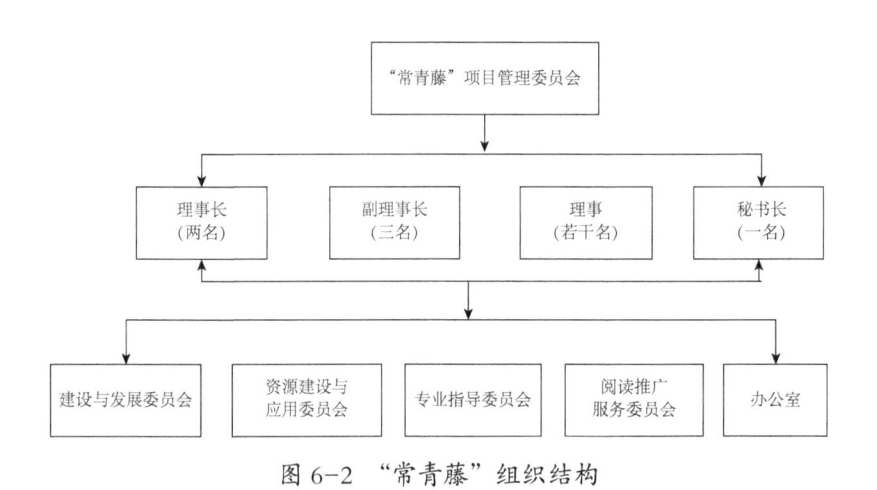

图 6-2 "常青藤"组织结构

4. 实施规范化管理

为加强中小学图书馆服务规范化建设,促进深圳中小学图书馆服务的标准化、规范化，使其在学校教育中发挥更为积极的作用。项目组邀请相关专家、学者和部分深圳市中小学图书馆负责人共同制定了"常青藤"中小学图书馆服务标准和评估标准。通过以标准促提高，不断提升中小学图书馆服务能力，更好地保障中小学生阅读权益，提升中小学生阅读和自主学习素养，充分发挥学校图书馆引导学生阅读、促进阅读的作用。服务标准的内容包括：组织和人员建设、馆舍、设备和藏书建设、科学管理、读者服务、档案管理五部分。根据服务标准，项目组制订了相应的评估标准。

为了保障"常青藤"规范、高效运行，项目组还出台了一系列管理制度和业务规范。项目组制定了《关于加强中小学校图书馆管理工作指导意见》，通过地方制度性安排解决图书资源配置不均衡、文献采购专业性不强、图书资料更新不及时、使用借阅效率不高等问题。根据本市中小学学校及学生实际情况，项目组还编制了《深圳市中小学图书馆藏推荐目录》，以加强学校图书馆阅读资源建设。此外，项目组还草拟了《深圳市中小学图书馆"常青藤"项目管理委员会建设方案（征求意见稿）》《2015年深圳市中小学图书馆"常青藤"项目管理委员会工作会议方案》《2016年"常青藤"项目预算表》，以保证"常青藤"项目的规范、持续性发展。

（三）儿童阅读推广效果

"常青藤"经过初步构建和两年的发展，组织机构与运行机制逐步进入正轨并在实践中不断得到完善，馆校协同儿童阅读推广也进入到了综合统筹阶段。深圳少儿馆和加盟馆以资源协同为突破点，最终实现人员、观念、资源、技术全面协同发展。

1. 扩大了服务半径

深圳少儿馆每年面向儿童开展形式各样的阅读活动，这些阅读活动除了旨在培养儿童的阅读兴趣、提高儿童的阅读能力外，还特别重视儿童身心的健康发展。但是，由于信息渠道、交通、时间等方面的原因，许多儿童无法获取图书馆的阅读服务。深圳少儿馆联合深圳市教育系统在全市范围内合理规划加盟学校的网点布局，对有加盟意愿的学校按照项目的各项制度进行考察，对达标的学校及时予以吸纳，对未达到标准的学校则进行指导整改，直至符合项目要求标准后吸纳加盟。自"常青藤"实施以来，不断吸纳新成员（加盟学校数量详见表6-1），2015年共84所学校加盟，截至2018年12月，共128所学校加盟"常青藤"。通过积极发展加盟学校，"常青藤"打破了深圳少儿馆和各中小学图书馆行政归属的限制，扩大了图书馆儿童阅读服务半径，使阅读资源稀缺地区的儿童也能获得与发达地区儿童同等的阅读服务，促进了城乡阅读资源的均衡化。

表6-1 2015—2018年深圳"常青藤"加盟学校数量

	新增加盟学校（所）	加盟学校总数（所）
2015年	84	84
2016年	9	93
2017年	9	102
2018年	23	128

2. 促进了阅读资源的高效利用

在"常青藤"的推动下，学校图书馆可通过办理集体借阅证、通借通还、数字资源共享等方式无偿获取深圳少儿馆的馆藏文献，实现学校图书馆与深圳少儿馆文献资源的无缝链接。儿童阅读资源得到充分有效利用。主要体现在以下三个方面：

第一，持证学生数量有了较大增幅。"常青藤"学校加盟前后的读者卡数量变化表明，随着中小学校图书馆的不断加盟，深圳少儿馆和大多数加盟馆的有效持证数量都出现了大幅度增长。由表6-2可以看出，2014年，深圳少儿馆办理各类读者证共计10,526张，其中儿童读者证5776张。2015年，深圳少儿馆办理各类读者证共计13,151张,其中儿童读者证7495张,比2014年增加1719张。2016—2018年,每年新办理儿童读者证分别为6092、6895、6450张。

表6-2 深圳少儿馆2014—2018年办理读者卡数量表

年份	各类读者证(张)	儿童读者证(张)
2014	10526	5776
2015	13151	7495
2016	10834	6092
2017	10981	6895
2018	9822	6450

以深圳市龙华同胜学校、深圳市福田区莲花中学两所加盟学校为例,两所学校的参与读者数量每年都有所提升,深圳市龙华同胜学校2016年、2017年和2018年有效持证读者分别为428、676、861名,深圳市福田区莲花中学2016、2017、2018年有效持证读者分别为269、428、518名。

第二,图书借阅数量快速增加。在图书馆学领域,读者数量的增加与到馆藏借阅量的增长呈正相关关系。从深圳少儿馆的图书借阅量与加盟学校前后的统计数字来看,深圳少儿馆的图书借阅数量与大多数加盟学校的图书借阅数量都出现了大幅度的增长。2015年深圳少儿馆外借图书总册次652527册次,办理集体借阅17639册次;2016年深圳少儿馆外借图书总册次760576册次。深圳市福田区皇岗中学2015年加盟"常青藤"后,学校图书借阅量由2014年的1024册次增加至2015年的2959册次。深圳大学城桃苑实验学校2018年1月正式签约成为"常青藤"加盟馆后,学校图书借阅量较2017年增长了6800册次,增长幅度达89%。

第三,图书馆到馆读者数量增加。自深圳少儿馆实施"常青藤"计划以来,年接待读者人数由2014年的101万人次增加到2015年120万人次,截至2016年10月,接待进馆读者数量为85万人次。

上述数据充分说明馆校协同阅读推广模式对于充分发掘儿童阅读资源价值，提高儿童阅读资源利用率具有明显的促进作用。

3. 提升了学校的阅读推广服务水平

学校图书馆阅读推广服务水平的提升主要通过三个途径实现：

第一，通过深圳少儿馆与加盟中小学图书馆阅读资源的共建共享、通借通还，丰富了学校图书馆馆藏文献类型和品种。另外，深圳少儿馆还发挥自己的专业优势，组织图书管理专业人员对学校图书馆的规范化建设进行指导，优化了学校图书馆文献资源配置，提高了学校图书馆馆藏文献的质量。

第二，举办中小学图书馆员业务培训班。学校图书馆是学生开展阅读活动、丰富学生课余文化生活的重要场所，是书香校园建设的重要组成部分。因此，学校图书馆管理人员的专业能力是非常重要的。为了提高学校图书馆员的阅读推广专业知识和开展阅读活动的能力，深圳市少儿馆定期对中小学图书馆员进行专业知识、行业进展、阅读推广等一系列培训，并制定了详细的培训方案。2015年深圳少儿馆邀请专家针对全市中小学图书馆举办了图书馆管理员业务培训，106所学校的132名学校图书馆管理员参加了培训，通过专业培训。参训人员基本了解中小学图书馆基本操作规范和图书馆文献采访、编目、典藏、流通等基本知识及操作流程；掌握面向中小学生阅读推广活动的基本条件和方法；学习并掌握中小学数字图书馆建设的基本知识；提高其专业知识和开展阅读活动的能力，从而将其落实在具体的业务工作中，更好的发挥学校图书馆的作用，为学校的教育、教学活动的开展发挥积极的辅助作用。

第三，开展阅读推广人培训。阅读推广人培训的对象主要为各"常青藤"加盟学校图书馆从事阅读推广或读书活动工作的专职人员，幼儿园和各"常青藤"加盟中小学相关岗位教师以及各民间阅读组织内从事阅读推广的会员。培训一般邀请国内（包括港澳台）教育发达省市重点中学的知名教师、高等学院知名教授或儿童阅读领域的专家学者，通过开设理论性课程、技术性课程和实践课程，指导学员了解和利用公共阅读资源、有效地策划与组织阅读活动，提升阅读推广的专业化水平。2018年，深圳少儿馆协助深圳市阅读推广人协会举办的深圳市阅读推广人培训班（罗湖专场），参训学员多达150人。

除了理论知识的培训，深圳少儿馆还特别重视通过实践提升参训人员的实际操作能力。比如组织学员到公共图书馆、学校、社区开展阅读推广实践，或者以阅读行走的形式进行阅读推广实践。通过"理论+实践"的培训方式，切实提高了相关人员的专业素养，为学校儿童阅读资源建设与管理、学校阅读推广活动的开展储备了良好的专业人力资源。

（四）相关修正

深圳少儿馆在探索馆校协同儿童阅读推广模式的道路上，通过深圳少儿馆及各加盟学校之间资源、信息、人员和业务行为等方面的共享，实现协同效益，形成了整体协同推广的态势。但是，由于深圳市"常青藤"发展时间较短，要打造未来的提升空间，还必须注意以下问题：

1. 加盟学校仍需更一步科学规划、合理布局。首先，深圳市全市524所中小学，目前加盟学校有120所，加盟学校的数量与深圳市学校的需求量仍存在较大的差距。其次，现有加盟学校的分布状况及合理性还有待加强。

2. 经费投入和保障机制仍有待健全。随着加盟学校的不断增加，购书经费、管理平台建设、数字资源采购、人员经费的需求不断加大，深圳市教育局、文体旅游局根据各自的财政口径给予了一定的经费支持，深圳市、区发改、财政部门按相应职能对"常青藤"推进落实予以经费支持和保障，但根据该计划的实际运行情况，仍然需要设立专项经费以保证项目的正常运行。财政部门应该结合本地区中小学情况，加大投入力度，充实少儿图书馆资源，确保少儿图书购置、数字资源建设和物流配送的资金需求。

3. 应加大对馆校协同的宣传力度。当前，馆校协同对很多图书馆、学校、家长及学生而言，仍属于新事物，并未受到广泛关注。本人在知网数据库中运用"常青藤"为关键词进行检索，并未搜集到相关的学术论文。利用搜索引擎查询也仅有深圳市教育局门户网站、深圳市少儿馆官方网站对"常青藤"简单介绍。因此，要利用新闻媒体和门户网站、微信、短信等多种手段，加大对"常青藤"相关活动的宣传，扩大"常青藤"的社会影响力，使"常青藤"不仅成为深圳馆校协同儿童阅读推广的品牌，而且成为全国性馆校协同儿童阅读推广的典范。

4. 规范馆校协同效果评估体系。目前深圳市教育、文体旅游部门履行对"常青藤"督促、检查的职责，定期组织开展对加盟学校在图书馆建设管理、履行职责义务等方面的检查和评估，围绕各加盟学校服务状况，将读者满意度、文献利用率、阅读推广活动参与度等衡量服务质量的指标纳入图书馆与学校的考核范围。

三、佛山市禅城区联合图书馆儿童阅读推广案例

（一）协同要素

1. 主体要素

2003年，佛山市禅城区图书馆第一家分馆禅城区少儿馆对外开放，这是国内较早建立起少儿图书馆总分馆服务体系的地区。经过十几年的发展，截至2018年12月，禅城区总分馆服务体系已拥有1家主馆、5家分馆、19家成员馆、25家阅读场馆，形成了以禅城区政府为管理主体，以禅城区图书馆为总馆，镇（街道）馆为直属分馆，各类型基层图书馆为成员馆的总分馆服务体系（如图6-3）。该体系打破了行政体制的障碍与约束，将中小学图书馆、幼儿图书室纳入总分馆建设的范畴，整合了文化系统与教

育系统已有的阅读资源，构建了基于儿童群体的总分馆服务网络，实现了儿童阅读资源的全域共享。根据总分馆建设的思路，目前总馆与社区、中小学校、幼儿园建立了多样化的合作渠道，建立了不同类型、不同模式的直属分馆、成员馆、汽车图书馆、自助图书馆。

```
        建设主体
        禅城区政府
            │
        管理主体
        禅城区图书馆
    ┌───────┼───────┬───────┐
  直属分馆  成员馆  汽车图书馆  自助图书馆
```

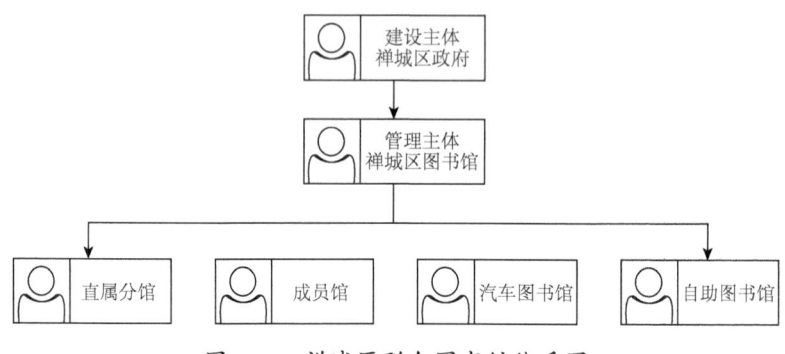

图 6-3 禅城区联合图书馆体系图

政府作为公共图书馆总分馆制的管理主体，主要职责是为总分馆制的推进提供政策、资金、人员的支持。

禅城区图书馆作为总分馆制的建设主体，是禅城区联合图书馆的主馆，是整个公共图书馆服务网络的管理中心、业务指导中心、技术服务中心、后勤保障中心、图书物流中心。根据总分馆建设模式的不同，总馆与分馆、成员馆也承担着不同的权利与义务。在总分馆建设模式下，总馆对分馆行使统一的人事、财务、资源及业务管理权。分馆馆舍由镇（街道）无偿提供，所有权归属镇（街道）；分馆由总馆全权管理，镇（街道）只能协助，不能干预；分馆运作经费由禅城区政府承担，全部直接下拨给总馆，由总馆统筹安排。在成员馆模式下，总馆负责平台搭建、图书编目、人员培训、业务指导和技术支持等。成员馆的所有权和管理权不变，购书经费、员工经费、水电费及各种设施费用均由成员馆自行承担。分馆、成员馆的学生可以凭"一卡通"借书证借阅佛山市联合图书馆体系内所有图书馆的图书，同时可以免费登录禅城区数字图书馆,使用CNKI、超星电子图书、博看电子期刊等数字资源,共享佛山市图书馆及五区图书馆资源。

2. 资源要素

(1)统一采编。禅城区图书馆作为总馆承担着统一采编的任务。统一采购、加工、整理,并按照统一的编目规则及分类法对图书资源进行编目,并定期向分馆配送,各分馆不需要设立采编部门。采编中心由总馆管控,总馆按照分馆提出的文献使用计划、实际需求和馆藏特色等分别进行义献配置。

(2)统一管理。为保证总分馆体系的顺利实施,总馆与学校馆经过协商,分别签订协议书,明确总馆、分馆、成员馆各自的权利与义务,各方需严格遵守协议。

(3)统一服务平台。在网络信息技术的推动下,禅城区图书馆发挥自身的优势建设数字图书馆,有机整合总分馆的书目数据和馆藏信息,实现文献资源的统一检索,并通过5U管理系统与学校图书馆实现资源共享。学生可在统一的服务平台检索总分馆服务体系内的文献收藏分布情况,根据距离自己较近的馆藏地点获取自己所需要的阅读资源;对于数字资源的获取,学生可凭借读者卡登录图书馆网站免费在线阅读和下载所需数字资源。总分馆模式下的各中小学分馆,采用统一的读者证,由禅城区图书馆统一配送,总分馆之间实现文献资源通借通还,数字资源全部共享。学生在任何学校分馆办理的读者证都可以在总馆使用,在任何分馆学校借阅的读书也可到总馆还回。

(4)统一举办儿童阅读推广活动。除了通借通还以及资源共享外,总馆还统一组织或依托各学校分馆依托总馆的协调指导开展儿童阅读推广活动,通过作家进校园、讲故事比赛、阅读推荐等活动实现总分馆之间的上下联动。如禅城区少儿读书节以禅城区联合图书馆主馆、分馆及成员馆为主要活动平台,面向全区少年儿童开展系列阅读活动,如亲子阅读会、七彩读书会、科普课堂、手工课堂、兴趣小组、阅读达人等,截至到2018年,已经连续举办七届，已经成为佛山市儿童阅读推广活动品牌。

3. 技术要素

中小学图书馆一般采用校园网、教育网，而公共图书馆一般采用因特网，二者的网络对接存在系统不能正常运转、读者不能正常访问等诸多问题。佛山市图书馆与易宝电脑系统有限公司合作，开发5U系统。该系统采用分布式部署，建立多级区域型联合。各分馆统一共享主馆的网络服务平台、服务器、设备及技术人员，避免了分类编目、技术维护等重复劳动。学生可以凭学生证办理一卡通借阅证，开通后，学生凭一卡通可以实现在联合图书馆以及其他成员馆之间通借通还，实现无障碍、便捷的图书馆服务。另外，学生学生还可以根据自己的兴趣和爱好定制界面、功能以及内容，同时还可以实现网上续借、预约等。

（二）保障机制

1. 建立政策保障

作为儿童阅读推广服务体系构建的先行者，佛山禅城区联合图书馆的起步和实施都离不开政府的高度重视，区政府在政策制定与建设方案上都给予了大力支持。2002年，禅城区政府发布《关于佛山市禅城区"联合图书馆"建设方案》，正式提出了构建佛山市禅城区联合图书馆的规划和设想。2003年，禅城区图书馆第一家分馆——禅城区少儿馆对外开放，标志着禅城区联合图书馆的起步。2004年，佛山市图书馆发布《佛山市联合图书馆实施方案》，该方案提出在整合全市图书馆资源的基础上，打造"统一标识、统一平台、统一资源、分级建设、分级管理、分散服务"的体系。在联合图书馆的实施中，佛山市文化局专门成立了佛山市图书馆资源整合工作领导小组与佛山市联合图书馆资源整合工作技术小组，并制定了联合图书馆统一的技术准则、数据规范、服务准则。2016年，禅城区政府制定出台了《禅城区联合图书馆建设标准》，对镇（街道）图书馆、社区（村）图书馆、学校图书馆、企事业单位图书馆建设的硬件条件、人员条件、运作条件及服务项目都做出了标准化的要求。为了提高公共图书的服务质量和管理效益，2016年，禅城区政府还制订出台了《禅城区联合图书馆考核实施细则》，对各分馆及成员馆进行绩效考核。

2. 加大经费投入

禅城区联合图书馆形成了以区财政投入为主导，街道和社区财政参与，企业和其它社会力量共同投入的经费投入体制。自2003年建设至今，禅城区政府先后累计投入9800多万元用于总分馆的建设，从分馆馆舍建设、人员、资源、专项物流、管理系统、数字图书馆等各方面进行了全方位的资金保障，确保禅城区联合图书馆建设能够持续、健康发展。

3. 重组内部组织结构

单馆时代，图书馆一般设有采编部、典藏阅览部、参考咨询部、信息部、办公室等业务与行政部门。在总分馆制建设的过程中，禅城区图书馆的职责与定位发生了改变，在原有业务的基础上，还要掌握所有分馆的管理权，同时新增了很多业务内容，如图书编目、图书配送、图书调拨、业务指导、人员培训等。为适应总分馆制的开展，总馆打破了原有的业务界限，对原有的组织结构进行了调整，建立了新的组织结构（如图6-4），设立了办公室、联合图书馆部、阅读推广部、技术服务部。办公室负责全馆行政、人事、财务、总务、后勤工作；联合馆部门负责禅城区联合图书馆业务协调、网点建设管理、图书资源的采访、分类编目、日常流通、汽车图书馆的统筹及运作。阅读推广部负责全馆活动统筹、全馆大型活动策划、组织开展和制订、修订馆内业务规章制度以及全馆各宣传平台管理工作。技术服务部负责全馆各应用系统、网站平台、数据库系统的开发、技术支持和维护管理；负责文化信息共享工程禅城区支中心相关工作；负责全馆网络及硬件设备的采购、维护管理工作。成员馆及分馆负责图书馆的日常开放、儿童阅读推广、组织开展儿童阅读推广活动以及宣传推介图书馆服务。

图 6-4 禅城区联合图书馆组织结构图

4. 建立评估机制

2016 年，禅城区政府制订了《禅城区联合图书馆考评指标》（见表 6-3），每年以书面调研与实地考察相结合的方式，从办馆条件、服务规范、管理水平多方面、多角度对成员馆开展分类评价，根据已有的既定考核指标，对联合图书馆服务体系下的成员馆进行考核。2018 年，禅城区图书馆对联合图书馆服务体系内达到年度考评条件的 11 家基层服务点（成员馆），进行全面、细致的考评工作，"深度体检"基层公共文化服务工作开展情况。经考评，南庄镇图书馆、石湾镇街道湖景社区自助图书馆、佛山市城南小学图书馆、张槎街道大富村图书馆及南庄镇湖涌村图书馆 5 家图书馆凭借扎实的业务成绩、优质的服务管理脱颖而出，获得年度考核补助，以用于场馆资源建设。

表 6-3 禅城区联合图书馆考评指标（学校馆）

序号	指标名称	计算方法	指标值与因素	分值	备注
1	办馆条件	硬件投入、阅读环境营造、电子阅览室建设等投入	8000 元↑ 5000 元↑ 3000 元↑	10 8 5	主要考核后续对馆内环境的提升投入情况（提供相关票据）

续表

序号	指标名称	计算方法	指标值与因素	分值	备注
2	服务规范及管理水平	正常对外开放时间（周末不开放的不得分）	50小时↑ 45小时↑ 40小时↑	25 20 15	按公布的开放时间开放，如抽查未按时开放每发现一次扣2分
3	年度办证量	年度新增读者证件的数量	500个↑ 300个↑ 200个↑	15 10 8	以当年系统统计为准
4	年度文献流通量	文献（外借＋续借）册次	10000册↑ 8000册↑ 5000册↑	20 15 10	含图书、期刊的借出、续借的流通量（以系统统计为准）
5	年度文献入藏量	该年度新增藏量	300册↑ 200册↑ 100册↑	10 8 5	以当年系统统计为准
6	服务推广情况（年度读者活动场次）	参与人数30人次以上的读者活动	3场次↑ 2场次↑ 1场次↑	10 8 5	是指以图书馆为主体针对读者开展的活动，具体以上报给禅城区图书馆的活动为准
7	人员培训人次	馆员参加市或区组织的相关图书馆业务的培训	3↑ 2↑ 1↑	10 8 5	馆员参加各类与图书馆相关的业务培训次数

（三）儿童阅读推广效果

1. 禅城区图书馆儿童阅读服务效能全面提升

第一，学生接待数量大幅增加。总分馆模式实行以来，据统计，禅城区图书馆2013年至2018年，在开放时间不变的情况下，年接待学生数量由30.46万人增加到54.17万人，增长了77.83%（具体见图6-5）。

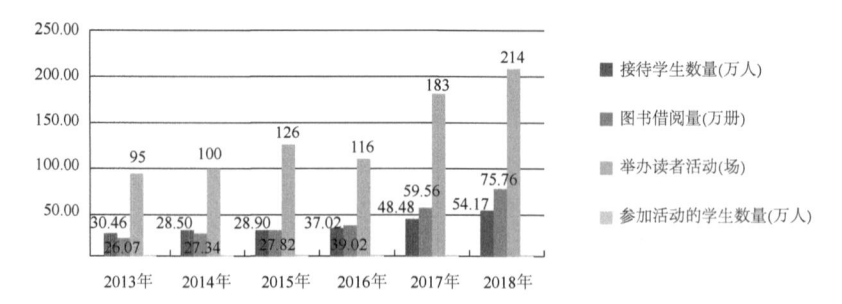

图 6-5 禅城区联合图书馆儿童阅读推广情况统计

第二，阅读资源流通量大幅提升。禅城区图书馆受馆藏和空间限制，文献借阅册数增速不明显，通过总分馆模式，图书馆与学校之间建立了联系，总馆与分馆图书流通量增速明显（如图6-5），由2013年的26.07万册增加到2018年的75.76万册。

第三，持证儿童数量明显增加。自总分馆模式实施以来，禅城区联合图书馆总分馆的新增办证人数呈逐年递增态势（如图6-6）。2013年总馆新增办证人数为6860张，分馆及成员馆新增办证人数为3541张，随着分馆及成员馆数量的增加，持证儿童数量也迅速增加，2018年总馆新增办证人数12700张，为2013年的1.85倍。

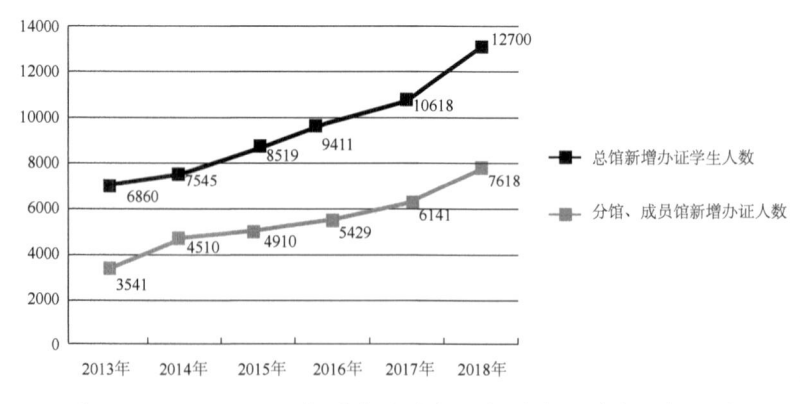

图 6-6　2013—2018年禅城区总分馆新增办证学生人数统计

第四，儿童阅读推广活动形成规模化效应。2013年，禅城区联合图书馆举办儿童阅读推广活动95场次，参加儿童达1.81万人次，2018年禅城区联合图书馆举办儿童阅读推广活动214场次，参加儿童增长到2.91万人次。

2. 儿童阅读推广辐射范围不断扩大

禅城区位于广东省佛山市的中心城区，面积154.68 km^2，常住人口110万人，下辖1个镇（南庄镇）和3个街道办事处（祖庙街道、石湾镇街道、张槎街道）。禅城区图书馆不断深入基层，每年发展新的成员馆，截至到2018年12月，禅城区联合图书馆服务体系拥有1个主馆、5个分馆、19个基层服务点（成员馆）、25个阅读场馆共同组成的现代化阅读阵营（见表6-4），其中，专业的儿童图书馆分馆1所，学校成员馆5所，覆盖范围包括祖庙街道、张槎街道、南庄镇、禅城新区，已经达到街镇全覆盖。这些分馆、成员馆的设立为儿童阅读工作开展提供了稳定、坚实的硬件条件。

表6-4　2018年禅城区联合图书馆分布表

加入时间	类型	图书馆名称	所属街道
1992年10月	主馆	禅城区图书馆	石湾镇街道
2003年10月	分馆	少年儿童图书馆	祖庙街道
2005年6月	分馆	澜石金属图书馆	石湾镇街道
2006年3月	分馆	环市童装图书馆	祖庙街道
2007年6月	分馆	张槎图书馆	张槎街道
2007年12月	成员馆	奇槎村图书室	石湾镇街道
2009年9月	分馆	张槎中心小学图书馆	张槎街道
2010年5月	成员馆	武警佛山支队警营书屋	佛山市
2010年7月	成员馆	南庄镇图书馆	南庄镇
2011年12月	成员馆	沙岗村图书室	石湾镇街道
2012年2月	成员馆	大富村图书室	张槎街道
2013年2月	成员馆	南庄镇河滘村图书室	南庄镇
2014年3月	成员馆	城南小学图书馆	禅城新区
2014年8月	成员馆	同安社区图书室	祖庙街道
2015年11月	成员馆	龙津村图书室	南庄镇
2015年11月	成员馆	紫南村图书室	南庄镇

续表

加入时间	类型	图书馆名称	所属街道
2015年12月	成员馆	湖涌村图书室	南庄镇
2016年5月	成员馆	湖景社区自助图书馆	石湾镇
2016年12月	成员馆	南庄自助图书馆	南庄镇
2017年4月	成员馆	铁军小学图书馆	城区
2017年7月	成员馆	金马剧院自助图书馆	城区
2017年11月	成员馆	华南创谷自助图书馆	城区
2018年7月	成员馆	南庄镇中心小学图书馆	南庄镇
2018年7月	成员馆	佛山市第十中学图书馆	佛山市

在总分馆体系下，2014年11月，禅城区图书馆还开通了"汽车图书馆"服务，其中，幼儿园、小学、中学是汽车图书馆流动服务点的重要服务对象，具体服务情况见表6-5。截至到2018年12月，汽车图书馆共开展服务286次，借阅图书5.25万册次，读者接待3.74万人次，行驶里程4417公里，累计建立流动服务点86个，其中幼儿园服务点9个，小学服务点33个，中学服务点4个。汽车图书馆缩短了图书馆与儿童之间的距离，大大增强了禅城区图书馆公共文化服务的辐射范围和服务能力，是进一步将图书馆服务延伸至学校的有力举措。

表6-5 2015—2018年禅城区汽车图书馆儿童阅读服务情况统计表

年份	服务次数（次）	新办读者证（张）	借阅图书量（册）	行驶里程（公里）	流动服务点（个） 总计	其中 幼儿园	其中 小学	其中 中学
2015年	283	1050	39150	3538	61	5	17	3
2016年	267	512	41471	3969	74	5	22	3
2017年	284	416	52518	3708	76	9	23	4
2018年	286	495	52589	4417	86	9	33	4

（四）相关修正

目前禅城区联合图书馆针对学校馆开展的的考评主要从学校

的办馆条件、学校馆藏的入藏量与流通量、学生的办证数量、学校的服务规范及儿童阅读推广情况等方面进行，大部分是一些客观指标的评价，缺乏对儿童满意度、儿童阅读行为影响等因素的评价，所以，建立科学完善的儿童阅读推广评价机制也是亟待解决的问题。

义务教育制度和图书馆制度是构建现代公共文化服务体系的两大基石，二者的合作是实现资源共享的有效途径。由于中小学图书馆与公共图书馆分属不同系统，公共图书馆隶属文化部门，中小学图书馆隶属于教育系统，二者合作需要上级各部门的支持与协调，目前的禅城区联合图书馆虽有禅城区政府、禅城区文化体育局、禅城区教育局的支持，但是这些行政部门之间缺乏专门的组织协调机构，这不利于解决馆校合作中遇到的问题，这也是禅城区联合图书馆需要解决的问题。

第七章 研究结论与展望

一、研究结论

本书通过文献调研、问卷调查、深度访谈对我国馆校合作的现状、影响因素进行基于实证调查的分析，并以此为基础，构建了馆校协同儿童阅读推广模式的框架及实现机制。本书的具体结论如下：

馆校协同儿童阅读推广模式是指公共图书馆与中小学等各相关利益主体为了实现儿童阅读推广的共同目标与使命，在资源、信息技术、人员、观念、制度、机制等方面开展全方位的平等参与、合作，各相关利益主体按照自愿平等、沟通信任、资源互补的原则在责任共担、利益共享中实现共赢的一种阅读推广模式。

馆校协同是儿童阅读推广的必然趋势。我国儿童阅读经过几十年的实践，推广主体呈现多元化特点，有图书馆界、教育界、民间阅读机构，他们是儿童阅读推广的主要力量，并在实践活动中形成了特有的推广模式，为我国的儿童阅读推广事业做出了重要的贡献。但是，这些儿童阅读推广主体之间各自为政，缺乏合力，辐射范围有限，儿童阅读推广的效果在很大程度上受到影响。基于此，本书从图书馆与学校的优势、劣势出发，分析馆校协同的可能性与必要性，提出建立馆校协同儿童阅读推广模式。

馆校协同的过程是一个逐步实现的长期过程。本书采用问卷调查与访谈法整体考察了我国馆校合作儿童阅读推广的情况，根据调研结果,目前我国的馆校协同还处于初级阶段,图书馆、学校双方对馆校合作持肯定的态度。就实际参与情况来看,图书馆处于主动、积极的一方,学校合作的积极性不高,合作动力不足,双方合作层次较低,以简单的参观访问为主,合作主要集中在国家大型读书节,合作缺乏持续性,事后缺乏对馆校合作效果的评估。

馆校协同的有序、长期、稳定发展,需要通过相关的机制作为保障,如完善的制度与组织机构、国家的法律与资金支持。

二、研究创新点

本书的创新点体现在以下两个方面:

(一)构建了馆校协同儿童阅读推广模式。在图书馆儿童阅读推广理论的基础上,本书引入传播学理论、协同理论,突破文化系统、教育系统的壁垒,揭示了馆校协同儿童阅读阅读推广系统的序参量,提出建立馆校协同儿童阅读推广模式,详细解析了馆校协同的内涵、特征、要素,构建了馆校协同儿童阅读推广模式的理论框架。

(二)提出了馆校协同儿童阅读推广模式的运行机制。在馆校协同儿童阅读推广模式的基础上,对我国图书馆和学校协同推广儿童阅读的宏观政策保障、微观现实需求进行全面、系统梳理,从制度、法律、资金多个层面详细探讨了馆校协同的实现机制。

三、研究不足与展望

随着国家对儿童阅读事业的重视,社会各界的儿童阅读推广实践开展的如火如荼,并出现了很多优秀的儿童阅读推广品牌,在研究领域也呈现出多学科的研究成果。但是,从"馆校协同"视角开展儿童阅读推广研究的在国内尚不多见,本书综合运用阅读推广理论、传播学理论、协同学理论，通过文献研究、问卷调查、深度访谈等研究方法，对我国馆校合作儿童阅读推广状况和存在问题进行分析。在理论分析与实践调研的基础上，提出建立馆校协同的儿童阅读推广模式，阐述了馆校协同的内涵、特征和要素，研究了该模式的形成机制、保障机制和评估机制，并对所提出的模式进行了验证。本书提出的馆校协同儿童阅读推广模式的框架及实现机制，具有一定的创新性，但限于本人的专业背景及眼界、学识，尚存一些更深入的问题值得深思、完善。

由于本书的选题涉及儿童心理学、儿童教育学、图书馆学等诸多学科，虽然本书进行了一些原创性研究，但限于本人的专业背景及眼界、学识，本书尚存一些更深入的问题值得深思、完善：

（一）馆校协同儿童阅读推广模式的实现机制要求视野宏观化，其中涉及管理体制、法律法规、行业规范、评估标准、社会合作、儿童参与等多个层面，并涉及多方行为主体，与现行制度紧密关联。针对以上内容，本书构建了一个相对较为完整的一般机制，并为馆校协同的后续具体实践以及政策运行提供了一些参考，但具体馆校协同实践是本书后续研究的一个方向。

（二）馆校协同儿童阅读推广活动评估体系的建立是一个复杂的课题，由于国内外相关研究和既有成果相对较少，目前还未建立起适用于馆校协同儿童阅读推广的评估指标体系。囿于本人学识、时间有限，本书抛砖引玉，初步设计了馆校协同评估的框架，尚未展开具体评估指标的构建工作，在后续的研究方向中，本人将进一步开展更为深入的后续研究工作。

（三）本书通过问卷调查与深度访谈的研究方法发现了现有的儿童阅读推广中的问题，针对现有问题构建了馆校协同儿童阅读推广模式，选取了代表性案例深圳"常青藤""禅城区联合图书馆儿童阅读推广"，并对该模式进行了验证并提出了修正意见，但是该模式的科学性、有效性还需要定量方法的验证，在后续的研究过程中有待于深入。

参考文献

[1] 阿甲. 帮助孩子爱上阅读：儿童阅读推广手册 [M]. 上海：少年儿童出版社，2007：130.

[2] 艾登. 钱伯斯. 许惠贞译. 打造儿童阅读环境 [M]. 北京：五洲传播出版社，2011：20

[3] 白列湖. 协同论与管理协同理论 [J]. 甘肃社会科学，2007（5）：228-230.

[4] 波达林，范国睿. 理论与战略——国际视野中的学校发展 [M]. 北京：教育科学出版社，2002，158.

[5] 蔡楚舒. 我们需要什么样的儿童图书馆员 [J]. 中小学图书情报世界，2006（8）：62-63.

[6] 蔡彦. 公共图书馆"馆校互联"阅读推广新模式研究——以绍兴图书馆为例 [J]. 科技文献信息管理，2016（1）：46-51.

[7] 曹磊 日本阅读推广体制研究 [J]. 国家图书馆学刊，2013（2）：85-90.

[8] 陈敏捷，方瑛. 美国公共图书馆少年儿童服务现状概述 [J]. 图书馆研究与工作 2007（1）：63-69.

[9] 陈卫. 未成年人思想道德建设与儿童图书馆的职能作用探析 [J]. 图书馆工作与研究，2006（5）：111-112.

[10] 陈向明. 质的研究方法与社会科学研究 [M]. 北京：教育科学出版社. 2000：109-110.

[11] 陈永娴. 阅读，从娃娃抓起：英国阅读起跑线计划（Bookstart）计划. [J]. 图书馆理论与实践，2008（1）：

101-104.

[12] 程国平. 供应链管理中的协同问题研究 [D]. 天津: 天津大学, 2004.

[13] 戴艳清, 郑燃. 儿童图书馆员阅读指导知识储备调查及提升策略研究 [J]. 图书馆, 2012 (3): 52-55.

[14] 邓少滨, 间光霞. 儿童图书馆应成为儿童心智教育基地 [J]. 图书馆工作与研究, 2004 (4): 88-89.

[15] 邓香莲. 少年儿童阅读需求及阅读引导效果实证研究 [J]. 出版科学, 2012 (2): 70-73.

[16] 邓香莲. 新媒体环境下阅读引导与读者服务的协同推进研究 [M]. 上海: 复旦大学出版社, 2014.

[17] 邓咏秋. 阅读推广馆员的应知与应会——以图书馆阅读推广基础工作为例 [J]. 山东图书馆学刊, 2016 (1): 103-104; 120.

[18] 丁文祎. 中国儿童阅读现状及公共图书馆儿童阅读推广策略研究 [J]. 图书与情报, 2011 (2): 16-21.

[19] 对全国政协委员、新教育实验主持人朱永新先生的访谈 [N]. 中国教育报, 2003-2-13.

[20] 范并思. 论图书馆阅读推广的理论体系 [J]. 图书馆建设, 2018 (04): 53-56.

[21] 范并思. 图书馆服务中儿童权利原则研究 [J]. 中国图书馆学报, 2012 (11): 38-46.

[22] 范并思. 拓展图书馆未成年人阅读服务 [J]. 图书与情报 2013 (2): 2-5.

[23] 范并思. 现有法律框架下的儿童阅读立法研究 [J]. 国家图书馆学刊, 2018 (5): 3-9.

[24] 风笑天. 社会学方法二十年: 应用与研究 [J] 社会学研究, 2000 (1): 1-11.

[25] 风笑天. 社会学研究方法 (第三版)[M]. 北京: 中国人民大学出版社, 2009: 109.

[26] 冯睿,吕梅. 我国公共图书馆未成年人阅读服务研究 [J]. 图书馆工作与研究, 2015（10）: 101-105.

[27] 顾宁. 图书馆功能的拓展——"谈阅读疗法"[J]. 中小学图书情报世界, 2002（9）: 32-33.

[28] 郭金丽. 公共图书馆开展"爸妈阅读"推广研究 [J]. 图书馆工作与研究, 2017（08）: 124-128.

[29] 郭妍琳. 公共文化服务体系的社会效益与制度建设 [J]. 艺术百家, 2008（3）: 216-217.

[30] 国际图联. 联合国教科文组织. 公共图书馆服务发展指南 [M]. 上海: 上海科学技术文献出版社, 2002: 42-43.

[31] 韩梅花,张静. 基于"阅读是一种生活方式"的儿童阅读推广模式探究 [J]. 图书馆工作与研究, 2017（03）: 115-118.

[32] 郝大海. 社会调查研究方法（第三版）[M]. 北京: 中国人民大学出版社, 2015: 133.

[33] 赫尔曼·哈肯著. 宁存政,李应刚译. 协同学讲座 [M]. 太原: 山西科学技术出版社, 1987: 1

[34] 赫尔曼·哈肯（Hermann Haken）. 协同学: 大自然构成的奥秘 [M]. 上海: 上海译文出版社, 2001.

[35] 胡继武. 现代阅读学 [M]. 广州: 中山大学出版社, 1991: 20-21.

[36] 胡莹. 基于"四位一体"服务队伍的儿童阅读推广活动研究——以上海市闵行区图书馆"闵图妈妈小屋"为例 [J]. 图书馆杂志, 2018, 37（07）: 63-68.

[37] 华薇娜. 美国儿童阅读扫描 [J]. 山东图书馆季刊, 2008（2）: 28-31.

[38] 黄娇. 全民阅读的基础和未来: 关注儿童阅读一体化建设 [J]. 图书馆学研究, 2017（09）: 73-76.

[39] 黄如花,邱春艳. 美国公共图书馆未成年人服务的特点 [J]. 中国图书馆学报, 2013（4）: 48-58.

[40] 黄晓伟. 基于自组织理论的供应链资源协同研究 [D]. 哈尔滨：哈尔滨工业大学，2009.

[41] 黄耀东. 美国公共图书馆的婴幼儿早期阅读推广——对 Born to Read 项目的考察 [J]. 图书馆论坛，2018,38（01）：92-99.

[42] 吉姆·崔利斯，沙永玲，麦奇美，麦倩宜译. 朗读手册 [M]. 天津：天津教育出版社，2006.

[43] 江川. 艾伟等人的阅读心理研究 [J] 语文教学通讯，2000（6）：12-13.

[44] 江山. 近代世界儿童图书馆的发展及其对中国的影响 [J]. 图书与情报，2011（1）：10-15.

[45] 姜宏. 独立建制少年儿童图书馆的意义探析 [J] 辽宁师专学报（社会哲学版）2013（6）：132-133.

[46] 教育部基础教育司. 走进新课程——与课程实施者对话 [M]. 北京：北京师范大学出版社，2002:210.

[47] 金盛. 涨落中的协同：中高职衔接一体化教育模式研究 [M]. 上海：华东师范大学出版社：2015.

[48] 井继龙. 儿童阅读状况调查与分析 [J]. 图书情报论坛，2009（4）：37-41.

[49] 柯平，洪秋兰，孙情情. 公共文化服务体系中的图书馆与社会合作实证研究 [J]. 图书情报工作，2009,53（17）:8-12.

[50] 柯平，闫慧. 网络阅读文化的基本理论研究 [J]. 图书馆工作与研究，2007（5）：3-7.

[51] 克拉生著，李玉梅译. 阅读的力量 [M]. 台北：心理出版社股份有限公司，2009.

[52] 赖彤. 王平美国公共图书馆儿童服务实践——基于网络内容的分析 [J]. 国家图书馆学刊，2015（1）：64-69.

[53] 李超平. 公共图书馆的阅读促进活动：重点目标人群与实施策略 [J]. 公共图书馆，2009（3）:16-21.

[54] 李超平. 公共图书馆宣传推广与阅读促进 [M]. 北京：北京师

范大学图书馆，2013：6.

[55] 李超平．书有好坏自由阅读好书推荐［J］．图书馆建设，2013（9）：7-10

[56] 李慧敏．从第75届国际图联大会看多途径促进阅读模式［J］．图书馆学研究，2011（1）：62-65.

[57] 李慧敏．婴幼儿童（0-6岁）阅读推广案例特色研究［J］．图书馆工作与研究，2011（8）：109-112.

[58] 李玲玲．俄罗斯建立读书基金会［J］．出版参考，1994（8）：7.

[59] 李龙．周文博"成人—儿童"一对一导师模式阅读推广项目管窥——Power Lunch等3个项目对图书馆亲子阅读的启示［J］．图书馆建设，2018（9）：95-100.

[60] 李璐璐，李立威．欧盟"终生读者"项目研究［J］．图书馆建设，2018（05）：70-76.

[61] 李农．美国公共图书馆对儿童服务部人员的专业能力要求［J］．中小学图书情报世界，2003（3）：49-50.

[62] 李少萍．快乐阅读，带活了一所学校——儿童阅读推广人袁晓峰访谈［J］．小学语文教学．2011（7）：4-6.

[63] 李雯．少年儿童阅读探析［J］．图书馆论坛，2009，29（1）：39-41.

[64] 李武，朱淑华，王丹，吴军委．新世纪未成年人阅读推广理论研究进展［J］．图书馆论坛,2018,38（10）:109-117.

[65] 李西宁，张岩主编，图书馆经典阅读推广［M］．北京：朝华出版社，2015.

[66] 李颖然．儿童图书馆与青少年网络阅读［J］．图书馆论坛，2007，27（5）：58-60.

[67] 梁新春．浅谈少年儿童图书馆的情感服务［J］．图书馆工作与研究，2012（3）：112-114.

[68] 林佩玲．馆校协同：促进中小学生课外阅读的新模式——以宁

波大学园区图书馆为例[J].图书馆研究,2015(1):58-61.

[69] 林频.上海少年儿童阅读状况调查与分析[J].上海青年管理干部学院学报,2010(2):45-47.

[70] 刘红.亲子共读分享快乐:全国图书馆少儿阅读推广优秀案例[M].北京:国家图书馆出版社,2014.

[71] 刘靖,华薇娜.美加两国图书馆学与信息学博士研究中有关儿童信息行为主题分析[J].现代情报,2013(1):11-13.

[72] 刘晓景.分级阅读在图书馆的应用——以重庆图书馆为例[J].河南图书馆学刊,2012(5):62-63.

[73] 刘晓婷.图书馆服务的政府购买研究[D].保定:河北大学管理学院,2013:3.

[74] 刘晓英.少年儿童图书馆与青少年阅读[J].图书馆工作与研究,2005(4):94-96.

[75] 刘迅."新三论"介绍:协同理论及其意义[J].经济理论与经济管理,1986(4):75-76.

[76] 刘兹恒.公共图书馆未成年人服务的指导文件——学习《中国儿童发展纲要(2011-2020年)》.[J].图书与情报,2012(1):1-3.

[77] 卢锋.阅读的价值、危机与出路——新教育实验"营造书香校园"的哲学思考[D].苏州:苏州大学:2013.

[78] 鲁宾著,卢晖临等译.质性访谈方法:聆听与提问的艺术[M].重庆:重庆大学出版社.2010.

[79] 陆静山.儿童图书馆[M]上海:上海书局总店,1935.

[80] 陆其美.城市公共少儿图书馆与中小学图书馆合作模式研究[J].新世纪图书馆,2011(11):92-93.

[81] 吕梅.馆社合作共促阅读——图书馆与社会合作推动青少年阅读推广[J].图书与情报,2011(1):91-94.

[82] 吕智惠.从推广服务谈公共图书馆与学校图书馆之交流与合作——以台北市立图书馆与台北市国小图书馆为例[J].台北

市立图书馆馆讯 1997, 14 (4): 23-27.

[83] 迈尔斯, 休伯曼. 张芬芬, 卢晖临译. 质性资料的分析: 方法、实践 [M]. 重庆: 重庆大学出版社, 2008.

[84] 梅子涵. 中国儿童阅读 6 人谈 [M]. 天津: 新蕾出版社, 2008: 238.

[85] 孟兰. 推行政府购买服务构建阅读空间的探索——基于北京市西城区的实践. [J]. 图书馆, 2016 (2): 100-103.

[86] 南美英. 会阅读的孩子更成功 [M]. 南昌: 江西美术出版社, 2007.

[87] 聂卫红. 美国公共图书馆暑期阅读研究及启示 [J]. 图书馆学研究, 2009 (11): 85-87, 49.

[88] 潘丽敏. 亲子阅读机构的服务模式及其与公共图书馆的合作 [J]. 国家图书馆学刊, 2015 (6): 109-112.

[89] 彭燕. 公共图书馆开展未成年人阅读推广探析——以浙江省绍兴市柯桥区图书馆为例 [J]. 图书馆工作与研究, 2017 (11): 119-122.

[90] 皮连生. 教育心理学（第三版）[M]. 上海: 上海教育出版社, 2009.

[91] 谯进华. 民间阅读组织的发展、困境与行动策略——以阅读组织与公共部门的关联度为中心 [J]. 公共图书馆, 2014 (2): 24-31.

[92] 任红亚, 杜宏巍, 高翔. 协同战略的测度与实施 [J]. 改革与战略, 2005 (3): 102-105.

[93] 邵博云. 美国公共图书馆儿童专区的空间特色及设计要求 [J]. 图书馆学研究, 2011 (5): 92-94.

[94] 施衍如. 图书馆、出版社、书店协同助力少年儿童阅读推广研究 [J]. 图书馆工作与研究, 2017 (07): 116-119.

[95] 石继华. 国外阅读推广的品牌化运作及启示 [J]. 图书情报工作, 2005 (2): 56-60.

[96] 史大胜.美国儿童早期阅读教学研究——以康州大哈特福德地区为个案［D］.长春：东北师范大学，2010.

[97] 史瑾，张佳妹.《2015儿童与家庭阅读报告》对我国公共图书馆开展早期阅读服务的启示［J］.图书馆工作与研究，2017（04）：111-117.

[98] 史拓.美国公共图书馆与小学图书馆合作促进机制研究［J］.图书馆工作与研究，2012（3）：108-111

[99] 首图招募"讲故事种子"志愿者［N］.中国文化报，2011-08-02.

[100] 斯丹纳·柯费尔，斯文.布林克曼.范丽恒译.质性研究访谈［M］.北京：世界图书出版公司.2013.

[101] 宋乃庆.中国基础教育新课程的理念与创新［M］.北京：中国人事出版社，2002：2.

[102] 宋娴.中国图书馆与学校的合作机制研究［D］.长春：东北师范大学，2014.

[103] 苏霞，康希福.如何打造书香校园：小学儿童阅读活动指导手册［M］.乌鲁木齐：新疆青少年出版社，2014.

[104] 水木清.呼唤国家阅读促进机制人民政协报［N］.2010-05-17（C04）.

[105] 孙慧姝.俄罗斯家庭年儿童阅读活动及启示［J］.图书馆建设，2012（4）：55-56.

[106] 孙蕊.馆校协同：《公共图书馆法》对儿童阅读推广的启示［J］.图书馆建设，2018（10）：9-15.

[107] 陶西平.教育评价词典［M］.北京：北京师范大学出版社，1998：321.

[108] 田丽，高文静.总分馆服务模式下的儿童阅读推广实践研究——以大连少儿馆为例［J］.图书情报工作，2017，61（04）：69-75.

[109] 万行明.阅读推广——助推图书馆腾飞的另一支翅膀［J］.

当代图书馆，2011（1）：7-11.

[110] 万宇，周晓舟.少年儿童图书馆微信公众平台阅读推广传播效果研究——以江浙地区国家一级少年儿童图书馆为例［J］.图书馆工作与研究,2017（10）:110-117.

[111] 王爱理.乡镇图书馆与中小学图书馆合作之我见——以台中县清水镇为例［J］.书苑季刊，1997（32）:48-50

[112] 王波.图书馆阅读推广亟待研究的若干问题［J］.图书与情报，2011（5）：32-35；45.

[113] 王波.阅读推广、图书馆阅读推广的定义——兼论如何认识和学习图书馆时尚阅读推广案例［J］.图书馆论坛，2015（10）：1-7.

[114] 王焕勋.实用教育大辞典［M］.北京：北京师范大学出版社，1995.

[115] 王静.运用儿童心理学提高阅读兴趣的策略［J］.东京文学，2011（9）：305-306.

[116] 王静美，朱明德.俄罗斯图书馆的家庭阅读新模式研究［J］.图书馆工作与研究，2005（1）：18-20

[117] 王林.儿童文学促进小学语文有效教学的研究与实验课题［R］.2007.11

[118] 王琳.英美国家婴幼儿阅读推广项目研究及启示：基于拉斯韦尔5W传播模式［J］.图书情报工作，2013（6）：85-90.

[119] 王锰，郑建明.图书馆少年儿童阅读服务的实践研究——以江苏省儿童阅读服务为例［J］.图书馆工作与研究，2013（4）：117-120.

[120] 王泉根.新世纪十年"儿童阅读运动"综论［J］.学术界，2011（6）：223-237.

[121] 王泉根.新世纪中国分级阅读的思考与对策［J］.中国图书评论，2009（9）：101-105.

[122] 王素芳.国际图书馆界儿童阅读推广活动评估研究综述［J］.

图书情报知识, 2014（3）: 53-66.

[123] 王薇. 日本儿童阅读状况和推广活动考察 [J]. 图书馆杂志, 2013（3）: 70-74, 82.

[124] 王学贤, 董梦晨, 杨园利. 加拿大少年儿童阅读推广活动研究 [J]. 图书馆工作与研究, 2018（08）: 30-34

[125] 王余光, 徐雁. 中国阅读大辞典 [M]. 南京: 南京大学出版社, 2016.

[126] 王余光, 许欢, 李雅. 中国阅读文化史论 [M]. 北京: 北京图书馆出版社, 2007.

[127] 王余光. 图书馆与儿童阅读推广 [J]. 图书馆理论与实践, 2010（8）: 1-3.

[128] 王林. 儿童图书馆千方百计引导孩子阅读 [N]. 中国教育报, 2007-3-29.

[129] 王余光. 儿童阅读应从纸本开始 [N]. 光明日报, 2013-2-26（9）.

[130] 吴大进. 协同学原理和应用 [M]. 武汉: 华中理工大学出版社, 1990.

[131] 吴迪. 公路运输与国民经济的协同关系模型及评价方法研究 [D]. 长春: 吉林大学, 2011: 19.

[132] 吴凤岗. 儿童心理发展的关键转折期 [J]. 北京师范大学学报, 1982（1）: 27-32.

[133] 吴伟, 聂卫红. 试论儿童图书馆开展儿童阅读治疗 [J]. 图书馆论坛, 2011（5）: 163-165, 87.

[134] 吴玥. 全民阅读视域下中小学阅读推广研究 [J]. 图书馆工作与研究, 2018（02）: 123-128.

[135] 吴志鸿, 高春玲. 图书馆与未成年人阅读: 使命与思考——基于阅读素养的视角 [J]. 图书与情报, 2013（2）: 11-16.

[136] 夏立新, 李成龙, 孙晶琼. 论名人效应在阅读推广人机制中的应用价值——"Premier League Reading Stars"项目的启示

[J].图书情报工作,2015,59(22):141-147.

[137] 向洪,张文贤,李开兴.人口科学大辞典[M].成都:成都科技大学出版社,1994:738.

[138] 谢蓉,刘炜,赵珊珊.试论图书馆阅读推广理论的构建[J].中国图书馆学报,2015(9):87-98.

[139] 徐冬梅.徐冬梅谈儿童阅读与母语教育[M].长春:长春出版社,2009:18.

[140] 徐文哲,郑建明,毕建新.国外儿童图书馆研究述评[J].图书情报工作,2013(9):138-145.

[141] 徐雁,崔波,赵普光.书来话长[M].郑州:郑州大学出版社,2015.

[142] 徐雁,王余光.中国读书大辞典[M].南京:南京大学出版社,1993:337.

[143] 徐雁.全民阅读推广手册[M].深圳:海天出版社,2011.

[144] 许欢,傅一程.乘着阅读的翅膀——美国阅读节儿童阅读推广研究[J].图书馆建设,2018(1):83-90.

[145] 许欢.儿童传统经典阅读推广研究[J].图书与情报,2011(2):7-10.

[146] 许欢.傅一程流动的书香盛宴——以阅读节为锚点的美国阅读推广研究[J].大学图书馆学报,2017(5):86-93.

[147] 严海帆,郑杨佳.一种新的未成年人阅读推广模式——"儿童知识银行"[J].图书馆建设,2012(10):53-56.

[148] 严玲艳,胡泊.美国公共图书馆儿童数字阅读推广实践调查及启示[J].图书情报工作,2018,62(04):137-144.

[149] 阎秋娟."学科馆员+教师"协同互动合作研究[J].图书馆杂志,2009(8):39-41.

[150] 颜虹.图书馆开展分享阅读活动的意义与实施策略[J].河南图书馆学刊,2007,27(1):51-53.

[151] 阅读推广是最大的慈善事业[N].中国青年报,2014-10-27

(5).

[152] 杨丹丹. 日英美儿童阅读推广举措对我国的启示 [J]. 出版发行研究, 2013 (11): 83-85.

[153] 杨柳. 对少年儿童阅读调查及测评工作的研究与探讨 [J]. 图书馆工作与研究, 2011 (3): 106-109.

[154] 杨柳. 未成年人公共阅读推广活动运行机制研究 [J]. 图书馆, 2012 (2): 117-119.

[155] 杨柳. 未成年人阅读推广活动运行机制存在的问题与对策探讨 [J]. 图书馆工作与研究, 2012 (6): 113-115.

[156] 杨小微. 全球化进程中的学校变革 [M]. 上海: 华东师范大学出版社, 2004.

[157] 叶丹. 家庭阅读: 公共图书馆推动儿童阅读的突破口 [J]. 公共图书馆, 2015 (2): 68-72.

[158] 叶圣陶. 叶圣陶语文教育论集 [M]. 北京: 教育科学出版社, 2015.

[159] 游正林. 社会统计学 [M]. 北京: 社会科学文献出版社, 2010.

[160] 于良芝, 于斌斌. 图书馆阅读推广——循证图书馆学 (EBL) 的典型领域 [J]. 国家图书馆学刊, 2014 (6): 9-15.

[161] 袁晓峰. 快乐阅读进行时: 来自一所小学的声音 [M]. 贵州: 贵州人民出版社, 2009: 4-6, 38-44.

[162] 詹福瑞. 顺从天性激发好奇——关于儿童阅读的一个观点 [J]. 图书馆杂志, 2013 (10): 4-12; 19

[163] 张贵勇. 阅读的旅程: 教师专业成长地图 [M]. 上海: 华东师范大学出版社, 2014

[164] 张海翔. 试析品牌活动对提升少年儿童图书馆影响力的作用——以温州市少年儿童图书馆为例 [J]. 图书馆工作与研究, 2012 (8): 119-121.

[165] 张华姿. 台湾地区儿童阅读推广活动介绍及启示 [J]. 四川

图书馆学报，2012（6）：88-90.

[166] 张慧丽. 公共图书馆儿童早期阅读服务基本理论问题探讨[J]. 图书馆，2012（6）：87-89.

[167] 张慧丽. 公共图书馆儿童早期阅读服务研究[D]. 北京：北京大学，2011.

[168] 张慧丽. 美国图书馆界儿童早期阅读推广项目管窥[J]. 图书馆工作与研究，2012（11）：113-116.

[169] 张丽. 公共图书馆与儿童阅读推广：发展路径与推进方向[J]. 国家图书馆学刊，2015（5）：105-109.

[170] 张丽. 姜淑华"文化超市"：张家港市少儿图书馆阅读推广的新探索[J]. 图书馆杂志，2018（11）：56-62.

[171] 张隆华. 语文教育学[M]. 重庆：重庆出版社，1987.

[172] 张时岑. 影响图书馆儿童阅读环境因素及对策——以六盘水市图书馆为例[J]. 六盘水师范高等专科学校学报，2007（4）：87-88.

[173] 张士玉. 问卷调查数据分析实务[M]. 北京：首都经济贸易大学出版社，2015.

[174] 张毅红，陈彦旭，顾丹华. 公共图书馆阅读推广之馆校合作研究——基于小学低年级的"阅读起步"策略[J]. 图书馆研究，2016（1）：65-69.

[175] 赵俊玲，郭腊梅，杨绍志. 阅读推广：理念·方法·案例[M]. 北京：国家图书馆出版社，2013：40.

[176] 赵彦华，"十一五"全国少儿图书出版情况分析[J]. 出版参考，2012（34）：8-11.

[177] 中国大百科全书：教育卷[M]. 北京：中国大百科全书出版社，1985：414.

[178] 中国图书馆年鉴2014[M]. 北京：国家图书馆出版社，2015：460-467.

[179] 中国图书馆学会青少年阅读推广委员会，播撒阅读种子守望儿

童幸福[M]．北京：国家图书馆出版社，2012．

[180] 中央宣传部．中央宣传部、文化部、国家教委、国家科委等部门关于在全国组织实施"知识工程"的通知[EB/OL]．[2016-1-7]．http://law.lawtime.cn/d484783489877_1_p1.html

[181] 周海英．论图书馆在家庭阅读指导中的实践与探索[J]．图书馆学研究，2008（8）：90-92；54．

[182] 周兢．程晓樵．论幼儿园早期阅读活动[J]．学前教育研究，1995（2）：13-15．

[183] 周兢．论早期阅读教育的几个基本理论问题[J]．学前教育研究，2005（1）：20-23．

[184] 周同，谢欢，陈铭．台湾图书教师制度回顾及启示[J]．图书馆，2015（11）：100-103．

[185] 周益民．儿童的阅读与为了儿童的阅读[M]．长春：长春出版社，2009．

[186] 周之江．政府招标难堵劣质图书进校园[N]．中国青年报，2006-9-29．

[187] 朱绍禹．中学语文教育概说[M]．呼和浩特：内蒙古人民出版社，1983．

[188] 朱淑华．从战略高度推进儿童阅读[J]．图书馆理论与实践，2010（2）：75-79．

[189] 朱淑华．公共图书馆与儿童阅读推广[J]．图书馆建设，2008（10）：61-65．

[190] 朱永新．改变——从阅读开始[N]．人民日报，2012-1-6．

[191] 朱永新．新教育年度主报告[M]．武汉：湖北教育出版社，2014：46．

[192] 朱永新．一个没有阅读的学校永远不可能有真正的教育[N]．人民日报，2012-1-6．

[193] 朱智贤．朱智贤全集（卷四）：儿童发展心理学[M]．北京：

北京师范大学出版社，2002.

[194] 朱自强. 儿童文学论 [M]. 青岛：中国海洋大学出版社，2005：533.

[195] 邹慧霞. 供应链协同管理理论与方法 [M]. 北京：北京大学出版社. 2007：57-59.

[196] 郑莉莉. 宋庆龄关心少年儿童阅读图书和利用图书馆 [J]. 图书馆杂志，1987（3）：3-5.

[197] 中国图书馆学会. 图书馆服务宣言 [J]. 中国图书馆学报，2008（6）：5.

[198] 周世江. 国外儿童图书馆员教育简介 [J]. 中小学图书情报世界，2004（6）：58-59.

[199] 朱峻薇. 公共图书馆与儿童阅读 [J]. 图书与情报，2010（2）：11-13.

[200] 朱淑华. 通往幸福的阶梯——南山图书馆层级儿童阅读推广体系 [J]. 图书馆杂志，2014（4）：79-83；102.

[201] ALA. Subcommittee on standards for children's services in public libraries. Standards for children's services in public libraries: fifth edition [M]. American Library Association, 1969.

[202] American Library Association. Subcommittee on standards for children's services in public libraries. Standards for children's services in public libraries: fifth edition [M]. United States: American Library Association, 1969.

[203] American Psychiatric Association. Diagnostic and atatistical of mental disorders [M]. Washington, D. C.: American Psychiatric Association, 1994.

[204] Charles R. Mcclure, Amy Owen, Douglas L. Zweizig, Mary Jo Lynch, Nancy A. Van House. Planning and role

setting for public libraries [M]. Chicago: American Library Association, 1987.

[205] A. Church, Your Library Goes Virtual: Promoting Reading and Supporting Research [J]. Library Media Connection, 2006,25 (3) :10-13

[206] Andel A K. Summer library reading programs and literacy: an assessment of children's reading progress after having participated in a summer library reading program [D]. Waterloo: Wilfrid Laurier University, 2011.

[207] Anna D. Johnson, Anne Martin, Jeanne Brooks-Gunn, and Stephen A. PetrillOrder in the House! Associations among Household Chaos, the Home Literacy Environment, Maternal Reading Ability, and Children's Early Reading Merrill Palmer Q (Wayne State Univ Press). 2008; 54 (4) : 445-472.

[208] Anne C. Hargrave, Monique Senechal . A book reading intervention with preschool children who have limited vocabularies: the benefits of regular reading and dialogic reading. Early childhood research quarterly ,2000 (1) : 75-90

[209] Barbara Froling Immroth, Viki Ash-Geisler. Achieving school readiness-Public libraries and National Education Goal NO. 1 [M]. Chicago: American Library Association, 1995

[210] Best R M, Floyd R G, Mcnamara D S. Differential competencies contributing to children's comprehension of narrative and expository texts [J]. Reading psychology, 2008,29 (2) : 137-164.

[211] C. D. Mclean, Fifty Ways to Promote Teen Reading in Your School Library [J]. Young Adult Library Services,2007,6（1）: 8-10.

[212] Camilo O, Rebecca M S, David H A. Parental influence on child interest in shared picture book reading [J]. Early childhood research quarterly, 2001,16（2）:263-281.

[213] Carter, Vivian. The effect of summer reading program participation on the retention of reading skills [J]. Illinois Libraries. 1988. 70:56-60.

[214] Caywood, Carolyn. Beginning with teachers [J]. School Library Journal1991: 37-52.

[215] Del Vecchio, Stephen. Connecting libraries and schools with CLASP [J]. Wilson Library Bulletin1993（68）:38-40.

[216] Delvecchil S, Connecting Libraries and Schools With CLASP [J]. New York Public Library, 1993,68（1）:38-40.

[217] Doll, Carol A. A study of overlap and duplication among children's collections in public and elementary school libraries [D]. Urbana-Champaign: University of Illinois, 1980.

[218] Dyer, Esther R. Cooperation in library services to children: A fifteen year forecast of alternatives using the Delphi Technique [D]. Columbia University, 1976.

[219] Evans, M. A., Barraball, L., Eberle, T. Parental responses to miscues during child-to-parent book reading [J]. Journal of applied developmental

psychology, 1998,19 (1) : 67-84.

[220] Fischer, Denise R. Families reading together: Sharing the joy [J]. Texas Library Journal 1991 (66) :84-88.

[221] Fitzgibbons, Shirley A. School and Public Library Relationships: Essential Ingredients in Implementing Educational Reforms and Improving Student Learning [J]. School Library Media Research 2000 (3) :1-66

[222] Fitzgibbons, Shirley A., Verna Pungitore. The educational role and services of public libraries in Indiana [J]. Indiana Libraries, 1989. (8) : 1-2.

[223] Garland, Kathleen. Children's materials in the public library and the school library media center in the same community: A comparative study of use. [J]. Library Quarterly1989,59 (4) :326-38.

[224] Gaver M . Effectiveness of centralized library service in elementary schools [M]. Chicago : The University of Chicago Press, 1964.

[225] George, Denise. Cooperation between schools and public libraries: A content analysis of the professional literature [D]. Raleigh: University of North Carolina, 1994.

[226] Gunning, T. G. Creating literacy instruction for all children. (3rded)[M]. Boston, MA: Allyn and Bacon. 1999.

[227] Halverstadt, Julie. Catering to students: A public library serves alternative schools [J]. School Library Journal, 1995 (41) :16-18.

[228] Hargrave A C, Senechal M. A book reading intervention with preschool children who have limited vocabularies:

the benefits of regular reading and dialogic reading [J]. Early childhood research quarterly ,2000,15（1）: 75-90.

[229] Heyn B. Summer learning and the effects of schooling [M]. New York: Academic press, 1978.

[230] Howes, Mary. Evaluation of the effects of a public library summer reading program on children's reading scores between first and second grade [J]. Illinois Libraries, 1986（68）:444-50.

[231] Immroth B F, Geisler V A. Achieving school readiness-public libraries and national education goal NO. 1 [M]. Chicago: American Library Association, 1995.

[232] Jeffus, Barbara. Who does what? School and public library cooperation [J]. CSLA Journal. 1996（19）: 36-39.

[233] Johnson A D, Martin A. order in the house!Associations among household chaos, the home literacy environment, maternal reading ability, and children's early reading [J]. Merrill palmer quarterly, 2008, 54（4）:445-472.

[234] Judith Elkin. Information programs to support reading and libraries in developing countries [J]. New review of children's literature and Librarianship, 1999（5）: 55-84.

[235] Justice, L. M., Lankford, C. Preschool children's visual attention to Print during storybook reading: Pilot Findings [J]. Communations Disorders Quarterly, 2002,24（1）:11-21.

[236] Kelley, Irene Gesiak. Cooperation between public libraries and public school library/media centers in

Massachusetts [D]. Boston University, 1992.

[237] KRASHEN S D. The power of reading: insights from the research [M]. Westport: Libraries Unlimited, 2004.

[238] Lesley Mandel Morrow. Home and School Correlates of Early Interest in Literature [J]. Journal of Educational Research, 1983, 76 (4) : 221-230.

[239] Locke J L. The effective of summer reading programs in public libraries in the United States [D]. Pittsburgh: University of Pittsburgh, 1998

[240] Lockner, Joanne M. A survey of the cooperation between multitype libraries and school library media centers [D]. Mankato: Mankato State Univ, 1996.

[241] Marcoux E, Loertscher D. The role of a school library in a school's reading program [J]. Teacher Librarian, 2009, 37 (1) : 8-14.

[242] Mason J M, Kerr B M, Sinha S. Shared book reading in an early start program for at- risk children [J]. National reading conference yearbook, 1990, 39 (1) : 189-198.

[243] Mathews, Virginia H., et al. 1990. Kids need libraries: School and public libraries preparing the youth of today for the world of tomorrow [J]. Journal of Youth Services in Libraries 3: 197-207.

[244] Mcclure C R. Planning and role setting for public libraries [M]. Chicago: American Library Association, 1987.

[245] Mccracken R A, Mccracken M J. Modeling is the key to sustained silent reading [J]. The reading teacher, 1978, 31 (4) : 406-408.

[246] Mclean C D. Fifty ways to promote teen reading in your school library [J]. Young adult library services, 2007,6 (1): 8-10.

[247] Mellon C A. It is the best thing in the world: rural children talk about reading [J]. School library journal, 1992, 38 (8): 39-40.

[248] Michael S. Giving them what they want in small public libraries [J]. Public library association, 2000,39 (3): 148-155.

[249] Michael S. Connecting boys with books: what libraries can do [M]. Chicago: American Library Association, 2003.

[250] Morrow L M. Weinstein C S, Increasing children's use of literature through program and physical design changes [J]. Elementary school journal, 1982,83 (2): 131-137.

[251] Morrow L M. Home and school correlates of early interest in literature [J]. Journal of educational research, 1983,76 (4):221-230.

[252] Muncy P T. Hooked on books: activities and projects that make kisd love to read [M]. Englewood Cliffs, N. J. West Nyack, N. Y: Center for Applied Research in Education, Career & Personal Development, 1995.

[253] Murvosh, Marta. Partners in Success: When School and Public Librarians Join Forces, Kids Win [J]. School Library Journal. 2013 (1), 59(1): 22-28.

[254] Neuman, Susan B. The home and fifth-grade students' leisure reading [J]. The Elementary School Journal, 1986, 86 (3): 335-343.

[255] Paris A H, Paris S G. Assessing narrative comprehension in young children [J]. Reading research quarterly, 2003,38 (1): 36-76.

[256] Patricia Tyler Muncy. Hooked on books: activities and projects that make kisd love to read, [M]. Center for Applied Research in Education, Career & Personal Development, 1995.

[257] Payne M. In the Good Old Summertime [J]. Illinois Library ,1985,67 (1):50-52

[258] Pintner R, Paterson D G. A measurement of the language ability of deaf children [J]. Psychological review, 1916,23 (6):413-436.

[259] Rachel M. Best, Randy G Floyd, and Danielle S. Mcnamara. Differential competencies contributing to children's comprehension of narrative and expository texts [J]. Reading Psychology, 2008,29 (2): 137-164.

[260] Ross C S , Mckechnie L, and Rothbauer P M. reading matters: what the resercch reverals about reading, libraries and community [M]. westport, CT: Library Unlimite, 2005:87-95.

[261] Shannon, Donna M. 1991. Cooperation between school and public libraries: A study of one North Carolina county. [J]. North Carolina Libraries 49:67-70.

[262] Stella Thebrige, Promoting reading: Using partnerships, a ten-year literature overview [J]. New Library World, 2002,1175 (103):131-140

[263] Stephen Delvecchil, Connecting Libraries and Schools With CLASP [J].Wilson Library Bulletin, 1993,68 (1):38-40.

[264] Sulzby E. Children's emergent reading of favorite storybooks: A developmental study [J]. Reading Research Quarterly, 1985,20 (4):458-481.

[265] Tella, A. Children reading habits and availability of books in Botswana primary schools: Implications for achieving quality education [J]. The Reading Matrix, 2007,7 (2): 117-142

[266] Todaro J B, Competencies of Childrens Librarians: An attitudinal Assessment [D]. Columbia: Columbia University, 1984

[267] Wells C G. Language, learning and education [M]. Bristol: University of Bristol, 1982

[268] Wright A. Storytelling With Children [M] Oxford : Oxford University, 1995.

[269] Youth Libraries Committee of the Library Association. Children and young people: library association guidelines for public library services [M]. London: Library Association Publishing, 1997.

[270] Harrison Group. 2014 Kids & Family Reading Report™ [EB/OL]. [2015-03-22]. http://anatomiteca.com/wp-content/uploads/2011/05/2010_KFRR.pdf.

[271] Gettys, Cynthia M.; Fowler, Frankie The Relationship of Academic and Recreational Reading Attitudes School Wide: A Beginning Study. [EB/OL]. [2015-06-20]. http://files.eric.ed.gov/fulltext/ED402568.pdf

[272] Guidelines for Children's Library Services [EB/OL]. [2015-08-13]. http://www.ifla.org/files/libraries-for-children-and-ya/publications/guidelines-for-childrens-libraries-services-zh.pdf

[273] Harrison Group. 2014 kids & family reading report™ [EB/OL]. [2015-03-22]. http://anatomiteca.com/wp-content/uploads/2011/05/2010_KFRR.pdf.

[274] Krubsack, Harold. 1985. The cooperative spirit: School media centers and the public library. Madison, Wisc.: Wisconsin Educational Media Association. ERIC ED 261 678.

[275] M. Cecil Smith, A Longitudinal Study of the Development of Reading Attitude from Childhood to Adulthood [EB/OL]. [2015-07-20]. http://coeweb.gsu.edu/coshima/EPRS8550/articles/PDF-Lori%20Jackson.pdf

[276] Massachusetts Library Association Standards for Public Library to Children in Massachusetts. [EB/OL]. [2015-10-21]. http://www.masslib.org/yss/YSSStandardsforChildren.pdf.

[277] Why Public Library Summer Reading Programs Are Important. [EB/OL]. [2015-04-22]. http://dpi.wi.gov/pld/pdf/slp-points.pdf

[278] Williams C. A Study of the reading interests, habit, and attitudes of third, fourth and fifth grades: a class action research project [EB/OL]. [2016-1-25]. http://eric.ed.gov/id=ED3126121989

[279] Harrison Group. 2014 Kids & Family Reading Report™ [EB/OL]. [2015-03-22]. http://anatomiteca.com/wp-content/uploads/2011/05/2010_KFRR.pdf.

[280] Gettys, Cynthia M.; Fowler, Frankie The Relationship of Academic and Recreational Reading Attitudes School Wide: A Beginning Study. [EB/OL]. [2015-06-20]. http://files.eric.ed.gov/fulltext/ED402568.pdf

[281] Guidelines for Children's Library Services [EB/OL]. [2015-08-13]. http://www.ifla.org/files/libraries-for-children-and-ya/publications/guidelines-for-childrens-libraries-services-zh.pdf

[282] Harrison Group. 2014 kids & family reading report™ [EB/OL]. [2015-03-22]. http://anatomiteca.com/wp-content/uploads/2011/05/2010_KFRR.pdf.

[283] Krubsack, Harold. 1985. The cooperative spirit: School media centers and the public library. Madison, Wisc.: Wisconsin Educational Media Association. ERIC ED 261 678.

[284] M. Cecil Smith, A Longitudinal Study of the Development of Reading Attitude from Childhood to Adulthood [EB/OL]. [2015-07-20]. http://coeweb.gsu.edu/coshima/EPRS8550/articles/PDF-Lori%20Jackson.pdf

[285] Massachusetts Library Association Standards for Public Library to Children in Massachusetts. [EB/OL]. [2015-10-21]. http://www.masslib.org/yss/YSSStandardsforChildren.pdf.

[286] Why Public Library Summer Reading Programs Are Important. [EB/OL]. [2015-04-22]. http://dpi.wi.gov/pld/pdf/slp-points.pdf

[287] Williams C. A Study of the reading interests, habit, and attitudes of third, fourth and fifth grades: a class action research project [EB/OL]. [2016-1-25]. http://eric.ed.gov/id=ED3126121989

[288] 教育部. 基础教育课程改革纲要（试行）[EB/OL]. [2015-5-5]. http://www.moe.edu.cn/publicfiles/business/htmlfiles/moe/moe_309/200412/4672.html

[289] 解读《全民阅读促进条例》：不会干涉个体阅读[EB/OL].[2015-6-20].http://www.cnci.gov.cn/content/2014-11/27/content_10756201.htm

[290] 了解和加入"新教育实验"指南[EB/OL].[2015-4-23].http://blog.sina.com.cn/s/blog_4aeb7d930102ebc9.html

[291] 联合国教科文组织和IFLA.公共图书馆宣言（中文版）[EB/OL].[2015-11-7].http://archive.ifla.org/VII/s8/unesco/manif.htm

[292] 满天星青少年公益发展中心[EB/OL].[2015-10-25].http://www.starscn.org/

[293] 三叶草故事家族主页[EB/OL].[2016-1-15] http://www.szsky.com/portal.php?mod=topic&topicid=290

[294] 少年儿童校外教育机构工作规程[EB/OL].[2015-12-01].http://www.jyjy.gov.cn/item/3851.html

[295] 文化部关于进一步加强少年儿童图书馆建设工作的意见[EB/OL].[2015-12-14].http://www.gov.cn/zwgk/2010-12/14/content_1765361.htm.

[296] 徐冬梅.大陆儿童阅读推广发展报告（2000-2008）[EB/OL].[2016-2-21].http://blog.sina.com.cn/s/blog_5d252e3701014xod.html

[297] 亚马逊中国发布"少儿阅读趋势报告"[EB/OL].[2016-3-27].http://news.gmw.cn/2016-05/26/content_20285176.htm

[298] 悠贝亲子图书馆[EB/OL].[2016-1-6].http://www.yourbaychina.com/

[299] 中共中央国务院关于深化教育改革全面推进素质教育的决定[EB/OL].[2016-2-18].http://www.chinalawedu.com/news/1200/22598/22615/22793/2006/3/he7396032197360029150-0.htm

[300] 中华人民共和国教育法［EB/OL］.［2016-1-21］.http://www.hdedu.gov.cn/xyzx/ShowArticle.asp?ArticleID=12

[301] 中华人民共和国未成年人保护法［EB/OL］.［2015-11/-22］. http://www.china.com.cn/policy/txt/2006-12/30/content_7582808_2.htm［EB/OL］.

[302] 国家文化部. 文化部关于进一步加强少年儿童图书馆建设工作的意见［EB/OL］.［2015-10-17］. http://www.gov.cn/zwgk/2010-12/14/content_1765361.ht

附 录

附录 A：馆校合作儿童阅读推广调查问卷（家长卷）

尊敬的家长：

您好！首先非常感谢您能在非常繁忙的工作之余配合本次调查。

我是国家图书馆的工作人员，同时也是南京大学信息管理学院的一名博士研究生，目前正在进行一项关于儿童阅读推广情况的调研，目的是全面了解图书馆儿童阅读推广现状及未来改进的可能，以便图书馆与学校合作更好地提供儿童阅读推广服务。

1. 调查结果仅用于学术研究，保证不做其他用途。

2. 答案没有对错之分，客观性问题请根据实际情况填写，主观性问题请表达自己内心的观点。

3. 选择题请直接勾选您认可的答案，填空题请在空白处填写您的答案。

4. 您的个人信息将受到严格的保密，绝不涉及个人及个别学校的分析，请放心填写。

此问卷用时大约 5 分钟，希望您能客观地填写这份问卷，您的意见非常宝贵，敬请给予协助。再次感谢您的支持！

填写说明：

1. 问卷中的"图书馆"是指：省、市、县级公共图书馆，以及各级少儿图书馆，不包括学校图书馆、书店、农家书屋等；

2.问卷中所提到的"阅读"均指儿童课外阅读，不包括阅读课本及考试相关书籍。

答题指导：选择你认为符合的选项并将对应的选项填入（　）中，遇到有＿＿线的问题，就请直接在＿＿中填写，若有多选另有说明。

南京大学信息管理学院

2018年4月

联系方式：srr@nlc.cn

第一部分　基本信息

1.孩子的学龄段是（　）

A.幼儿园　　　B.小学　　　　C.初中

2.您的身份是（　）

A.父亲　　　　B.母亲　　　　C.姥姥/姥爷

D.爷爷/奶奶　　　　　E.其他

3.您的学历是（　）

A.高中以下　　　　　B.高中

C.专科/本科　　　　 D.研究生

4.您所在的省份是＿＿＿

5.您的家庭所在地是（　）

A.城市　　　　B.乡镇　　　　C.农村

第二部分　家长对课外阅读的态度

6.您是否赞同孩子进行课外阅读？（　）［单选题］

A.非常同意　B.赞同　　　C.无所谓　　　D.不赞同

E.非常不赞同

7.您赞同孩子课外阅读的主要原因是（　）［单选题］

A. 扩大知识面　　　　　　B. 提高学习成绩

C. 让孩子适当休闲放松　　D. 其他（请注明）＿＿

8. 您不赞同孩子课外阅读的主要原因是（　）[单选题]

A. 课业压力大，没时间课外阅读

B. 怕耽误学习　　　　　　C. 其他（请注明）＿＿

9. 您带孩子去过图书馆吗？（　）[单选题]

A. 经常　　B. 偶尔　　C. 很少　　D. 没去过

10. 您带孩子去图书馆主要是为了（　）[单选题]

A. 阅览图书　B. 借书　　C. 听讲座

D. 参加阅读推广活动　　　E. 其他（请注明）＿＿

11. 您认为孩子阅读的最佳地点是（　）[单选题]

A. 家里　　　B. 图书馆　　C. 学校

D. 书店　　　　　　　　　E. 其他（请注明）＿＿

12. 您给孩子选书主要参考（　）的意见 [单选题]

A. 图书馆员　B. 家长　　C. 教师

D. 孩子　　　E. 购书网站

F 其他（请注明）＿＿

第三部分　家长对馆校合作的态度

编号	题项	非常同意	同意	一般	不同意	非常不同意
13	儿童阅读有利于提高学生的阅读能力					
14	儿童阅读有利于提高学生的沟通能力					
15	儿童阅读有利于提高学生的创造能力					
16	儿童阅读有利于提高学生的自信					
17	儿童阅读有利于学生的个人成长					
18	图书馆对儿童来说非常重要					

编号	题项	非常同意	同意	一般	不同意	非常不同意
19	孩子所在的学校会定期组织学生参观图书馆					
20	孩子所在的学校会定期参加图书馆的阅读推广活动					
21	学校跟家长沟通关于参加图书馆阅读活动的事宜					
22	图书馆与学校之间应加强合作推广阅读					
23	学校应充分利用图书馆的资源					
24	学校应组织学生积极参加图书馆的阅读推广活动					
25	学校应开设阅读课					
26	图书馆的资源应该进入课堂					

27. 您对现在馆校合作儿童阅读推广活动是否满意？对孩子产生了什么样的效果？将来图书馆应从哪些方面进行改进？

问卷到此结束，感谢您的耐心回答！

附录 B：馆校合作儿童阅读推广调查问卷（学生卷）

亲爱的同学：

你好！首先非常感谢你能在繁忙的学习之余配合本次调查。

我是国家图书馆的工作人员，同时也是南京大学信息管理学院的一名博士研究生，目前正在进行一项关于儿童阅读推广情况的调研，目的是全面了解你的阅读需求及图书馆儿童阅读推广现状，以便图书馆与学校合作更好地提供儿童阅读推广服务。

1. 调查结果仅用于学术研究，保证不做其他用途。

2. 答案没有对错之分，客观性问题请根据实际情况填写，主观性问题请表达自己内心的观点。

3. 选择题请直接勾选你认可的答案，填空题请在空白处填写你的答案。

4. 你的个人信息将受到严格的保密，请放心填写。

此问卷用时大约 5 分钟，希望你能客观地填写这份问卷，你的意见非常宝贵，敬请给予协助。衷心感谢你的支持与合作！

填写说明：

1. 问卷中的"图书馆"是指：省、市、县级公共图书馆，以及各级少儿图书馆，不包括学校图书馆、书店、农家书屋等；

2. 本问卷中所提到的"阅读"均指儿童课外阅读，不包括阅读课本及考试相关书籍。

答题指导：选择你认为符合的选项并将对应的选项填入"（　）"中，遇到有＿＿线的问题，就请直接在＿＿中填写，若有多选另有说明。

南京大学信息管理学院

2018 年 4 月

联系方式：srr@nlc.cn

第一部分　基本信息

1. 你所在的学龄段是（　　）

A. 幼儿园　　　B. 小学　　　　C. 初中

2. 你所在的省份是

3. 你的家庭所在地是（　　）

A. 城区　　　　B. 乡镇　　　　C. 农村

第二部分　阅读态度及需求

4. 你阅读的主要时间为（　　）[多选题]

A. 课间休息时间　　　　B. 双休日　　　C. 寒暑假

D. 放学之后的学习之余　　E. 其他（请注明）

5. 你阅读的主要目的是（　　）[单选题]

A. 扩大视野　　　　　　B. 提高学习成绩

C. 娱乐、消遣　　　　　D. 其他（请说明）＿＿

6. 你最喜欢在哪里进行阅读？（　　）[单选题]

A. 家中　　　B. 学校　　　C. 图书馆　　　D. 书店

E. 其他（请说明）＿＿

7. 你阅读图书的主要来源是（　　）[单选题]

A. 同学间相互借阅　　　B. 图书馆借阅

C. 购买　　　　　　　　D. 网上下载

E. 其他（请说明）＿＿

第三部分　图书馆利用现状

8. 你所在的学校有图书馆或图书室吗？（　　）[单选题]

A. 有　　　B. 没有（如果选择B，请跳过9—10题）

9. 学校图书馆或图书室对学生的开放时间？（　　）[单选题]

A. 每天都开放　　　　　B. 每周开放几次

C. 几乎从不开放　　　　D. 从不开放

10.学校图书馆或图书室提供的图书,能满足你的阅读需求吗?( )[单选题]

A.非常满足　　B.比较满足　　C.一般

D.比较不满足　　　　E.非常不满足

11.学校在课堂上安排课外阅读的时间吗?( )[单选题]

A.有　　　　B.没有

12.你生活的周围有图书馆或图书室吗?( )[单选题]

A.有　　　　B.没有(如果选择"B",请跳过15—18题)

13.你大概多久去一次图书馆( )[单选题]

A.几乎每周都去　　　　B.几乎每月都去

C.偶尔去　　D.几乎不去　　E.从来没过去

14.你到图书馆一般是在( )时间

A.寒暑假　　B.周末　　C.其他(请说明)＿＿

15.你到图书馆的主要原因是( )[单选题]

A.图书馆阅读资源多　　　　B.图书馆工作人员专业

C.图书馆阅读活动多　　　　D.图书馆环境好

E.其他(请说明)＿＿

16.你到图书馆的目的是( )[多选题]

A.借阅图书　　B.查资料

C.参加阅读推广活动(如故事会、讲故事、展览等)

D.其他(请说明)＿＿

17.你喜欢图书馆举办哪些阅读活动?( )[多选题]

A.知识竞赛　　B.故事会　　C.朗诵　　D.新书报告会

E.读书讲座　　F.表演读物情景剧　　G.手工游戏

H.(请说明)＿＿

18.影响你到馆阅读的主要因素为( )[单选题]

A.离图书馆太远　　　　B.不知道选什么样的书

C.图书馆的书只能阅览,不外借

D.作业太多,没时间去　　　　E.对阅读不感兴趣

19.你访问过图书馆网站吗?(　　)[单选题]

A.经常访问　　B.偶尔访问　　C.很少访问　　D.从不访问

20.你访问图书馆网站的目的主要有(　　)[单选题]

A.借书　　　　　　　　B.了解图书馆有哪些活动

C.通过网站在线看书　　D.看儿童视频

E.获得作业帮助　　　　F.其他(请说明)＿＿

第四部分　馆校合作态度

编号	题项	非常同意	同意	一般	不同意	非常不同意
21	我认为图书馆是非常重要的阅读场所					
22	我很喜欢图书馆的阅读氛围					
23	我很喜欢图书馆的阅读资源					
24	图书馆可以激发我的阅读兴趣					
25	图书馆可以启发我的想象力					
26	我希望图书馆与学校加强合作					
27	我希望图书馆到校园举办一些阅读推广活动（比如展览、讲座）					
28	我希望更方便的获取图书馆的阅读资源					
29	我希望得到图书馆员的专业指导（比如推荐图书）					
30	我希望图书馆的资源进课堂					
31	我希望学校设立阅读课					

问卷到此结束，感谢你的耐心回答！

附录 C：馆校合作儿童阅读推广调查问卷（教师卷）

尊敬的教师：

您好！首先非常感谢您能在非常繁忙的工作之余配合本次调查。

我是国家图书馆的工作人员，同时也是南京大学信息管理学院的一名博士研究生，目前正在进行一项关于儿童阅读推广情况的调研，目的是全面了解学校的儿童阅读情况以及您对图书馆与学校协同推广儿童阅读的态度，以便图书馆与学校合作更好地提供儿童阅读推广服务。

1. 调查结果仅用于学术研究，保证不做其他用途。

2. 答案没有对错之分，客观性问题请根据实际情况填写，主观性问题请表达自己内心的观点。

3. 选择题请直接勾选您认可的答案，填空题请在空白处填写您的答案。

4. 您的个人信息将受到严格的保密，绝不涉及个人及个别学校的分析，请放心填写。

此问卷用时大约 5 分钟，希望您能客观地填写这份问卷，您的意见非常宝贵，敬请给予协助。再次感谢您的支持！

填写说明：

1. 问卷中的"图书馆"是指：省、市、县级公共图书馆，以及各级少儿图书馆，不包括学校图书馆、书店、农家书屋等；

2. 本问卷中所提到的"阅读"均指儿童课外阅读，不包括阅读课本及考试相关书籍。

答题指导：选择你认为符合的选项并将对应的选项填入"（ ）"中，遇到有＿＿线的问题，就请直接在＿＿中填写，若有多选另有说明。

南京大学信息管理学院

2018年4月

联系方式：srr@nlc.cn

第一部分　基本信息

1. 您所在的省份是＿＿

2. 您工作所在地是（　　）

A. 城区　　　B. 乡镇　　　C. 农村

3. 您任教的学段是（　　）

A. 幼儿园　　B. 小学　　　C. 初中

第二部分　对图书馆的利用情况

4. 您每年利用图书馆的次数（　　）[单选题]

A.30 次以上　　B.10—30 次　　C.5 次以下　　D. 没去过

5. 您是否参加图书馆的活动？（　　）[单选题]

A. 经常参加　　B. 偶尔参加　　C. 从不参加

第三部分　馆校合作儿童阅读推广情况

6. 学校/幼儿园与图书馆是否就儿童阅读开展合作（　　）[单选题]（如果选择 B，请跳过 7—16 题）

A. 有合作　　B. 没有合作　　C. 不清楚（　　）

7. 学校/幼儿园师生参观图书馆的频率是（　　）[单选题]

A. 基本不开展　　　　　　B. 每年 2—3 次

C. 每年 3—5 次　　　　　 D. 每年 5 次以上

E. 不清楚

8. 馆校合作阅读推广的频率是（　　）[单选题]

A 基本不开展　　　　　　 B. 每年 2—3 次

C. 每年 3—5 次　　　　　 D. 每年 5 次以上

E. 不清楚

9. 馆校合作阅读推广一般选择在（　　）[多选题]

A. 儿童阅读年/阅读周等大型阅读节日

B. 寒暑假　　　C. 周末　　　　D. 其他时间

10. 馆校合作阅读推广的主要内容为（　　）？[多选题]

A. 学生参观访问图书馆

B. 学生到图书馆听讲座等阅读推广活动

C. 图书馆到学校送书到学校等班级访问

D. 图书馆到学校开展故事会活动

E. 图书馆到学校讲座

F. 图书馆到学校推荐书目

G. 图书馆到学校为师生办理借阅证

H. 其他＿＿（请说明）

11. 馆校合作阅读推广的主要形式是（　　）[单选题]

A. 图书馆为主导，学校配合完成

B. 学校为主导，图书馆配合完成

C. 上级部门统一协调部署

D. 不清楚

12. 学校/幼儿园是否有固定人员与图书馆联系合作事宜？（　　）[单选题]

A. 有　　　　B. 没有　　　　C. 不清楚

13. 学校/幼儿园与图书馆之间是否有正式的合作协议？（　　）[单选题]

A. 有　　　　B. 没有　　　　C. 不清楚

14. 学校/幼儿园每学年/学期与图书馆沟通阅读推广方案？（　　）[单选题]

A. 有　　　　B. 没有　　　　C. 不清楚

15. 关于馆校合作，有哪些形式的教师培训？（　　）[多选题]

A. 组织教师参观图书馆　　　B. 组织教师参加图书馆讲座

C. 没有任何形式的教师培训　　D. 其他＿＿＿＿＿＿（请注明）

16. 请您对学校/幼儿园与图书馆合作的关系进行评价（ ）[单选题]

　　A. 很好，有助于彼此补长取短

　　B. 还可以，达到了一定的合作效果

　　C. 不太好，合作流于形式

　　D. 效果不好，增加教师的压力

17. 学校/幼儿园与图书馆之间没有合作的原因是（ ）[单选题]

　　A. 没有必要

　　B. 尝试过合作，遇到困难终止

　　C. 怕麻烦，没有尝试

　　D. 不清楚

第四部分　态度和评价

编号	题项	非常同意	同意	一般	不同意	非常不同意
18	阅读有利于提高学生的阅读能力					
19	阅读有利于提高学生的沟通能力					
20	阅读有利于提高学生的创造能力					
21	阅读有利于提高学生的自信					
22	阅读有利于学生的个人成长					
23	学校/幼儿园在合作中充满了主动性与积极性					
24	学校/幼儿园有足够的时间策划阅读推广项目					
25	学校/幼儿园领导重视与图书馆合作推广阅读					
26	学校/幼儿园与图书馆之间应加强合作推广阅读					

编号	题项	非常同意	同意	一般	不同意	非常不同意
27	学校/幼儿园应充分利用图书馆的资源					
28	学校/幼儿园应组织学生积极参加图书馆的阅读推广活动					

问卷到此结束，感谢您耐心回答！

附录D：馆校合作公共图书馆管理人员访谈提纲

编号：_____

访谈日期：_____

访谈地点：_____

访谈人员：_____

受访者基本信息：_____

姓名：_____

性别：_____

年龄：_____

所在单位：_____

职务：_____

联系方式：_____

是否接受录音：_____

一、背景调查

1. 作为管理者，您主要分管哪块工作？

2. 您认为图书馆的儿童阅读推广与学校的阅读教育有何不同？图书馆在儿童阅读推广中的优势和劣势是什么？

二、馆校合作情况调查

3. 有无数据显示，贵馆每年或每月组织多少场儿童阅读推广活动？这些活动中，有多少场是与学校合作举行的？有哪些具体的合作项目与活动？

4. 对于儿童阅读推广，贵馆与学校是如何合作的？贵馆是否与学校保持长期、稳固的合作关系？是否设置了独立的管理机构负责馆校合作？是否有公开的协议？

5. 在合作过程中，主要由谁发起的？图书馆还是学校？具体参与人员有哪些？是否涉及到第三方的参与，比如教育行政部门、文化行政部门或者民间阅读机构等其他社会组织？

6. 馆校合作儿童阅读推广活动的流程是怎样的？

7. 在馆校合作中，在合作过程中，有哪些分工？图书馆工作人员、教师在儿童阅读推广中分别扮演怎样的角色？

8. 在馆校合作中，阅读推广活动的资金来源是什么？图书馆出资比例是多少？

9. 在合作过程中是怎么吸引对方来与贵馆合作的？（比如对学生设置奖项，对参赛单位发奖，有助于学校参加评估）

10. 在馆校合作过程中，贵馆会根据学校的课程标准或学习内容，特别设计儿童阅读推广活动吗？贵馆会给学校推荐儿童阅读书目吗？如果有，学校的反应如何？贵馆举行的儿童阅读推广活动一般包括哪些内容，有图书借出服务吗？贵馆是否为学校教师、家长组织关于"图书馆资源利用"的培训？

11. 在合作之前，贵馆都要做哪些准备工作？活动结束后，是否对儿童阅读推广活动的实施成效进行评估？如果有，如何进行评估（包括评估主体、评估对象、评估手段）？

12. 您认为互联网在馆校合作中起到怎样的作用？贵馆的网站是否设有"儿童阅读推广"相关的专栏？如果有，主要包括哪些内容？

三、对馆校合作儿童阅读推广的态度与认识

13. 馆校合作儿童阅读推广是否有利于儿童的成长？

14. 您觉得在馆校合作过程中，谁应该成为主导者？（图书馆、学校、上级机构？）

15. 您认为馆校合作面临的困难有哪些？

16. 请您提一些有利于馆校合作的意见与建议。

附录 E：馆校合作公共图书馆儿童阅读推广负责人访谈提纲

编号：_____

访谈日期：_____

访谈地点：_____

访谈人员：_____

受访者基本信息：_____

姓名：_____

性别：_____

年龄：_____

所在单位：_____

职务：_____

联系方式：_____

是否接受录音：_____

一、背景调查

1. 您日常负责的具体工作是什么？

2. 到馆群体中，儿童（0—13岁）所占比例如何？到馆主要参加那些活动？

3. 您认为学校的阅读教育与图书馆的阅读推广有何不同？图书馆在儿童阅读推广中的优势和劣势是什么？

二、馆校合作状况调查

4. 贵馆每年或每月组织多少场儿童阅读推广活动，有无数据统计？这些活动中，有多少场是与学校合作举行的？有哪些具体的合作项目与活动？

5. 在工作中，您有过与学校共同组织儿童阅读推广活动的经历吗？请您介绍活动的类型、基本流程、频率、时间。

6. 对于儿童阅读推广，贵馆与学校是如何合作的？贵馆是否与学校保持长期、稳固的合作关系？是否设置了独立的管理机构负责馆校合作？是否有专人负责合作事宜？是否有公开的协议？

7. 在馆校合作中，阅读推广活动的资金来源是什么？是否有专项资金？图书馆出资比例是多少？

8. 在合作过程中，图书馆怎么吸引学校与贵馆合作的？（比如对学生设置奖项，对参赛单位发奖，有助于学校参加评估。）

9. 在合作过程中，主要由谁发起的？图书馆还是学校？具体参与人员有哪些？是否涉及到第三方的参与，比如教育行政部门、文化行政部门或者民间阅读机构等其他社会组织？

10. 馆校合作的过程中，有哪些分工？图书馆工作人员、教师在儿童阅读推广中分别扮演怎样的角色（态度、行为、对整体合作效果的影响）？您与这些教师的关系如何？进行了哪些沟通和交流？

11. 馆校合作的过程中，馆方领导和学校上级领导扮演了什么角色？（态度、行为、对整体合作效果的影响）

12. 在馆校合作过程中，贵馆会根据学校的课程标准或学习内容，特别设计儿童阅读推广活动吗？贵馆会给学校推荐儿童阅读书目吗？如果有，学校的反应如何？

13. 合作过程中，图书馆是否为学校教师、家长开展相关的培训？

14. 在合作之前，贵馆都要做哪些准备工作？活动结束后，是否对儿童阅读推广活动的实施成效进行评价？如果有，如何进行评价？在与学校的接触过程中，您是否注意过学生对阅读的兴趣、态度或阅读能力等方面发生的变化？

三、对馆校合作儿童阅读推广的态度与认识

15. 您认为馆校合作开展儿童阅读推广是否有利于儿童的成长？具体从哪些方面可以阐述。

16. 您对图书馆与学校合作的态度是什么？

17. 据您了解，家长是否支持这些馆校合作项目？

18. 对于现有的合作项目，教师和学生有无反馈，有哪些反馈？

  19.您觉得现有的馆校合作项目有哪些不足？面临的困难有哪些？

  20.您觉得在馆校合作过程中，谁应该成为主导者？

  21.请您提一些有利于馆校合作的意见与建议。

附录 F：馆校合作教师访谈提纲

编号：_____

访谈日期：_____

访谈地点：_____

访谈人员：_____

受访者基本信息：_____

姓名：_____

年龄：_____

所在单位：_____

职务：_____

是否接受录音：_____

一、背景调查

1.您个人参观过图书馆吗？参观过哪些图书馆？图书馆留给您最深刻的印象是什么？

2.您觉得图书馆对于学生的成长重要吗？

3.您个人是否支持图书馆与学校合作推广阅读？

二、馆校合作状况调查

4.您所在的学校是否与图书馆一起组织面向学生的阅读活动？或者是对图书馆的参观？（什么时间去的？带几年级学生去的？参加了哪些活动？）

5.有无数据统计，您所在的学校每年或每月组织多少场儿童阅读推广活动？这些活动中，有多少场是与图书馆合作举行的？这些活动一般都在什么时间举行？

6.这些活动的形式有哪些？每个学段的参与情况是怎么样的？

7.这些活动是由谁发起的？图书馆还是学校？是否涉及到第三方的参与，比如教育行政部门、文化行政部门或者民间阅读机构等其他社会组织？

8. 对于儿童阅读推广，学校与图书馆是如何合作的？两者是否保持长期、稳固的合作关系？

9. 馆校合作儿童阅读推广活动的流程是怎样的？

10. 在馆校合作中，在合作过程中，有哪些分工？谁占主导作用？图书馆工作人员、教师在儿童阅读推广中分别扮演怎样的角色？（主要指态度、行为及对整体合作效果的影响）

11. 在馆校合作中，阅读推广活动的资金来源是什么？学校出资比例是多少？

12. 在合作之前，您所在的学校都要做哪些准备工作？活动结束后，是否有对儿童阅读推广活动的评价？如果有，如何进行评价？

三、对馆校合作儿童阅读推广的态度与认识

13. 您认为馆校合作儿童阅读推广是否有利于儿童的成长？请具体谈谈这些活动会对学生产生哪些影响。

14. 您觉得在馆校合作过程中，谁应该成为主导者？

15. 您是否支持图书馆与学校之间建立常态、稳定、长期的合作关系？

16. 据您了解，家长和学生对这些活动有什么反馈？

17. 您认为这些阅读推广活动对学生的考试、升学是否存在冲突？

18. 您认为馆校合作面临的困难有哪些？

19. 请您提一些有利于馆校合作的意见与建议。